선에 갇힌 인간
선 밖의 예수

선에 갇힌 인간
선 밖의 예수

지은이 | 스캇 솔즈
옮긴이 | 정성묵
초판 발행 | 2020. 2. 12.
18쇄 발행 | 2025. 5. 2.
등록번호 | 제1988-000080호
등록된 곳 | 서울특별시 용산구 서빙고로65길 38
발행처 | 사단법인 두란노서원
영업부 | 02)2078-3333 FAX | 080-749-3705
출판부 | 02)2078-3330

책값은 뒤표지에 있습니다.
ISBN 978-89-531-3698-4 03230

독자의 의견을 기다립니다.
tpress@duranno.com www.duranno.com

두란노서원은 바울 사도가 3차 전도 여행 때 에베소에서 성령 받은 제자들을 따로 세워 하나님의 말씀으로 양육
하던 장소입니다. 사도행전 19장 8-20절의 정신에 따라 첫째 목회자를 돕는 사역과 평신도를 훈련시키는 사역,
둘째 세계선교™와 문서선교단행본·잡지 사역, 셋째 예수문화 및 경배와 찬양 사역, 그리고 가정·상담 사역 등을 감
당하고 있습니다. 1980년 12월 22일에 창립된 두란노서원은 주님 오실 때까지 이 사역들을 계속할 것입니다.

선에 갇힌 인간

선 밖의 예수

스캇 솔즈 지음

정성묵 옮김

두란노

이 책은 현시대의 제자도를 새롭게 조명한 책이다. 모든 주제를 다 다루는 것은 불가능하지만 솔즈의 책은 놀랍도록 포괄적인 동시에 술술 읽힌다. 그는 각 장에서 신학, 문화 비평, 기독교 윤리, 인격 형성을 완벽히 어우러지게 엮어내고 있다. 그 결과 신자들에게나 무신론자들에게나 매력적인 크리스천 삶에 관한 그림이 탄생했다.

- **팀 켈러**(TIMOTHY KELLER)
리디머장로교회 설립목사

정말이지 성과 정치, 인종, 불의, 종교에 관해서 나와 너로 나뉘어 시끄럽게 싸우는 대혼란과 분노의 세상이다. 이런 세상의 한복판에서 솔즈가 이 시대에 가장 필요한 책을 써냈다. 예외 없이 모든 크리스천의 손에 들려야 한다고 강력히 주장하고 싶은 책이다. 너와 나로 편 가르기를 하는 모습이 지긋지긋하지만 어느 방향으로 나아가야 할지 잘 모르겠는가? 그렇다면 이 필독서를 강력히 추천한다. 가히 올해 최고의 책 중 하나다.

- **앤 보스캠프**(ANN VOSKAMP)
《천 개의 선물》 저자

스캇 솔즈는 이 사려 깊고도 생명력 넘치는 책을 통해 내게 새로운 소망을 주었다. 그는 소망이 하나님의 미래를 현재 속에서 상상하는 것이라고 말하면서 실제로 우리에게 그런 소망을 보여 준다. 교회가 예수님을 모르는 사람들에게 더 향긋한 향기를 발하기를 바라는 마음에서 그는 특히 정치적 입장 같은 분열적인 영역에서 교인들에게 새로운 상호작용의 길을 제시한다. 또한 그는 우리에게 가난, 낙태, 성적 자유, 이기적인 야망 같은 바깥세상의 문제들을 사랑과 겸손으로 다루라고 촉구한다. 교회 안팎의 망가진 상태를 보면 낙심하지 않고서는 배길 수 없다. 하지만 솔즈는 하나님의 회복 작업이 이미 시작되었다는 점을 다시금 일깨워 준다. 우리는 그저 이 복음을 믿기만 하면 된다!

- 캐서린 L. 알스도프(KATHERINE L. ALSDORF)
리디머교회 Faith & Work 설립자, 《팀 켈러의 일과 영성》공저자

이 책에서 우리 교회 목사인 스캇 솔즈는 '교회에 가는 것'보다 '교회가 되는 것'에 더 관심이 많은 사람들이 나아갈 길을 보여 준다. 그는 모든 인간 속에 있는 하나님의 형상을 분명히 봄으로 자신이 좋아하는 몇 사람만이 아닌 주변 모든 사람, 심지어 자기 자신도 사랑하라고 말한다. 그는 우리에게 사랑과 정의, 섬김으로 하나님 나라를 확장하라고 촉구한다. 하나님의 사명에 적극적으로 참여하고 싶다면 더도 말고 이 책을 봐야 한다.

- 대니 헤론(DANNY HERRON)
내슈빌 해비타트 대표

형제와도 같은 내 친구 스캇 솔즈에게 너무도 많은 것을 배웠기 때문에 그의 책을 정말 많이 기다렸다. 이 책은 깊은 지혜와 은혜의 향기를 내는 숙성된 포도주 같다. 기독교는 참된 동시에 아름답다. 하나님은 세상 속의 사람들만이 아니라 세상을 사랑하신다. 예수님은 한가로이 천국을 거니시는 것이 아니라 부지런히 만물을 새롭게 하고 계신다. 이 사실을 다시금 일깨워 준 솔즈에게 깊이 감사한다. 솔즈 덕분에 복음이 내가 상상한 것보다 '훨씬' 더 크고 좋다는 것을 새삼 깨달았다.

- 스코티 스미스(SCOTTY SMITH)
내슈빌 그리스도장로교회 설립목사

우리가 만들어 놓은
선 밖으로
부르시는 예수님

나는 선 '안의' 삶이 더 좋다. 깔끔하고 명쾌한 흑백의 삶. 이런 삶이 훨씬 단순해서 좋다. 솔직히, 흑도 백도 아닌 '회색지대'에서 살고 싶은 사람이 어디에 있겠는가. 경계가 모호해지면 혼란이 발생한다. 모든 통제력을 잃은 기분이 든다. 회색지대에서는 우리의 약점이 훤히 드러나고 불확실성이 찾아온다. 중간지대에서 살기 위해서는 겸손이 필요하다. 그리고 무엇보다도 오해받을 각오가 되어 있어야 한다.

하지만 크리스천들은 모든 것을 알아야 하지 않는가? 우리는 가서 남들에게 무엇을 믿을지, 어떻게 행동해야 할지, 누구를 정죄할지 알려 주어야 할 임무, 아니 명령을 받은 사람들이다. 최소한 이것이 크리스천에 관한 정의의 일부가 아닌가?

불행히도 세대를 막론한 많은 크리스천들이 이런 생각에 빠져들었다. 하지만 이런 시각은 진리와 멀어도 한참 멀다. 그러니까 진리가 예수님이라면 말이다. 내심 우리는 더 좋은 길이 있다는 걸 알지만 그길을 어떻게 찾을지는 알지 못한다.

그렇다면 스캇 솔즈를 찾아가라. 목사이자 뉴요커, 남부의 신사, 사랑 많은 멘토인 솔즈는 우리 딜레마의 해독제다. 그의 경험은 지적인 영역과 실질적인 영역을 아우른다. 그는 한 줄기 시원한 바람과도 같다.

우리에게도 이런 종류의 리더십이 필요하다. 우리 모두는 우리 교회와 공동체 내에서 벌어지는 분열과 오해, 혼란을 분명히 느끼고 있다. 각자의 의견은 강하고 다툼은 점점 더 심해지고 있다. 빠른 속도로 진화하는 공적 영역에서 우리는 의견이 다른 사람들끼리 어떻게 예의 있게 대화해야 할지 몰라 우왕좌왕하고 있다.

어떤 이들의 반응은 뒷걸음질하는 것이다. 그들은 벽을 쌓고, 적들에게 낙인을 찍고, 전통을 옹호한다. 이렇게 하면 상황이 흑과 백으로 간단하게 정리된다. 하지만 과연 크리스천이 서로에게, 그리고 하나님이 사랑하라고 명령하신 이웃들에게 이렇게 반응하는 것이 맞는가?

예수님은 우리를 단순한 삶으로 부르시지 않는다. 예수님은 우리를 복잡한 인생 속으로 부르신다. 특히 인간 영혼과 정신, 마음, 감정은 매우 복잡하다. 예수님은 이렇게 복잡한 인간들과의 복잡한 일상 속으로 우리를 부르신다.

솔즈는 이 시대의 가장 분열적인 이슈들 속으로 우리를 이끈다. 그는 (우리의) 지성을 존중하면서 사랑이 가득한 부드러운 어조로 우리의 사고 과정을 조용히 돕는다. 그는 알게 모르게 우리에게 영향을 미쳐 새로운 길로 이끌되 선택은 우리 손에 맡긴다.

이 책에는 '진짜' 사람들이 '진짜' 문제들을 다루어 '진짜' 답을 찾게 도우려는 솔즈의 진정어린 마음이 담겼다. 이 책은 분열된 세상에 참여하기 위한 더 좋은 방법을 찾는 모든 이가 1순위로 읽어야 할 책이다. 연합과 이해를 외치는 그의 메시지를 타협으로 오해해서는 곤란하다. 그것은 남들과 상충할 때도 신앙인답게 사는 목회적 권면의 메시지다.

이 책을 읽고 나면 솔즈에 대해 당신도 나처럼 느끼게 될 것이라고 확신한다. 이 책에서 당신은 세상을 진심으로 걱정하는 사랑 많고 사려 깊은 리더이자 믿을 만한 안내자를 만나게 될 것이다. 솔즈는 무익하고 분노를 자아내는 주장과 조롱에 일말의 관심도 없다. 오히려 그는 선 밖에서만 예수님의 마음을 발견할 수 있음을 알고서 고집스레 회색지대로 들어가는 사람이다.

- 게이브 라이언스(Gabe Lyons)

The Next Christians 저자

차례

PART 1.

첫 번째 선_ 교회 안에 그어진 선

우리 편이십니까,
저들 편이십니까

PART 2.

두 번째 선_ 교회 안과 밖을 가르는 선

세상에서 기독교는
왜 환대받지 못하는가

내가
그어 놓은 선에
스스로 갇히다

이 책을 쓰기로 마음먹은 가장 큰 이유는 기독교와 비기독교 사이에서 편 나누는 일에 큰 피로감을 느꼈기 때문이다. 진저리가 날 만큼 싫고, 지겹다. 편 나누기에 관한 당신의 생각은 어떠한가? 당신도 나와 같은 느낌이지 않는가?

편 나누기에
지쳤다

험담과 부정적인 고정관념에 지치지 않았는가? 낙인을 찍고 낙인이 찍히는 것이 지겹지 않은가? 정치적 풍자와 처음부터 끝까지 인신공격뿐인 토론회를 박차고 나오고 싶지 않은가? 의견을 사실처럼 이야기하는 행태가 진절머리가 나지 않는가? 경청과 관계가 빠진 비판과 정죄가 지겹지 않는가? 모두를 공격할 뿐 아무도 설득하지 못하는 분노의 블로그와 SNS의 글들이 지겹지 않는가? 인종주의와 계급주의에서 성차별주의와 세대주의, 국가주의, 교파주의, 교리주의까지 우리를 부추기는 모든 주의가 싫지 않는가? 너그럽지 못한 윗사람의 태도에 지치지 않는가? 화낼 거리를 찾는 끝없는 탐구가 지겹지 않는가? 하나님께 반대하고, 남들에게 반대하고, 심지어 자기 자신에게 반대하는 것이 지겹지 않는가? 모든 것에 반대하고 공격하는 세상의 흐름에 굴복해 온 삶이 지겹지 않는가?

정치 풍자 만화가이자 〈뉴욕 타임스〉 논설주간 팀 크라이더(Tim Kreider)는 자신의 일로 인해 늘 '직업적으로 분노할' 수밖에 없다고 인정하면서도 현대 사회의 한 유행병을 다음과 같이 지적하면서 그것을 분노하고 화내는 것에 중독되었다는 의미로 "분노 포르노"(outrage porn)라고 명명했다.

편집자들에게 오는 편지와 인터넷 댓글 중 상당수가 강력한 변명의 어조를 띠고 있다. 그들은 밤낮으로 분노의 대상을 찾아다닌다. 우리에게는 자신만이 옳다는 생각과 자신만이 당했다는 느낌을 갖는 경향이 많다. 하지만 분노는 순간 후련할지 몰라도, 내면에서부터 우리를 조금씩 파멸시킨다. 이러한 분노는 대부분의 악보다 훨씬 더 은밀히 진행된다. 스스로 분노하기를 좋아한다고 의식적으로 인정하지 않기 때문이다. 물론 나는 분노가 유쾌하지는 않지만 기본적으로는 고통이나 혐오 같은 부정적인 자극에 대한 건강한 반응이라고 생각한다. 건강한 분노도 있는 것이다. 그래서 분노가 수치스러운 중독이라고는 절대 인정하지 않는다. 그럼에도 불구하고 (그것은) 판단하고 욕구를 표출하고, 의분의 흥분을 채우기 위한 분노 포르노에 불과하다고 본다.[1]

팀 크라이더가 앞서 말한 자신만이 옳다는 생각과 자신이 당했다는 느낌을 갖는 것은 현대 사람들에게서 보이는 매우 흔한 현상이다. 하지만 과연 이것이 크리스천들이 이 문제에 관한 공적인 대화에 참여할 올바른 방법인가? 예수님은 우리에게 다른 방법을 가르쳐 주셨다.

이에 관하여 팀 켈러(Tim Keller)는 말했다. "관용은 신념을 갖지 않는 것이 아니다. 관용은 신념을 갖되 자신과 다른 신념을 가진 사람들을 대하는 방식에 관한 것이다."[2]

바로 이 부분에서 기독교는 그 어떤 종교와도 비교할 수 없는 아름다움과 독특성을 보인다. 기독교인척 하지만 실상은 그렇지 않은 왜곡된 신념 체계를 말하는 것이 아니다. 이는 참되고 순수하고 희석되지 않은, 철저히 성경적이고 아름다운 신념 체계를 의미한다. 사람들로 하여금 하나님을 믿고, 인류에 대한 소망을 품고, 고통 중에 있는 고아와 과부들을 찾아가고, 어려움에 처해 있는 주변 이웃들을 사랑하고, 원수에게 친절을 베푸는 신념 체계를 의미한다.

> 또 네 이웃을 사랑하고 네 원수를 미워하라 하였다는 것을 너희가 들었으나 나는 너희에게 이르노니 너희 원수를 사랑하며 너희를 박해하는 자를 위하여 기도하라 이같이 한즉 하늘에 계신 너희 아버지의 아들이 되리니 이는 하나님이 그 해를 악인과 선인에게 비추시며 비를 의로운 자와 불의한 자에게 내려 주심이라 너희가 너희를 사랑하는 자를 사랑하면 무슨 상이 있으리요 세리도 이같이 아니하느냐 또 너희가 너희 형제에게만 문안하면 남보다 더하는 것이 무엇이냐 이방인들도 이같이 아니하느냐 그러므로 하늘에 계신 너희 아버지의 온전하심과 같이 너희도 온전하라(마 5:43-48).

예수님은 스스로 말씀이 '되셨다.' "우리가 아직 죄인 되었을 때에 그리스도께서 우리를 위하여 죽으심으로 하나님께서 우리에 대한 자기의 사랑을 확증하셨느니라."[3] 그렇다. 그리스도는 사랑을 직접 보여 주셨다. 우리가 그분에게서 도망칠 때, 우리가 수동적으로 그분을 거부할 때, 우리가 적극적으로 그분을 반대할 때, 우리가 그분의 원수였을 때, 그분은 사랑으로 우리를 대신하여 죽으셨다.

세상을 나와 다른 신념으로 보는 사람들에게 친절을 베풀 또 다른 이유가 필요한가? 크리스천은 그리스도에게 은혜를 받았으니 생각이 다른 사람들까지도 포용하고 사랑해 주어야 마땅하다. 세상은 크리스천을 늘 '반대'하는 사람으로 보지 않는가? 우리를 위해 권리를 내려놓으신 예수님을 본받아야 한다. 자신이 권리를 지키는 일보다 생명을 살리기 위해 모든 것을 포기하신 예수님의 사명에 동참하는 일에 더 관심을 쏟고 있는지 살펴야 한다. 예수님의 은혜를 마음 깊이 새길수록 분노는 사그라지고 사람들을 향한 사랑은 불타오를 것이다.

아웃사이더
예수

예수님은 틀을 깨기 좋아하신다. 그분은 우리가 전혀 예상하지 못하는 장소, 가정과 상식에서 벗어난 장소, 좀처럼 그분을 찾지 않는 장소에서 우리를 만나기 원하신다. 이런 장소 중 하나는 중요하지만 본질적이지 않은 문제에서 우리와 의견을 달리하는 신자들의 삶 속이다.

신학자 R. C. 스프로울이 내가 섬기는 교회(테네시 주 내슈빌 소재 그리스도장로교회)에서 하나님과 사람들이 어떻게 관계를 맺는지에 관해 설교한 적이 있었다. 이 주제에 관해서 스프로울 박사는 하나님의 주권적인 은혜, 선택하는 은혜를 강조했다. 반면, 빌리 그레이엄(Billy Graham)은 인간의 자유 의지를 강조한다. 스프로울 박사라면 우리가 하나님을 선택할 수 있는 것은 어디까지나 하나님이 먼저 우리를 선택하셨기 때문이라고 말할 것이다. 하지만 그레이엄 목사는 하나님이 우리가 언젠가 그분을 선택할 것을 알고서 우리를 선택하셨다고 말할 것이다. 이 주제를 놓고 교계에서는 열띤 논쟁을 벌인다. 물론 이것은 중요한 문제다. 하지만 사람의 영원한 운명을 좌우하는 결정적인 요인은 아니다.

스프로울 박사의 설교가 끝난 후 만약 천국에서 빌리 그레이엄 목사를 만나게 될 것 같으냐고 물었다. 그러자 박사는 "아니오. 천국에서 빌리 그레이엄 목사는 만나지 못할 것 같네요"라고 대답했다. 당연히 모두의 얼굴에 충격의 빛이 깃들며 장내가 쥐 죽은 듯이 조용해졌다. 하지만 박사의 말은 거기서 끝이 아니었다. "빌리 그레이엄 목사는 하나님의 보좌에 너무 가까이 계시고 저는 너무 멀리 있어서 그분을 멀찍이서 보기만 해도 감사할 겁니다."

스프로울 박사는 진정한 신자들이 때로는 특정한 문제들에서 의견이 크게 달라도 서로에 대한 존중과 애정은 유지할 수 있음을 보여 주었다.

우리는 서로에게서 예수님의 단면들을 볼 수 있다. 자신의 신학적 집단의 테두리 안에서는 잘 볼 수 없는 예수님의 다른 단면들을 볼 수 있다. 성경에 기록된 예수님의 기도 중에서 가장 긴 것은 대제사장의 기도다.[4] 이 기도에서 예수님은 다양한 사람들이 모인 제자들의 공동체가 하나로 연합하게 해달라고 하나님께 간구했다.

사도 바울이 두 가지 인사로 대부분의 서간문을 시작하는 것도 마찬가지다. 바울은 늘 "은혜가 있기를"(전형적인 헬라 인사)과 "평강이 있기를"(전형적인 유대 인사)이라고 그 인사했다. 그가 유대인과 헬라인, 노예와 자유인, 남자와 여자가 그리스도를 통해 '하나로서' 함께 살아야 한다고 주장한 것은 우연이 아니다.[5] 1세기 독자들에게 앞서 말한 세 부류의 사람들은 가장 극심한 앙숙이었다. 유대인들은 헬라인들을 무시했고, 헬라인들은 유대인들을 경멸했다. 남자들은 여자들을 무시하고, 여자들은 남자들에게 적의를 품었다. 자유인들은 노예들을 하류인간 취급했고, 노예들은 자유인들에게 분노를 품었다. 바울은 크리스천들이 많은 면에서 극단들이 모인 집단이기 때문에 이런 분열을 끝내야 한다고 촉구했다. 크리스천들은 서로 다르지만, 예수님의 연합시키는 사랑을 통해 서로를 점점 더 사랑해야 한다.

그런데 연합은 단순히 서로에 대한 적대감을 진정시키는 일만은 아니다. 시각이 다른 크리스천들은 서로의 말에 겸손히 귀를 기울임으로써 '배우고 성장할' 수 있다. 나는 친한 목사들이 나와 전혀 다른 교단에 속했다는 사실이 얼마나 감사한지 모른다. 그들은 어울리기 좋은 친구일 뿐 아니라 목사이자 그리스도의 제자로서 나의 발전에 꼭 필요한 존재들이다.

비본질적인 것들을 나와 다르게 보는 사람들의 영향력이 아니었다면 지금의 나는 없을 것이다. C. S. 루이스의 신학적 입장 일부는 나와 다르지만 그의 지혜와 논리, 신학은 내게 커다란 도움을 주었다. 찰스 스펄전(Charles Spurgeon)은 세례에 관한 시각에서 나와 다르지만 내게는 그의 설교와 은사가 필요하다. 교회 치리에 관한 시각은 나와 다르지만 내게는 부활에 관한 N. T. 라이트(Wright)의 비전과 조나단 에드워즈(Jonathan Edwards)의 신학이 필요하다. 인종은 나와 다르지만 내게는 마틴 루터 킹 주니어(Martin Luther King Jr.)의 열정과 선지자적 용기, 라승찬(Soong-Chan Rah)의 문화적 지성, 성 어거스틴(St. Augustine)의 《고백록》(Confessions)이 필요하다. 국적은 다르지만 내게는 정의와 공동체를 향한 디트리히 본회퍼(Dietrich Bonhoeffer)의 열정이 필요하다. 심지어 가톨릭 신자인 브레넌 매닝(Brennan Manning)의 열정과 G. K. 체스터턴(Chesterton)의 선지자적 재치가 나에게 필요하다. 사소한 교리들에서 나와 다르지만 내게는 존(John)과 찰스 웨슬리(Charles Wesley) 형제의 찬송가들과 거룩한 본보기가 필요하다. 성별은 나와 다르지만 내게는 조니 에릭슨 타다(Joni Eareckson Tada)의 영광스러운 약함, 마르바 던(Marva Dawn)과 엘리자베스 엘리엇(Elisabeth Elliot)의 끈기, 에이미 카마이클(Amy Carmichael)의 인내, 레베카 라이언스(Rebekah Lyons)의 투명함, 앤 보스캠프(Ann Voskamp)의 감사하는 태도, 하나님 나라를 위한 에이미 셔먼(Amy Sherman)의 비전, 패티 솔즈(Patti Sauls)의 인격이 필요하다.

성 어거스틴은 이런 말을 했다고 한다. "비본질적인 것들로부터 자유." 크리스천들은 다른 신자들에게서 배울 수 있어야 한다. 전통과 문화의 선 밖으로 나갈수록 예수님께 더 가까워 질 수 있다.

진리를 고수하면서도 나와 다른 이들을
포용하는 것이 가능한가

예수님은 스스로 진리를 '갖고' 있으며, 진리 '자체'라는 대담한 주장을 하셨다. 그리고 예수님은 누구든 진리를 알고 그것을 받아들이는 사람은 자유로워질 것이라고 말씀하셨다. 하지만 여기서 끝이 아니다. 예수님은 설교를 통해 그분의 가르침을 거스르는 주장이나 개념은 아무리 순수해도 거짓이며 비참한 결과로 이어질 수밖에 없음을 말씀하셨다.

누구든지 나의 이 말을 듣고 행하는 자는 그 집을 반석 위에 지은 지혜로운 사람 같으리니 비가 내리고 창수가 나고 바람이 불어 그 집에 부딪치되 무너지지 아니하나니 이는 주추를 반석 위에 놓은 까닭이요 나의 이 말을 듣고 행하지 아니하는 자는 그 집을 모래 위에 지은 어리석은 사람 같으리니 비가 내리고 창수가 나고 바람이 불어 그 집에 부딪치매 무너져 그 무너짐이 심하니라(마 7:24-27).

예수님은 분명히 말씀하셨다. 그분의 삶과 죽음, 장사, 부활에 관한 메시지를 받아들이느냐 받아들이지 않느냐에 따라 우리의 영원한 운명이 갈라질 것이다. 믿음으로 그분께 다가가느냐 불신으로 그분에게서 멀어지느냐, "당신의 뜻이 이루어지이다"라고 말하느냐 "내 뜻이 이루어지이다"라고 말하느냐에 따라 영생과 죽음이 결정된다. 우리는 그분의 가족이거나 가족이 아니거나 둘 중 하나다.

이런 면에서 모든 사람은 궁극적으로 '한쪽 편에 서 있다.' 하지만 예수님은 그분의 편에 서지 않은 사람들에게도 많은 시간과 관심, 사랑을 쏟으셨다. 복음서를 보면 예수님이 그분을 믿거나 따르지 않는 사람들을 얼마나 아끼셨는지를 알 수 있다.

이것이 오늘 우리에게 무엇을 의미하는가? 특히 이것이 우리와 교리가 '다른' 사람들을 대하는 태도에 대해 무엇을 의미하는가? 이 질문을 다룬 다음의 글을 읽어 보자.

그리스도인들과 무신론자들 사이의 골이 깊다. … 나는 반드시 이 골을 메울 것이다. … 무신론자들과 그리스도인들, 그 외에 믿음과 배경을 막론한 모든 사람과 협력하여 더 협력적인 세상을 만들어 갈 것이다. 해야 할 일이 많다. … 아무쪼록 이 팁들이 그리스도인들과 무신론자들 사이에 더 좋은 대화를 이끌어내는 데 도움이 되기를 바란다. 차이를 초월해서 더 솔직하고 유익하고 훈훈한 대화를 나눌 수 있는 세상을 함께 만들어 갔으면 좋겠다.[6]

이 글의 주인공은 하버드대학 교목인 크리스 스테드먼(Chris Stedman)이다. 그는 무신론자다. 예수님을 믿는 사람들과 믿지 않는 사람들이 민감한 문제에 서로 의견을 달리하면서도 깊은 우정을 나누는 것이 과연 가능한 것인가? 무신론자인 크리스 스테드먼은 그런 일이 가능하다고 믿는다. 예수님의 제자로서 나는 그것이 가능할 뿐 아니라 그것이 크리스천 삶의 중요한 일부라고 믿는다.

이론상으로는 이것이 합당하게 들리지만 현실은 훨씬 더 복잡하다. 도스토옙스키가 《카라마조프가의 형제들》(The Brothers Karamazov)에서 말했듯이 실제 사랑은 꿈속의 사랑보다 두렵다. 실제로는 민감한 문제에 대한 서로의 의견이 다르면 고통과 슬픔, 복잡한 상황을 낳을 수 있다. 우리 크리스천들은 이 점을 알고서 신념과 사랑이라는 복잡하고, 때로는 모순적인 강을 헤쳐 나가야 한다.

누군가와 의견이 깊이 다르면서도 그를 깊이 사랑하는 것이 가능한 일인가? 신념을 고수하면서도, 그 신념을 거부하는 사람들을 포용하는 것이 가능한가? 예수님은 그것이 가능하다고 말씀하신다. 나아가, 예수님은 그것이 가능함을 보여 주셨다.

예수님과 부자 청년의 만남을 떠올려 보자. 예수님은 그 청년에게 전 재산을 팔아 가난한 자들에게 나누어 주고 나서 자신을 따르라고 명령하셨다. 그러자 청년은 재산이 많은 연고로 예수님을 떠나갔다. 이 이야기에는 간과하기 쉬운 두 가지 특이한 점이 있다. 첫째, 예수님은 그 청년을 보고 '사랑하셨다.' 둘째, 그 청년은 '슬퍼하며' 예수님을 떠나갔다. 그는 정죄나 꾸지람을 듣고 기분이 상해 떠나가지 않았다. 그는 단순히 슬퍼했다. 그는 안타까워하며 떠났다. 그것은 자신이 돈에 사로잡혀서 떠나기는 하지만 자신이 더 큰 부를 놓치고 있다는 사실을 느끼는 데서 비롯된 안타까움이었다.[7]

무엇이 더 중요한가? 다른 사람의 위에 군림하는 것이 중요한가? 아니면 우리가 '사랑의 사람들'로 알려지는 것이 중요한가? 완벽한 주장과 정치 플레이로 문화 전쟁에서 이기는 것, 아니면 겸손과 진리와 사랑으로 사람들의 마음을 얻는 것 중 무엇이 더 중요한가? 우리가 옳음을 주장하고 문화 전쟁에서 이기는 것만 생각해서 사람들을 잘 사랑하지 않는다면 하나님이 너무도 안타까워하실 것이다. 진리와 사랑은 함께 갈 수 있다. 아니, 진리와 사랑은 '반드시' 함께 가야만 한다.

베드로는 크리스천들이 매일같이 조롱과 비방과 핍박을 당하던 문화 속에서 다음과 같은 말을 했다.

> 너희 마음에 그리스도를 주로 삼아 거룩하게 하고 너희 속에 있는 소망에 관한 이유를 묻는 자에게는 대답할 것을 항상 준비하되 온유와 두려움으로 하고 선한 양심을 가지라 이는 그리스도 안에 있는 너희의 선행을 욕하는 자들로 그 비방하는 일에 부끄러움을 당하게 하려 함이라(벧전 3:15-16).

욕하고 비방하는 자들은 '온유와 두려움'을 통해 수치를 당할 것이다.

댄 케이시(Dan Cathy)는 베드로의 이 말을 마음 깊이 새긴 것이 분명하다. 크리스천인 칙필에이(Chick-fil-A) 회장인 케이시는 동성 결혼에 관한 기자의 질문에 대한 답으로 세간의 주목을 받았다. 그는 단지 성경에 입각해서 결혼은 한 남자와 한 여자 사이에서 이루어져야 한다고 말했을 뿐이었다. 하지만 그 발언은 그와 그의 신앙, 그의 사업에 대한 조직적이고도 공개적인 저항을 낳았다. 많은 사람이 칙필에이 불매 운동을 벌였다.

이에 수많은 케이시의 지지자들이 저항에 대한 저항으로 수백만 개의 치킨 샌드위치를 사는 "칙필에이 감사의 날" 행사를 치렀다. 하지만 댄 케이시는 개인적으로 이 저항에 대한 저항에 동참하지도, 그것을 지지하는 발언을 하지도 않았다. 오히려 그는 자신의 가장 강한 비판자 중 한 명인 동성애 운동가 셰인 윈드마이어(Shane Windmeyer)에게 조용히 손을 내밀었다. 결국 윈드마이어는 〈허핑턴 포스트〉(Huffington Post)지를 통해 다음과 같이 말했다.

생각이 완전히 다른 사람들이 나란히 앉아 서로의 말에 귀를 기울이는 경우는 흔치 않다. 이렇게 서로에게 귀를 기울이지 않고 서로에게서 배우지 않는 태도를 우리의 정부, 지역 사회, 가족 안에서 흔히 볼 수 있다. 하지만 댄 케이시와 나는 함께 전보다 더 좋은 방식을 시도할 것이다. 케이시를 비롯해서 칙필에이의 누구도 캠퍼스 프라이드(Campus Pride)에 칙필에이 반대 시위를 멈추라고 요구하지 않았다. 오히려 케이시는 우리의 우려에 귀를 기울였고, 이해받기보다는 먼저 이해하려고 노력했다. 케이시와 나는 충분한 기간 동안 정중한 대화를 나누며 신뢰를 쌓았다. 그는 처음부터 끝까지 친절하고 열린 태도를 유지했다. 그는 칙필에이의 이름으로 무례한 대우를 받았다는 사람들의 이야기를 들을 때마다 진심으로 안타까워했다. 단 그는 결혼에 관한 자신의 진정한 신념에 대해서는 어떤 변명도 하지 않았다. [8]

여행의

시작

　오래된 다리를 허물기보다 견고하게 하는 편인가? 편견을 뛰어넘어 일관되고도 아름답고도 참된 방식으로 믿음을 표현하고 싶은가? 반대하는 사람이 아니라 위하는 사람으로 기억되고 싶은가? 믿음을 지키는 것과 문화에 참여하는 것 사이의 긴장을 잘 풀어내고 싶은가? 분열시키는 대화에서 떠나 예수님과 이웃을 향해 다가갈 준비가 되었는가?

　이것은 크리스천이 가야할 여행이다. 이것은 예수님이 우리에게 명령하시는 여행이다. 이것은 선 밖으로 나가는 여행이다.

Part 1

첫 번째 선_
교회 안에
그어진 선

우리 편
이십니까

저들
편이십니까

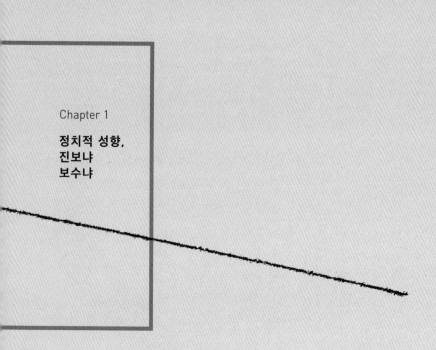

Chapter 1

**정치적 성향,
진보냐
보수냐**

정치만큼 우리를
고집과 독선으로
몰아가는 주제도 없다

때로 설교는 분열을 일으킬 수 있다. 한번은 뉴요커들에게 가난의 문제를 대하는 크리스천들의 올바른 자세에 관한 설교를 한 적이 있다. 그리고 그 다음주에 받은 두 통의 이메일을 평생 잊지 못할 것이다. 둘 다 같은 설교에 대한 코멘트였다. 첫 번째 이메일을 보낸 사람은 나를 극우로 몰았다. 반면, 두 번째 이메일을 보낸 사람은 나를 좌익 공산주의자로 확신했다.

아무래도 내 직업을 바꾸어야 할까? 안타깝지만 그러고 싶지는 않다. 정치만큼 사람들을 고집과 독선으로 몰아가는 주제도 드물다. 하지만 독선적인 주장에 수긍하는 사람은 아무도 없다. 2012년 대선 당시 내 친구 중 한 명은 자신의 페이스북에 다음과 같은 글을 올렸었다.

페이스북에 자신의 정치적 입장을 열심히 올리는 분께.
축하합니다! 당신의 글을 읽고 다른 후보에게 투표하기로 결정했습니다. 깨우쳐 주서서 감사합니다.
- 세상에 없는 사람이

두 비판의 이메일을 당시 내 스승이자 멘토였던 팀 켈러 목사에게 보여 주었다. 그는 먼저 그 경험에서 배우려고 노력하라고 권했다. 그리고 부정적인 피드백은 오히려 좋은 신호일 수 있으니 너무 신경 쓰지 말라고 조언했다. 더불어 그는 사람들이 우리의 정치적 입장을 알아내기 힘들수록 우리가 예수님을 더 충성스럽게 전하고 있을 가능성이 높다고 말했다.

기독교의 모든 패러독스가 그렇듯, 기독교는 정치적 입장들에 대해서 '맞는 동시에 틀리다'라는 시각을 가진다. 완벽히 하나님 중심적인 시스템은 없다. 그렇기 때문에 예수님께 칭찬을 받을 부분과 꾸지람을 당할 부분이 섞여 있을 수밖에 없다. 좌파와 우파도 예외가 아니다.

나는 이 점을 알고 인정하는 것이 여러 면에서 도움이 된다고 생각한다. 아니, 우리 모두에게 분명 도움이 된다. 특히, 정치적인 대화 끝에 꼭 따르는 증오와 조롱에 지친 사람들에게 도움이 될 것이다.

정치에 관해서
성경은 어떻게 말하는가

먼저, 하나님이 정부라는 제도에 찬성하신다는 말을 하고 싶다. 공직에 몸을 담고 있는 사람들이 환영하는 말일 것이다. 대통령, 국회의원, 주지사, 시장, 시의원뿐 아니라 경찰관, 군인, 공원과 학교 관리자들을 비롯한 모든 공무원들이 세상을 새롭게 하기 위한 하나님의 계획 속에서 중요한 역할을 감당하고 있다.

성경은 하나님이 사회의 부패를 막고 번영을 촉진시키기 위해 세우신 세 가지 제도를 기록한다. 핵가족, 교회, 정부이다. 이번 장은 정부에 관해서 성경이 어떻게 말하는가에 초점을 두었다.

알다시피 예수님은 세금을 내셨고 제자들에게도 권유하셨다(마 17:24-27). 사도 바울은 로마 정부가 기독교에 적대적이었음에도 불구하고 로마 정부의 관리들이 "하나님의 사역자"이기 때문에 그들에게 복종하고 세금을 내라고 말했다. 베드로도 공익을 위해 하나님을 두려

위하고 로마 황제를 존중하라고 권면했다(롬 13:1-7; 벧전 2:17).

또한 성경은 하나님을 경외했던 정부 관리들도 소개한다. 예를 들어, 드보라는 이스라엘의 사사였고 요셉은 애굽의 총리로 일했다. 다니엘은 바벨론 느부갓네살의 궁전에서 봉직했고 느헤미야는 바사 아닥사스다 왕의 총애를 받는 관리였다. 예수님은 한 로마 병사(백부장)의 모범적인 믿음을 크게 칭찬하신 적이 있다(마 8:5-13). 이런 사례는 고대 이스라엘의 신정 정부와 애굽이나 바벨론, 바사, 로마 같은 세속적인 정부 등 모든 정부가 하나님 계획의 일부임을 보여 준다.

우리는

예수의 편인가

성경은 예수님이 어느 한 정치적 입장을 전적으로 지지하신다고 판단할 만한 그 어떤 근거도 제시하지 않는다. 왕들과 왕국들에 관해서 예수님은 언제나 '그분 자신의 편'이셨다. 전쟁 중에 이스라엘 군대를 이끌던 사령관 여호수아와 하나님의 천사가 만나는 장면을 묘사한 구절에서 이 점을 확인할 수 있다.

여호수아가 여리고에 가까이 이르렀을 때에 눈을 들어 본즉 한 사람이 칼을 빼어 손에 들고 마주 서 있는지라 여호수아가 나아가서 그에게 묻되 너는 우리를 위하느냐 우리의 적들을 위하느냐 하니 그가 이르되 아니라 나는 여호와의 군대 대장으로 지금 왔느니라 하는지라 여호수아가 얼굴을 땅에 대고 엎드려 절하고 그에게 이르되 내 주여 종에게 무슨 말씀을 하려 하시나이까 여호와의 군대 대장이 여호수아에게 이르되 네 발에서 신을 벗으라 네가 선 곳은 거룩하니라 하니 여호수아가 그대로 행하니라(수 5:13-15).

"우리 편이십니까? 적들의 편이십니까?" 이에 천사는 "둘 다 아니다"라고 대답했다. 중요한 것은 예수님이 우리의 편이신가가 아니라 우리가 그분의 편인가이다. 우리는 정치와 정부뿐 아니라 다른 모든 문제에서도 이 질문을 해야 한다.

혹시 예수님의 제자들 안에서도 정치적 입장이 각양각색이었다는 사실을 아는가? 열두 제자에는 열성당원 시몬과 세리 마태가 있었다. 열성당원들은 정부에 '반대하는' 집단이었고 세리들은 정부를 '위하는' 사람들이었다. 세리인 마태가 다른 복음서 저자들보다 이런 다양성을 더 강조했다는 점이 흥미롭다(마 10:3-4). 마태와 시몬은 다른 생각을 가졌지만 친구였고, 마태는 우리가 이 사실을 알기를 바랐다.

마태가 세리와 열성당원의 우정을 강조한 것은 특히 크리스천들에게 충성의 우선순위가 있다는 의미를 알려 준다. 예수님과 하나님 나라에 대한 충성이 정치를 비롯한 세상적인 목적에 대한 충성보다 언제나 우선되어야 한다. 우리는 정치적 입장은 같지만 신앙은 다른 사람들보다, 신앙은 같지만 정치적 입장이 다른 사람들과 함께하기를 더 즐거워 해야 한다. 그렇지 않다면 하나님께 속한 것을 가이사에게 바치는 격일 것이다.

정치적 입장이 다른 사람들도 극좌와 극우, 그리고 그 사이에 있는 모든 사람들 사이의 적개심을 십자가 위에서 깨뜨리신 예수님에 대한 첫 번째 충성으로 인해 서로 하나가 될 수 있다(엡 2:14-16). 예수님의 통치를 인정하는 곳에서는 신자들이 서로의 차이를 받아들이고 환대함으로 연합과 화평으로 나아간다.

이제 정치를 바라보는 두 가지 다른 방식에 관해 살펴보자. 먼저, 세상의 정치에 관하여 보고, 하나님 나라의 정치를 살펴보자.

세상의 정치

요한복음 18장에는 두 지배층, 곧 본디오 빌라도와 예수님의 충돌이 등장한다. 본디오 빌라도는 로마에서 파견한 유대의 지배자였고, 예수 그리스도는 만물의 진정한 지배자이시다.[1]

예수님은 성난 폭도에 의해 빌라도 앞으로 끌려가셨다. 폭도는 예수님을 국가의 적이요 로마 황제를 위협하는 자로 몰아갔다. 예수님께 직접 해명을 듣고 싶었던 빌라도는 "네가 유대인의 왕이냐?"라고 물었다. 이에 예수님은 "네 말과 같이 내가 왕이니라 내가 이를 위하여 태어났으며 이를 위하여 세상에 왔나니 곧 진리에 대하여 증언하려 함이로라"라고 대답하셨다(요 18:37). 예수님이 전혀 위협이 되지 않는다고 판단한 빌라도는 군중에게 "나는 그에게서 아무 죄도 찾지 못하였노라"라고 말했다(요 18:38). 그러고 나서 유대의 관습대로 유월절에 한 사람을 풀어 주겠다고 말했다. 군중은 유명한 살인자요 반란자인 바라바를 풀어 주고 바라바 대신 예수님을 십자가에 못 박으라고 아우성을 쳤다. 결국 빌라도는 군중을 달래기 위해 그들의 요구를 따랐다. 그렇게 무고한 예수님이 사형을 당하고, 진짜 죄인인 바라바는 풀려나게 되었다. 오늘날의 정치도 이와 같은 모습으로 이루어질 때가 많다.

정치의 목적은 사람들로 하여금 특정한 비전을 지지하고 그 비전에 따라 살도록 만드는 것이다. 이런 목적을 달성하기 위해 정치인들은 예수님의 고소인들과 빌라도가 사용했던 전략을 자주 사용한다. 그 전략은 바로 권력 남용과 진실 조작이다.

권력 남용

세상의 정치는 권력에 크게 의존한다. 요한복음 18장의 빌라도는 이러지도 저러지도 못하는 상황에 처했다. 그는 예수님이 무죄인 것을 알았고 바라바가 유죄인 것도 알았다. 하지만 이 계산적인 지배자는 오직 군중의 마음을 사로잡는 일에만 관심이 있었다. 그는 공관 안에서 예수님에 대한 고소에 대하여 고민하며 서성이다가 군중 앞에 다시 섰다. 그는 누가 유죄이고 누가 무죄인지 잘 알면서도 누구를 십자가에 처형하고 누구를 방면할지 쉽사리 결정하지 못했다.

즉 빌라도는 군중의 간을 본 것이다. 자신의 선택에 의해 어떤 결과가 따를지 가늠하고 있었다. 어떻게 하는 것이 군중의 인기를 얻어 자신의 자리를 유지하지는 데 최선일지를 계산할 뿐이었다. 양심은 예수님을 못 박지 말라고 하지만 군중의 인기를 얻고 싶은 마음도 그에 못지않게 강했다. 세상의 정치에서는 양심과 군중이 충돌할 때 언제나 군중이 이긴다. 그리고 군중이 이기면 언제나 나쁜 사람들이 풀려나고 좋은 사람들이 고난을 겪는다.

나는 여러 이유로 애니메이션 〈슈렉〉(Shrek)을 좋아한다. 인간사를 참으로 정확히 그려냈기 때문이다. 일례로 영화속의 한심한 파콰드 영주가 그렇다. 파콰드 영주는 총각이다. 영주인 그에게 아쉬운 것이 딱 하나 있다. 바로 불을 뿜는 용이 지키는 머나먼 성에 오랫동안 갇혀 있는 사랑스러운 공주 피오나이다. 그 전까지 피오나를 구출하려는 시도가 여러 번 있었지만 모두 실패했다. 많은 사람이 그녀를 구하려다가 목숨을 잃었다. 영주는 용감무쌍한 기사들을 소집해서 시합을 벌인다. 기사들은 단 한 사람이 남을 때까지 대결을 벌이기 위해 투기장 안에 들어갔다. 우승한 기사가 영주를 대신해서 피오나를 구하러 갈 '영예'를 안게 될 것이다. 겁쟁이인 영주는 기사들이 서로 싸우기 전에 다음과 같은 '감동적인' 연설을 한다.

> 용감한 기사들이여, 자네들은 온 땅에서 가장 훌륭한 기사들이오. 오늘, 자네들 중 한 명은 자신을 증명해 보일 것이오. 그 우승자는 불을 뿜는 용에게 붙잡혀 있는 사랑스러운 피오나 공주를 구하러 갈 영예, 아니 특권을 얻게 될 것이오. 만약 우승자가 실패하면 그 다음 순위의 기사가 그 뒤를 이어 갈 것이오. 그렇게 몇 명이 죽는다 해도 나는 그 희생을 기꺼이 감수할 것이오.[2]

세상의 정치는 '나의' 목적을 이루기 위해 필요하다면 '너의' 희망, 바람, 포부, 평판은 얼마든지 희생할 수 있다고 말한다. 그리고 '나의' 목적을 이루기 위해 내 힘과 권한을 모두 사용할 것이라고 외친다. 파콰드 영주의 대사처럼 "너희 중 몇 명이 죽는다 해도 나는 그 희생을 기꺼이 감수할 것이다." 목적이 수단을 정당화하는 것이 세상의 정치다.

진실 조작

또한 세상의 정치는 온통 진실에 대한 조작으로 더럽혀져 있다. 우리는 빌라도와 군중 사이의 줄다리기에서도 이런 진실 조작을 볼 수 있다. 예수님께 유대인의 왕이냐고 물을 때의 빌라도는 영적 문제에 아무런 관심이 없었다. 그의 마음속 진짜 질문은 다음과 같았다. '이 자가 내 권력에 위협일까? 이 자가 로마 황제의 적, 그래서 나의 적일까? 그를 추종하는 무리의 규모는 얼마나 될까? 그들의 목적은 무엇인가? 그의 운동 이면에는 어떤 종류의 운동력이 있는가?'

군중이 하나님 나라에 관한 예수님의 가르침을 왜곡시켜 예수님을 국가의 적처럼 보이게 만들지 않았다면 빌라도는 이런 질문을 던지지 않았을 것이다. 사실, 이것은 황당무계한 모함이었다. 왜냐하면 예수님은 제자들에게 권위를 가진 자들을 가능한 모든 면에서 존중하라고 가르치셨기 때문이다. 만약 크리스천들이 이 가르침을 따른다면 오히려 세상 나라의 가장 모범적인 시민이 될 것이다.

예수님을 모함한 자들에게 빌라도의 목적은 중요하지 않았다. 그들에게는 단지 예수님의 영향력이 커져 자신들의 현재 상태를 위협한다는 것이 문제였다. 그들은 예수님의 세력이 커지는 것을 막기 위해 그분에 관한 거짓 이야기를 세간에 퍼뜨렸다. 그리고 결국 그 거짓말로 인해 그분이 죽임을 당하셨다.

당신은 어떠한가? 현재 상태를 유지하기(혹은 뒤엎기) 위해서 진실을 과장하거나 왜곡하거나 반쪽짜리 진실을 이야기하는 짓도 서슴지 않는가? 진실 조작의 정치에 빠지기가 얼마나 쉬운지 모른다. 이런 전술을 너무 자주 사용하다보니 아예 양심이 무감각해진 사람들이 꽤 많다. 심지어 진실의 사람들이라고 주장하는 크리스천들도 진실 조작에 동참하곤 한다. "이쪽이 우리 후보다. 이 사람이야말로 세상 모든 문제의 해답이다. 절대 잘못된 일을 하지 않는 사람이다. 저쪽은 저들의 후보다. 저 사람은 세상 모든 문제의 원인이다. 절대 옳은 일을 하지 않는 사람이다." 이렇게 편파적이고도 단순화된 정치 논리가 기독교적인가, 세속적인가?

특정한 정당을 지지하는 것까지는 괜찮다. 마태와 시몬도 그러했고, 예수님은 그것을 허용하셨다. 하지만 정치적 파벌주의는 하나님의 영을 거스르는 것임을 알아야 한다. 빌라도를 압박해서 바라바 대신 예수님을 십자가에 못 박게 만든 자들이 바로 파벌주의적인 군중이었다. 그들은 예수님의 완벽한 인격에 흠집을 낸 뒤에 무고한 그분을 처형하고 진짜 범죄자인 바라바는 풀어 주었다. 이것이 파벌주의의 본질이다. 파벌주의에 빠지면 자기 파벌의 장점을 부풀리는 한편, 상대 파벌의 실제 단점을 부풀리거나 없는 단점을 조작한다. 아울러 자기 파벌의 약점은 무시하는 동시에 상대 파벌의 강점을 무시한다.

정치 양쪽 진영에는 나의 좋은 친구들이 있다. 그리고 그들 중 많은 사람이 크리스천이다. 그래서 크리스천들이 세상 사람들처럼 반쪽짜리 진실로 자신의 후보를 부각시키고 또 다시 반쪽짜리 진실로 상대 후보를 헐뜯는 모습을 보면 도무지 이해할 수가 없다. 반쪽짜리 진실은 완전한 거짓과 동의어라는 사실을 잊어버렸는가? 정치적 진실 조작은 심지어 기독교계 안에서도 분열을 낳고 있다.

부모의 신앙과
정치 편향

목회를 하면서 밀레니얼세대(18-35세의 청년들)가 베이비부머세대 부모들의 신앙에 강하게 반발하는 모습을 보며 놀란 적이 한두 번이 아니다. 여러 여론 조사에 따르면, 밀레니얼세대는 교회를 아예 떠나거나, 어릴 적에 해 왔던 것과 완전히 다른 신앙 방식을 채택한다. 〈롤링스톤〉(*Rolling Stone*)지의 인터뷰에서 기자 브라이언 히아트(Brian Hiatt)는 마커스 멈포드(Marcus Mumfod)에게 자신을 크리스천으로 생각하는지 물었다. 목사 아들이자 밀레니엘세대의 유명인 멈포드(밴드 Mumford & Sons의 리드 싱어)는 다음과 같이 대답했다.

> (크리스천이란 단어를) 별로 좋아하지 않습니다. 부담스럽기 때문입니다. 그래서 저를 크리스천이라고 부르고 싶지 않습니다. 크리스천이라는 단어는 제가 정말 싫어하는 온갖 종교적인 이미지들을 연상시킵니다. 예수님에 관해서 저만의 시각을 갖고 있습니다. … 저는 기독교 문화에서 이탈한 사람이라고나 할까요?[3]

멈포드처럼 기독교와 거리를 두기 원하는 밀레니엘세대 젊은이들은 몇 가지 이유를 댄다. 그중 가장 큰 이유는 정치 우파와 주류 기독교의 결탁이다. 멈포드 같은 젊은이들이 싫어하는 '기독교 문화'는 결국 이 결탁과 직접적으로 관련이 있다. 정치 영역에서 밀레니얼세대는 문화 전쟁에 피로감을 느낀다.

이 피로감은 진자운동을 낳았다. 부모의 정치적 우편향에 지친 밀레니얼세대 젊은이들은 좌파 쪽으로 이동했다. 이 현상에는 좋은 점들이 있다. 진보적인 젊은 신자들은 가난한 사람들에 대한 섬김과 인종적, 문화적 다양성에 대한 포용 같은 사회정의에 관한 성경적 가치를 전에 없이 진지하게 받아들이고 있다. 하지만 좌파로의 세대 이동이 장기적으로 어떤 결과를 낳을 것인가? 밀레니엘세대가 단순히 자신의 신앙에 공화당의 가치 대신 민주당의 가치를 결합시켰을 뿐 결국은 부모 세대의 오류를 되풀이하게 되는 것은 아닌가? 그들의 자녀들도 그들에게서 불균형을 발견할 것인가? 오직 시간만이 말해 줄 것이다.

같은 신앙,
다른 정치 성향

오해하지는 말라. 크리스천이 한 정당을 지지하는 것이 잘못이라는 말이 절대 아니다. 크리스천에게도 정치 같은 비본질적인 것에서 자유가 있다. 바로 이것이 내가 여기서 말하려는 요지다. 좌파와 우파는 둘 다 좋은 점과 문제점을 동시에 갖고 있다. 이 점을 놓치면 문제가 발생할 수 있다.

예를 들어, 1992년 대선 당시, 내 친구 중 한 명에게서 성경 공부 모임에서 있었던 어색한 순간에 관한 이야기를 들은 적이 있다. 모임 참여자 중 한 명이 기쁜 얼굴로 교회 주차장에서 다른 정당을 지지하는 범퍼 스티커를 보았다고 말했다. 그가 기뻐한 것은 비신자가 교회를 방문한 것이라고 생각했기 때문이다. 그때 다른 참여자가 작은 목소리로 "그건 제 범퍼 스티커인데요"라고 말했을 때 분위기가 얼마나 어색했을지 상상해 보라.

열심당원과 세리가 정치적 입장을 초월해서 같은 신앙을 추구할 수 있다면 좌파 신자들과 우파 신자들도 그렇게 해야 한다. 자신과 다른 후보에게 투표했다고 해서 그 사람의 신앙을 의심하는 것은 잘못이다. 분명, '잘못'이다.

보수적인 동시에 누구보다
진보적인 예수님의 행보

더욱 최근에, 교인 중 한 명이 자신과 정치적 입장이 다른 사람들이 가득한 성경 공부 모임을 찾아달라고 부탁했다. 정치적 다양성을 비롯해서 성장을 중시하는 크리스천들이 있다는 사실에 기분이 너무 좋았다. 파벌주의로 인해 성장하지 못하는 사람들과 달리 이 사람은 성숙으로 가는 고속도로 위에 서 있다. 마음을 열고 타인의 생각에서 배우려는 자세 덕분에 그는 보수주의자도 진보주의자도 아니면서 보수적인 동시에 진보적인 예수님께 점점 더 가까워지고 있다.

여러 면에서 예수님은 극우보다 더 보수적이셨다. 예를 들어, 예수님은 "율법의 일점일획도 결코 없어지지 아니하고 다 이루리라"라고 말씀하셨다(마 5:18). 예수님은 누구든 성경 말씀에 무엇을 더하거나 빼면 생명나무나 거룩한 도성에 참여할 수 없을 것이라고 경고하셨다. 또 예수님은 전도와 회심의 중요성을 강조하며 거듭나지 않으면 하나님 나라를 볼 수 없다고 말씀하셨다(계 22:18-19; 요 3:5). 이런 강조점들이 현대 보수주의 기독교의 특징이다.

하지만 많은 면에서 예수님은 극좌보다 더 진보적이기도 하셨다. "…것을 너희가 들었으나 나는 너희에게 이르노니…." 예수님은 반복적으로 이렇게 말씀하시며 당시의 오랜 전통을 뒤엎고 새로운 비전을 제시하셨다(마 5-7장). 또 당시 문화적 규범들을 전복시키셨다. 그분은 전통적인 유대인들과 현대적인 이방인들이 서로 분열되지 않고 함께 공동체를 이루어야 한다고 말씀하셨으며, 가난한 사람들을 섬기는 일이 사역의 중심이었다.[4] 예수님의 이러한 행보는 매우 진보적인 모습이다.

당신이 서 있는 자리를
어떻게 알 수 있는가

하나님 나라의 정치는 세상 정치와 다르다. 하나님 나라의 정치는 권력 남용과 진실 조작이라는 세상의 방식을 거부한다. 매일의 삶에서 하나님 나라의 비전을 실천하는 것은 어떤 모습인가? 그것은 바로 과부와 고아를 돌보고, 가난한 사람들을 지지하고, 경제를 개선하고, 세금을 내고, 권위에 있는 사람들을 존중하고, 일터에서 최선을 다하고, 자신을 핍박하는 자들을 축복하는 것이다. 그때 왕, 대통령, 주지

사, 시장, 경찰, 주차장 관리인 같은 공무원들이 우리를 주목할 것이다. 권위에 있는 사람들이 크리스천들을 사회의 유용한 자산으로 보기 시작할 것이다. 크리스천들은 가장 먼저 하나님 나라의 시민이지만 세상을 더 좋은 곳으로 만들기 위해서 누구보다 앞장서는 사람들이라는 점을 인정하기 시작할 것이다. C. S. 루이스의 말을 들어보자.

> 역사를 보면 현재 세상에 기여한 크리스천들은 다음 세상을 가장 많이 생각하는 사람들이었음을 알 수 있다. … 로마 제국을 회심시킨 사람들, 중세를 발전시킨 위인들, 노예 무역을 폐지시킨 영국 전도자들, 이들 모두는 다름 아닌 하늘에 시선을 고정한 덕분에 이 땅에 큰 족적을 남겼다. 크리스천들이 이 세상에서 그토록 무기력해진 것은 무엇보다도 더 이상 다른 세상을 생각하지 않기 때문이다.[5]

잠시 역사가 무엇을 말해 주는지 생각해 보자.

기독교는 항상 정치적 다수가 아닌,
생명을 주는 소수였다

크리스천들을 영향력 있는 자리에 앉히는 것이 세상 변화의 열쇠라고 믿는 이들이 있다. 그들은 "권력자들 중에 예수님을 믿는 사람들이 많아지기만 하면 세상을 하나님이 원하시는 곳으로 만드는 것은 시간 문제일 텐데"라고 말한다.

물론 크리스천들이 공직에서 사명을 완수하는 일이 매우 좋은 일이지만 권력을 손에 쥐는 것이 하나님 나라를 하늘에서처럼 이 땅에서도 이루기 위한 '열쇠'라는 것은 성경이나 역사가 뒷받침하는 생각이 아니다. 이와 관련해서 예수님이 세상의 권력을 거부하셨다는 사실이 많은 것을 말해 준다. 예수님의 인기가 절정에 이르렀을 때 사람들은 그분이 왕이 되시기를 원했다. 하지만 예수님의 계획은 전혀 달랐다. "예수께서 그들이 와서 자기를 억지로 붙들어 임금으로 삼으려는 줄 아시고 다시 혼자 산으로 떠나가시니라"(요 6:15).

왜 예수님은 세상의 힘을 거부하셨을까? 왜 다윗은 '정치인'이었으면서도 병거와 말과 귀인들을 믿지 말라고 말했을까(시 20:7; 146:3) 그 이유는 기독교가 언제나 강한 다수가 아니라 생명을 주는 소수로서 가장 번영하기 때문이다. 기독교가 가장 강하게 선 것은 언제나 공익을 위한 전복적이고도 반문화적인 사랑과 정의와 섬김의 행위를 통해서였다.

예를 들어, 로마 시대 크리스천들은 정부로부터 극심한 박해를 받았다. 하지만 그런 상황에서 그들은 '모든' 이웃을 사랑하는 참신한 모습으로 인해 "온 백성에게 칭송을" 받았다(행 2:47). 크리스천들을 근절시키려는 시도가 몇 번이나 실패로 끝난 뒤 로마 황제 율리아누스(Julian)는 친구 아르사치오(Arsacius)에게 한 통의 편지를 썼다. 율리아누스는 크리스천들을 박멸하려고 할수록 그들의 운동이 오히려 더 강해진다고 말했다. "불경한 갈릴리인들(크리스천들)이 자신들의 빈민들만이 아니라 우리 빈민들까지 돕고 있다네."[6]

기독교가 언제 로마에서 쇠퇴하기 시작했을까? 콘스탄티누스(Constantine)가 기독교를 국교로 삼으려고 했을 때부터다. 그 결과는 참담했다. 로마는 하나님의 도시처럼 변하기는커녕 영적 쇠락의 길로 접어들었고 초기 기독교는 결국 사명을 감당하지 못했다. 많은 유럽 국가들도 마찬가지다. 권좌에 있는 자들이 기독교를 국교로 삼을 때 기독교는 몰락하기 시작했다. 더욱 최근에는 소위 도덕적 다수파(Moral Majority)가 자신들의 신념을 위해 들고 일어나 정치적 운동을 벌임으로써 미국 사회에 기독교 가치를 불어넣고자 했다. 하지만 안타깝게도 이 전략은 역효과만 낳았다.

기독교는 보수 가치와
진보 가치를 모두 포용한다

하나님 나라는 진실 왜곡이나 정치 술수, 권력 남용, 신념을 위해 '들고 일어나기'(성경에 예수님 혹은 바울을 비롯한 사도들이 사회나 정부에 맞서 들고 일어났다는 기록이 있는가)를 통해 넓혀지지 않는다. 하나님 나라는 보수적인 가치와 진보적인 가치 모두에서 비롯하는 전복적인 사랑의 행위를 통해 넓혀진다. 이것이 기독교 운동의 아름다움이다. 기독교는 두 시각의 모든 장점을 받아들이는 동시에 두 시각 모두에 내재한 흠과 단점과 불의를 거부한다.

이것이 구체적으로 어떤 모습일까? 3세기에 로마 정부가 종교 자유(로마 황제를 숭배할 자유만 빼고)를 억압하는 상황에서도 로마의 사회적 구조는 오히려 더 좋게 변했다. 이 변화의 주된 요인은 바로 크리스천들이었다. 몇 가지 예를 들어보자.

첫째, 크리스천들은 여성 평등 운동을 주도했다. 당시 로마에는 성에 관한 이중 잣대가 존재했다. 여성은 남편에 대한 정절을 지켜야 했지만 남자는 아내 외에도 여러 명의 아내를 둘 수 있었다. 결혼해서 아이를 갖지 못하는 여성은 배척을 당했다. 남편이 죽으면 국가는 여성이 새 남편을 찾을 때까지 2년간 지원하고 그 뒤에는 지원을 끊어 굶주리도록 방치했다.

하지만 크리스천들은 여성들을 교회의 중요한 자리에 앉혔고, 과부들을 마치 가족처럼 돌봐 주었으며, 남편도 아내에 대한 정절을 지켜야 한다고 주장했다. 주변 세상과 달리 크리스천 남성은 총각이거나 '한 여자의 남편'이어야 했다. 여기서 오늘날의 보수 가치인 일부일처제의 미덕을 볼 수 있다. 하지만 동시에 오늘날의 진보 가치인 남녀 평등의 미덕도 볼 수 있다.

둘째, 초기 로마에서 영아 살해는 흔한 일이었다. 당시에는 어떤 생명들은 소모품이라는 것 외에 이렇다 할 생명 윤리가 없었다. 힐라리온(Hilarion)이라는 남자가 임신한 아내 알리스(Alis)에게 보낸 편지의 발췌문을 읽어 보자. 힐라리온은 편지로 출장 중에 아내의 태중에 있는 아이에 대해서 다음과 같이 지시했다.

다른 이들은 다 돌아왔는데 나만 알렉산드리아에 남아 있다고 해서 걱정하지 마오. 아이를 잘 돌보기를 바라오. 품삯을 받는 대로 보내 주겠소. 아이를 무사히 낳게 되면, 남자아이는 살려 두고 여자아이라면 버리시오. 당신을 잊지 말라는 당신의 말을 아프로디시아스(Aphrodisias)를 통해 내게 전해 달라고 했다고 들었소. 내가 어찌 당신을 잊겠소? 그러

니 아무 걱정하지 마오.[7]

아내를 향한 마음은 애틋한 사람이 어떻게 자식(여자아이일 경우)에 대
해서는 이토록 무정할 수 있을까? "여자아이라면 버리시오." 안타깝게
도 이는 당시 로마에서 흔한 일이었다. 하지만 크리스천들은 고아들
을 입양해서 어른이 될 때까지 키워 주는 사람들로 알려져 있었다. 그
아이가 여자아이인지 다른 인종인지 장애아인지는 전혀 따지지 않았
다. 여기서 우리는 태아를 보호하는 보수 가치와 여성 평등 및 사회 정
의를 추구하는 진보 가치를 동시에 볼 수 있다.

셋째, 히틀러 시대의 독일에서처럼 로마에서 가난한 사람들은 사
회의 자원을 빨아먹는 '쓸모없는 식충이' 취급을 받았다. 하지만 교회
안에서는 가난한 사람들도 존중을 받았다. 크리스천들 사이에는 가
난한 사람들과 부를 나누는 연민의 정이 흘렀다(진보 가치). 단, 이 나눔
은 강요된 것이 아니라 자발적이었다(보수 가치). 초기 크리스천들은 결
혼에 관해서는 한 사람에게만 열려 있지만 지갑에 관해서는 모두에게
열려 있다는 말을 들은 기억이 난다.

내 친구 에릭 리케스모(Erik Lokkesmoe)는 정부의 특정 부분들이 필요
없게 만드는 것이 크리스천들의 임무라고 말했다. 정부가 없어져야
한다는 말이 아니다. 성경이 교회에 맡긴 영역들에서는 정부가 덜 필
요해져야 한다는 말이다. 하나님은 사회 속에서 악을 억제하고 평화
를 유지하기 위해 우리에게 정부를 주셨다. 그리고 무엇보다도 약자
를 돌보고 아픈 사람을 치유하고 굶주린 사람을 먹이고 소외받는 사
람들을 대접하기 위해 교회를 주셨다. 리케스모는 모두를 위해 일하

는 반문화적 운동이라는 새로운 비전으로 교회를 부르고 있다.

　하나님의 백성들이 꼭 정부만이 아니라 여러 영역에서 공적 신앙을 실천할 때 하나님 나라가 하늘에서처럼 이 땅에서 이루어진다. 공적 신앙은 세상의 권력을 추구함으로써가 아니라 자신을 내어놓음으로써 세상을 부하게 한다. 이것이 예수님이 예루살렘을 변화시키신 방법이다. 이것이 기독교가 로마를 변화시킨 방법이다. 우리 사회를 비롯해서 어느 사회든 기독교는 이 방법을 통해 변화를 이룰 수 있다.

　"너희는 먼저 그의 나라와 그의 의를 구하라. 그리하면 이 모든 것을 너희에게 더하시리라"(마 6:33).

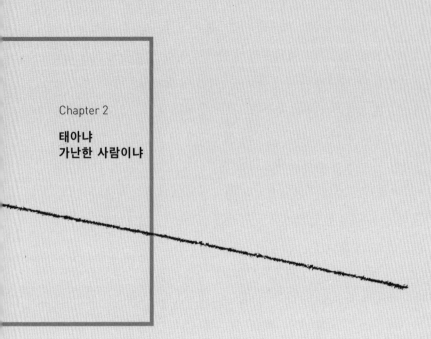

Chapter 2

**태아냐
가난한 사람이냐**

'지극히 작은 자',
누구의 손을
먼저 잡아야 하나

최근 극심한 논쟁을 불러일으키는 주제 중 하나는 인간 생명의 가치다. 물론 대부분의 사람들은 인간 생명이 신성하다고 말한다. 하지만 '모든' 인간 생명을 '똑같이' 신성하게 대하는 사람은 그리 많지 않은 듯하다.

예를 들어, 정치 우파는 예로부터 태아의 생명을 중시했다. 많은 사람이 가장 비극적인 대법원 판결로 여기는 역사적인 '로 대 웨이드'(Roe vs. Wade) 판결 이후로 미국에서 약 6천만 건의 낙태가 이루어졌다. '낙태 반대'(pro-life)를 외치는 사람들에게 이 숫자는 도저히 참을 수 없을 정도로 엄청났다. 그들은 이 판결을 뒤엎기 위해 많은 시간과 에너지와 돈을 쏟았다. 그들은 '지극히 작은 자'를 변호하고 보호한다는 거룩한 열정으로 움직였으며 약자들은 스스로 목소리를 내거나 변호할 능력이 없기 때문에 그들의 편에 서는 것이 사회의 도덕적 의무라고 주장했다. 우파 크리스천들은 낙태 반대가 인간 생명은 잉태 순간에 시작된다는 성경의 가르침과 일치한다고 주장했다.[1] 심지어 공화당을 뽑는 것이 예수님을 뽑는 것이나 마찬가지라는 대담한 주장을 펼치기도 했다.

마찬가지로, 좌파는 예로부터 세상에 태어난 인간 생명의 신성함을 강조해 왔다. 진보 진영은 가난하고 약하고 억압받는, 특별히 출생한 사람들의 권리를 옹호하는 것으로 알려져 있다. 진보주의자들도 자신들이 생각하는 '지극히 작은 자'를 변호하고 보호한다는 거룩한 열정으로 움직이고 있으며 약자들은 스스로 목소리를 내거나 변호할 능력이 없기 때문에 그들의 편에 서는 것이 사회의 도덕적 의무라고 주장했다. 그들도 가난하고 약하고 억압받는 자들을 위하는 것이 가난하고 약하고 억압받는 자들을 위하셨던 예수님의 가르침과 일치한다(눅 4:16-21). 그래서 민주당을 뽑는 것이 예수님을 선택하는 것이나 마찬가지라는 대담한 주장을 펼치기도 했다.

이제 태아를 걱정하는 보수주의자들에게 진보주의자들은 이렇게 외친다. "산모의 건강은 어떻게 할 것인가? 자기 몸을 자신이 선택하는 대로 사용하기 위한 산모의 권리는 어떻게 할 것인가? 산모의 선택을 반대하는 것은 태아만 걱정하고 산모는 전혀 신경 쓰지 않는 일이다!"

이에 보수주의자들은 응수한다. "너희는 사실상 선택권에 찬성하는 것이 아니다. 너희는 죽음에 찬성하는 것이다! 선택권이 없는 태아는 어떻게 할 것인가? 가장 약한 자들의 권리와 건강은 어떻게 할 것인가? 오로지 자신만 생각하는 자들이 태아의 권리를 앗아가고 있으니 통탄할 노릇이다."

내가 진실로 너희에게 이르노니 너희가 여기 내 형제 중에 지극히 작은 자 하나에게 한 것이 곧 내게 한 것이니라(마 25:40).

가난하고 약하고 억압받는, 출생한 사람들을 걱정하는 진보주의자들에게 보수주의자들은 외친다. "우리도 가난하고 약하고 억압받는 사람들을 생각한다. 정부가 더 많은 일자리와 기회를 창출하면 더 많은 사람이 성공할 것이다. 게다가 가난을 자초한 사람이 너무도 많다. 그들은 게으르고 의욕이 없다. 나가서 일을 찾을 생각 자체를 하지 않는다."

그러면 진보주의자들은 대꾸한다. "당신들은 과연 가난한 사람이

면접을 보러 오면 뽑아 줄 것인가? 아니, 가난한 사람에게 면접의 기회를 준 적이 있는가? 가난한 사람을 '만난' 적이라도 있는가? 당연히 없겠지. 왜냐하면 가난한 사람들을 생각하는 척만 하니까 말이야. 당신들이 신경 쓰는 건 오로지 매출뿐이다!"

그들의 공방은 끝이 없다. 서로 자신들이 인간 생명을 옹호한다고 주장한다. 모두 다 최대 관심사가 '지극히 작은 자들'이라고 주장한다. 심지어 둘 다 예수님이 온전히 자신들의 편이라고 믿는다. 그들은 서로 도덕적으로 우위에 있다고 믿는다. 그래서 둘 다 상대편이 인간의 존엄성을 너무 하찮게 여긴다며 말로, 온라인으로 공격을 퍼붓는다.

둘 다 맞고 둘 다 틀린 것일까? 둘 다 한 쪽으로 너무 치우친 것은 아닌가? 둘 다 한 종류의 인간만을 아끼고 다른 종류의 인간은 무시하고 있는 것이 아닌가?

마틴 루터 킹 목사가 말했듯이, 예수님은 "하나님의 형상에 수준 차이는 없다"고 하신다. 다시 말해, 예수님께 다른 사람들보다 더 특별한 사람은 없다. 우는 갓난아기도 유명 배우와 똑같이 소중하고 귀하다. 노숙자도 대통령만큼, 학생도 선생만큼, 일병도 장군만큼, 매점 직원도 프로 스포츠 선수만큼, 환자도 의사만큼, 수위도 회장만큼 중요하다.

누가
내 이웃입니까

예수님에 따르면 모든 사람은 하나님의 모습을 품고 태어난다. 성경은 모든 인간이 하나님의 형상에 따라 창조되었음을 분명히 말해 준다 (창 1:26-27). 모든 인간은 하나님이 영화와 존귀로 관을 씌우신 존재다.

여호와 우리 주여 주의 이름이 온 땅에 어찌 그리 아름다운지요 주의 영광이 하늘을 덮었나이다 … 주의 손가락으로 만드신 주의 하늘과 주께서 베풀어 두신 달과 별들을 내가 보오니 사람이 무엇이기에 주께서 그를 생각하시며 인자가 무엇이기에 주께서 그를 돌보시나이까 그를 하나님보다 조금 못하게 하시고 영화와 존귀로 관을 씌우셨나이다(시 8:1, 3-5).

한 사람이 예수님을 찾아와 가장 큰 계명이 무엇인지 물었다. 그때 예수님은 온 존재로 하나님을 사랑하고 이웃을 내 몸처럼 사랑하는 것이 가장 큰 계명이라고 가르쳐 주셨다. 이에 그 사람이 "누가 제 이웃입니까?"라고 묻자 예수님은 대답 대신 진정한 이웃 사랑이 무엇인지를 실천해 보인 사마리아인의 이야기를 들려 주셨다. 유대인 청중으로서는 정말 귀에 거슬리는 사례였을 것이다. 어쨌든, 예수님에 따르면 나의 이웃은 성, 인종, 성적 성향, 경제적 수준, 정치 성향, 문화, 교리에 상관없이 내 주변에 있는 모든 사람과 어려움에 처해 있는 모든 사람이다. 아니, 나의 이웃은 나를 제외한 모든 사람이다.

몇몇 사람이 아닌 모든 사람 속에 있는 하나님의 형상을 인식할 때 비로소 이웃을 나 자신처럼 사랑할 수 있다. 또한 하나님이 모든 사람에게 주신 존엄성을 인정할 때 비로소 편을 나누는 버릇과 분노할 대상을 찾는 끝없는 탐구를 멈출 수 있다.

세상에서
가장 아름다운 것은 '사람'이다

창세기 1-2장의 창조 기사는 창조가 이루어진 각 날을 간단하게 요약한다. 하나님은 땅, 물, 동식물, 물고기, 하늘 등을 만드신 후에 그것들을 보시며 "좋다"라고 말씀하셨다. 하지만 엿새 후에 남자와 여자를 창조하신 후 두 사람을 보며 "심히 좋다"라고 말씀하셨다. 이때 하나님은 최고의 찬사를 아끼지 않으셨다. 그 찬사는 우주가 아무리 훌륭해도 인간만큼 훌륭한 것은 없다는 말처럼 들린다.

3년 전 우리는 테네시 주 내슈빌로 이사했다. 이곳은 내가 본 곳 중에서 가장 아름답다. 사방이 아름다운 공원과 시내, 나무, 완만한 언덕들, 야생 동물 천지다. 뿐만 아니라 내슈빌은 창조적인 사람들이 주로 산다. 미술, 음악, 영화, 패션이 숨쉬는 이곳은 아름다움을 사랑하는 사람들에게 꿈의 도시다. 아름다움을 원한다면 무조건 내슈빌로 오라!

하지만 예수님에 따르면 내슈빌을 포함한 세상에서 '가장' 아름다운 것은 자연이나 인간의 창조물이 아니다. 세상에서 '가장' 아름다운 것은 바로 하나님의 최고의 창조물인 사람이다. 사람은 장소나 사물보다 하나님의 영광과 아름다움, 장엄함을 훨씬 더 분명하게 드러낸다. 사람은 하나님의 형상을 따라 창조되었다. 사람은 하나님과 가장 닮았다. 우리는 하나님의 모습을 품고 있다.

나는 어린 딸들을 재울 때면 축복의 기도를 해 주었다. 축복 기도는 대개 인간의 존엄성과 가치에 관한 성경의 약속이나 선포로 시작되었다. "하나님이 너를 지으심이 심히 기묘하시단다(시 139:12). ⋯ 그 무엇도 너를 하나님의 사랑에서 끊을 수 없단다(롬 8:39). ⋯ 하나님은 너를 해치지 않고 소망과 미래를 주실 거야(렘 29:11). ⋯ 하나님이 너를 이처럼 사랑하사 너를 위해 독생자를 주셨단다"(요 3:16). 축복 기도는 매번 똑같은 말로 마무리된다. "하나님은 너를 아름답고 특별하게 지으셨고 너를 너무도 깊이 사랑하신단다. 이 아빠도 마찬가지로 너를 깊이 사랑해. 이 점을 항상 잊지 마렴. 아멘."

내가 밤마다 딸들에게 이런 선포를 하는 것은 여느 인간의 마음처럼 자녀들의 마음도 하나님의 형상을 품은 자라는 근본적인 정체성을 잊기 쉽기 때문이다. 그래서 나는 자녀들이 잠들기 전에 마지막으로 듣는 말이 이 진리이기를 원한다. 세상은 녀석들에게 끝없이 수치심을 심어 준다. 내면의 목소리는 그들을 향하여 쓸모없는 존재라는 부정적인 메시지를 끊임없이 보낸다. 그래서 나는 자녀들에게 진실을 말하는 반대 편의 목소리를 들려주고 싶다. 다시 말해, 자녀들이 자신들에 관한 하나님의 말씀을 기억하고 그 진리 안에서 쉬기를 원한다. 그러면 창조주의 약속이 이미 녀석들 속에 자리 잡았기 때문에 세상이나 마음의 목소리가 파고들지 못한다.

이로써 우리가 진리에 속한 줄을 알고 또 우리 마음을 주 앞에서 굳세게 하리니 이는 우리 마음이 혹 우리를 책망할 일이 있어도 하나님은 우리 마음보다 크시고 모든 것을 아시기 때문이라 사랑하는 자들아 만일 우리 마음이 우리를 책망할 것이 없으면 하나님 앞에서 담대함을 얻고(요일 3:19-21).

모든 인간의 영광이 파생적인 것은 사실이다. 우리의 영광은 자신이 아닌 다른 원천에서 비롯한다. 그렇다고 해서 우리의 영광이 덜 영광스러운 것은 절대 아니다. 달이 태양의 빛을 반사함으로 영광스러워지는 것처럼 우리도 먼저 하나님의 영광의 빛이 우리에게 비춘 다음 우리를 통해 사방에 퍼짐으로써 영광스러워진다.

어두운 데에 빛이 비치라 말씀하셨던 그 하나님께서 예수 그리스도의 얼굴에 있는 하나님의 영광을 아는 빛을 우리 마음에 비추셨느니라(고후 4:6).

그리스도의 얼굴을 볼 때 하나님의 빛이 우리를 통해서 더 많이 비추인다. 우리는 점점 더 그리스도를 닮아갈 것이다. 그렇게 그리스도를 닮을수록 우리 안에 있는 그분의 망가진 형상이 회복된다. 그렇게 그분의 망가진 형상이 회복될수록 험담이나 비방, 편견, 배척을 통해 남을 무시하고 남의 존엄을 훼손시킴으로 자신의 자존심을 세우려는 욕구가 사라진다. 도리어 남의 존엄성을 훼손하기는커녕 예수님처럼 그들의 존엄성을 인정해 주기를 원하게 된다. 그렇게 남들의 존엄성을 인정할수록 편 나누기에 빠지지 않게 된다.

평범한
사람은 없다

예수님은 우리가 인간이기 때문에 하나님의 형상을 품고 영화와 존귀의 관을 썼으며 존엄성으로 가득하다고 말씀하셨다. 이 선포를 받아들이면 타인을 바라보는 시각의 근본적인 변화를 겪게 된다. 내가 하나님의 형상에 따라 창조되었기 때문에 "심히 좋다"라는 찬사를 받을 만하다면, 다른 이도 마찬가지일 것이다.

또 네 이웃을 사랑하고 네 원수를 미워하라 하였다는 것을 너희가 들었으나 나는 너희에게 이르노니 너희 원수를 사랑하며 너희를 박해하는 자를 위하여 기도하라 이같이 한즉 하늘에 계신 너희 아버지의 아들이 되리니 이는 하나님이 그 해를 악인과 선인에게 비추시며 비를 의로운 자와 불의한 자에게 내려주심이라 너희가 너희를 사랑하는 자를 사랑하면 무슨 상이 있으리요 세리도 이같이 아니하느냐 또 너희가 너희 형제에게만 문안하면 남보다 더하는 것이 무엇이냐 이방인들도 이같이 아니하느냐(마 5:43-47).

우리는 크리스천만 사랑해서는 안 된다. 심지어, 우리와 다른 비크리스천도 사랑해야 한다. 사실, 이런 사랑이야말로 우리 안에 있는 사랑을 보여 주는 진정한 척도다. 이런 사랑이야말로 어둠에서 나온 빛이 우리 안에 들어와 우리를 통해서 빛나고 있다는 진정한 증거다.

C. S. 루이스는 《영광의 무게》(The Weight of Glory)에서 이 점을 명쾌하게 설명했다.

신이나 여신이 될 수 있는 사람들과 함께 산다는 것은 보통 일이 아니다. 우리가 이야기를 나누어 본 사람 중에서 가장 지루하고 재미없는

사람도 언젠가는 당장 엎드려 절하고 싶은 존재가 되거나 악몽 속에서
나 볼 법한 끔찍한 존재가 될 수도 있다. 우리는 이 사실을 늘 기억해야
만 한다. 하루 종일 우리는 서로를 이 중 한 목적지로 이끈다. 우리는 우
정에서부터 사랑과 놀이와 정치에 이르기까지 무엇을 하든 이 두 가지
가능성을 생각하며 서로에 대한 마땅한 경외심과 신중함으로 해야 한
다. 평범한 사람은 없다. 우리가 말을 주고받은 사람들은 한낱 필사(必
死)의 존재들이 아니다. 국가, 문화, 예술, 문명 등 이런 것들이야말로 반
드시 사라질 모기와 같은 필사의 것들이다. 하지만 우리가 농담을 주고
받고 함께 일하고 결혼하고 무시하고 착취하는 사람들은 불멸의 존재
들이다. 영원히 공포에 떨거나 영원히 빛날 존재들이다. 성만찬을 제외
하면 이웃이 우리의 오감이 경험할 수 있는 가장 거룩한 대상이다.[2]

'우리의 오감이 경험할 수 있는 가장 거룩한 대상.' 이 말을 곱씹어
보자. 평범한 사람은 없다!

지극히
작은 자를 품는 예수

예수님은 모든 인간의 존엄성을 확증하기 위해 실로 놀라운 일을
벌이셨다. 예수님이 세상에 오신 방식 자체가 모든 인간이 존엄하다
는 궁극적인 증거다. 예수님은 하나님이셨음에도 불구하고 왕이나 부
유층으로 세상에 오지 않으셨다. 오히려 그분은 나사렛이라는 가난하

고 외진 작은 마을에서 태어나셨다. 그분의 아버지와 어머니는 아직 세상을 잘 모르는 부부였다. 돈이나 연줄도 없었고 사회에 어떠한 영향력도 끼치지 못했다. 예수님은 성인기의 대부분을 떠돌이로 사셨다. 말 그대로, 머리 누일 곳조차 없었다. 성경에서 묘사하는 예수님의 용모는 별로 뛰어나지 않았다. 잡지에 실릴 만한 인물이 전혀 아니었다. 예수님의 용모는 좋게 말해 평범하고 수수했다.

고운 모양도 없고 풍채도 없은즉 우리가 보기에 흠모할 만한 아름다운 것이 없도다 그는 멸시를 받아 사람들에게 버림받았으며 … 마치 사람들이 그에게서 얼굴을 가리는 것같이 멸시를 당하였고 우리도 그를 귀히 여기지 아니하였도다(사 53:2-3).

그러나 예수님의 인맥은 실로 광범위했다. 즉 예수님은 온갖 사람들과 우정을 나누셨다. 그분의 친구들에는 니고데모나 아리마대 요셉 같은 부유한 엘리트층과 로마 백부장 같은 권력층이 포함되어 있었다. 하지만 동시에 그분은 문화적으로 경멸을 받던 우물가의 사마리아 여인과 간음 현장에서 붙잡힌 여인에게도 우정의 손을 내미셨다. 그분은 유대 회당에서 교육을 받고 헬라 학문에서는 오늘날의 아이비리그에 해당하는 학위를 소유한 다소의 사울에게 다가가셨다. 하지만 동시에 그분은 평범한 어부 시몬 베드로와 손을 잡으셨다. 노예가 천한 대접을 받던 세상에서 예수님은 로마 백부장의 노예에게 손을 뻗어 치유해 주셨다. 병자를 저주받은 것으로 간주해서 격리하던 세상에서 예수님은 중풍병자, 혈루증 환자, 맹인, 나병환자에게 다가가시고 그들을 만지고 치유해 주셨다. 가난한 사람을 무시하고 죽게 방치하던 세상에서 예수님은 가난한 사람들에게 특별한 관심을 기울이고 그들이 복을 받은 자들이라고 말씀하셨다. 여성이 아무런 권리가 없던 세상에서 예수님은 여성들을 제자로 받아들이고, 심지어 남자들이 가득한 방에서 그분의 부활을 증언할 사람으로 여성들을 선택하셨다.

이처럼 예수님께는 모든 사람이 중요했다. 예수님이 모든 인간의 존엄성을 인정하셨지만, 그분이 특별히 관심과 애정을 쏟은 두 가지 유형의 사람들이 있었다. 사회는 이 두 집단에 신경을 쓸 여력이 없었지만 예수님은 그들이 얼마나 중요한지를 세상에 알리기 위해 특별히 애를 쓰셨다. 그들은 바로 보수주의자들이 신경을 쓰는 어린아이들과 진보주의자들이 신경을 쓰는 가난한 자들이다.

누가 쓸모없는 인간을
결정할 것인가

하루는 예수님이 사람들에게 하나님 나라에 관해 가르치고 계셨다. 어떤 사람들이 예수님이 만져 주실까 싶어 아이들을 데리고 왔다. 이에 제자들은 그들을 꾸짖었다. "이분이 누구이신 줄 아시오? 바로, 만왕의 왕이시오. 그리스도요 살아 계신 하나님의 아들이며 이스라엘의 선생이시란 말이오. 이렇게 높으신 분이 한낱 아이들이나 상대할 시간이 있을 것 같소? 그 정도로 하찮은 분이 아니란 말이오. 이 시끄러운 아이들을 상대할 분이 아니란 말이오."

하지만 예수님은 오히려 이런 제자들을 꾸짖으셨다. 그런 다음 아이들을 가까이 부르시고 말씀하셨다. "어린아이들이 내게 오는 것을 용납하고 금하지 말라 하나님의 나라가 이런 자의 것이니라 내가 진실로 너희에게 이르노니 누구든지 하나님의 나라를 어린아이와 같이 받아들이지 않는 자는 결단코 거기 들어가지 못하리라"(눅 18:16-17).

예수님께 아이들은 귀찮은 존재들이 아니었다. 예수님이 아이들을 성가시게 여기지 않으셨으니 우리도 그래야 마땅하다. 사실, 아이들이야말로 진정한 하나님 나라의 삶을 가르쳐 주는 최고의 스승이다. 아이들의 솔직함, 부모를 의지해서 무슨 일만 생기면 부모에게 달려가는 모습은 하나님이 우리에게 원하시는 관계를 그 무엇보다도 분명히 보여 준다. 예수님은 우리가 아이들에게 주목하고 그들의 말에 귀를 기울여야 한다고 말씀하신다.

몇 해 전 내 친구 게이브 라이언스(Gabe Lyons)는 〈허핑턴 포스트〉를 통해 자신의 아들 케이드(Cade)에 관한 감동적인 이야기를 소개했다.

다운증후군 환자들은 멸종시켜야 할 대상이 되었다. 11월 〈뉴욕 포스트〉(New York Post)는 "다운증후군의 종언"을 선언하며 더 안전한 태아 확인 테스트 기술을 소개했다. 이 테스트가 나오기 전에는 다운증후군 진단이 나오면 산모의 92퍼센트가 낙태를 결정했다(오진으로 낙태하는 경우도 많았다). 많은 전문가는 새 테스트 기술로 다운증후군의 종언을 예상하고 있다. 왜 케이드 같은 사람들을 세상에서 제거하려고 이 난리일까? 우리 아이의 장애가 남들에게 물리적으로 위협이 되기 때문은 분명 아니다. 다운증후군 아이들은 사회에 다른 종류의 위협이 된다. 그 위협은 '완벽'을 향한 우리의 갈망이 잘못된 것일지 모른다는 점을 생생하게 일깨워 준다는 것이다. 케이드 같은 사람들은 정상이라는 개념을 뒤흔든다. 바쁜 맨해튼 거리에서 자신이 인사를 건네는 모든 사람에게 똑같이 인사를 받으려고 하는 것에서부터 휠체어에 앉은 외로운 노숙자를 주저 없이 안아 주는 것까지, 케이드 같은 사람들은 우리가 생각하는 일반적인 행동에 새로운 차원을 더한다. …

케이드의 삶, 그리고 그와 같은 사람들의 삶은 '좋은 삶에 대한 새로운 시각'을 제시한다. 이들은 사람들의 진로를 바꾸고 가족들이 협력하게 만든다. 이들은 우리에게 그냥 지나치지 말고 참여해야 함을 가르쳐 준다. 이들은 무조건적으로 사랑한다. 이들은 삶 속의 작은 것들에 감사하고, 대부분의 사람들을 무기력에 빠뜨리는 스트레스에 전혀 영향을 받지 않는다. 이들은 진정한 삶이 무엇인지를 우리보다 대부분 더 잘 이해하는 듯하다. 이들은 모든 사람을 동등하게 창조된 존재로 귀히 여겨야 함을 가르쳐 준다.[3]

게이브의 글뿐 아니라 장애인들을 돕고 격려하는 교인들에게 너무도 감사한다. 이것은 참으로 옳고도 좋은 일이다. 왜냐하면 예수님은 작은 자들과 어려운 자들, 장애를 가진 자들에 대해 "그들이 내게 오는 것을 용납하고 금하지 말라"고 말씀하셨기 때문이다.

우리는 장애를 안고 사는 삶이 어떤 것인지를 보여 줄 수 있는 케이드 같은 이들을 필요로 한다. 왜냐하면 우리 역시 어떤 식으로든 장애를 안고 있기 때문이다. 하지만 다운증후군 환자들은 멸종시켜야 할 대상이 되었다. 이는 엄청난 비극이다.

예로부터 기독교는 태아의 상태에 상관없이 그 생명을 보호하는 일에 앞장섰다. 모든 아이는 어미의 배 속에서 기묘하게 지음을 받았기 때문에 양육, 영양 공급, 보호, 사랑을 받을 양도할 수 없는 권리를 갖고 있다. 이는 정의의 문제다. 예수님은 모든 종류의 사람들을 기꺼이 대변해 주시지만 특히 스스로 목소리를 낼 수 없는 사람들의 편이 되어 주신다.

우리가 주변의 작은 자들에 대한 이런 시각을 잃어버리고, 살려야 할 인간들의 범주와 멸종시켜야 할 인간들의 범주를 제멋대로 정하는 것은 곧 모든 인류의 존엄성이라는 개념을 버리고 다윈의 자연선택 이론을 인류에 적용하는 것이다. '적자생존'이라는 말을 아는가. 오직 강하고 매력적인 자들만 살아남는다. 우리는 사이코패스 아돌프 히틀러(Adolf Hitler)처럼 약자를 "쓸모없는 식충이"로 여겨 정복한다.

인간들을 단순히 손익 계산의 잣대로 분석해서 이익보다 손해를 더 끼친다고 판단되는 생명들을 버린다면 그 다음은 어떤 상황이 펼쳐질까? 인간 생명에 관한 오늘날의 이 철학은 결국 유례를 찾아볼 수 없는 끔찍한 불의를 낳고야 말 것이다.

몇 해 전 프린스턴대학 생명윤리학 교수인 무신론자 피터 싱어(Peter Singer)는 낙태에 관한 현대인들의 생각을 대변하는 말을 했다. "자궁 속의 영아 살해가 합법적이라면 자궁 밖의 영아 살해가 합법적이지 않아야 할 그 어떤 논리적인 이유도 없다."

태아의 살인을 추천하는 의사라면 태어난 아이가 비정상적일 때 살인을 추천하지 않을 이유가 없다.

케이드의 존엄성을 존중하지 않는다면 피터 싱어의 말처럼 인간의 존엄성이라는 개념 전체가 무너져 내린다. '한' 형태의 인간 생명을 제거해도 좋다고 판단하는 순간, 우리는 형태를 막론한 '모든' 인간 생명을 옹호할 명분 자체를 잃어버린다. 다운증후군에 걸린 태아가 배 속에 있는 것은 그 아이에게나 가족에게나 자녀에게나 힘든 일이기 때문에 그 아이를 제거해야 한다고 말한다면, 그 아이가 가족이나 사회의 짐이 될 뿐이라고 말한다면, 적어도 일관성을 유지해야 한다. 태아에 대해 이렇게 말한다면, 피터 싱어의 말처럼 질병이나 나쁜 성격, 못난 외모, 잘못된 성을 가지고 태어난 아이에 대해서도 똑같이 말해야 한다. 나아가, 육체적으로 약하거나 정신병이 있거나 가난하거나 노쇠한 사람에 대하여서도 똑같이 말해야 한다.

그런데 이런 사람들이 전혀 없는 세상을 상상할 수 있는가? 히틀러 같은 자들이 쓸모 있는 인간과 쓸모없는 인간을 결정하는 세상을 상상할 수 있는가? 케이드의 경우처럼, 장애를 가진 사람들로 인해 내 삶은 훨씬 더 풍요로워진다. 왜냐하면 나도 일종의 장애를 안고 있기 때문이다. 즉 우리 모두에게는 다루어야 할 망가진 구석이 있다. 그리고 우리는 하나님의 능력이 어떻게 약한 가운데서 완벽해지는지를 보아야 한다.

육체를 따라 지혜로운 자가 많지 아니하며 능한 자가 많지 아니하며 문벌 좋은 자가 많지 아니하도다 그러나 하나님께서 세상의 미련한 것들을 택하사 지혜 있는 자들을 부끄럽게 하려 하시고 세상의 약한 것들을 택하사 강한 것들을 부끄럽게 하려 하시며 하나님께서 세상의 천한 것들과 멸시받는 것들과 없는 것들을 택하사 있는 것들을 폐하려 하시나니 이는 아무 육체도 하나님 앞에서 자랑하지 못하게 하려 하심이라 …
기록된 바 자랑하는 자는 주 안에서 자랑하라 함과 같게 하려 함이라(고
전 1:26-31).

"어린아이들이 내게 오는 것을 용납하고 금하지 말라. 하나님의 나
라가 이런 자의 것이니라." 우리는 성경을 제대로 이해해야 한다.

베이글이 아닌
달걀 샐러드를 요구하다니……

스스로 가난해지는 것보다 더 확실하게 가난한 사람들의 존엄성
을 지지할 방법은 없을 것이다. 예수님이 바로 그렇게 하셨다. 예수님
은 가난한 목수와 약혼한 미혼의 십대 소녀에게서 태어나셨다. 그분
이 태어나시던 날 밤, 요셉 부부에게는 머물 '여관 방'이 없었다. 그래
서 예수님은 마구간에서 태어나셨고, 그분의 첫 침대는 가축들의 사
료를 놓는 구유였다.

예수님이 성인이 되신 후에도 머리 누일 곳이 없을 때가 많았다.
예수님은 자발적으로 40일 동안 음식 없이 지내기도 하셨다. 예수님
은 쓰레기 더미 위에서 생의 마지막 시간을 보내다가 두 범죄자 사이
에서 숨을 거두셨다. 그분은 부요하셨지만 자신의 가난으로 인해 우
리가 부요해질 수 있도록 스스로 가난을 택하셨다(고후 8:9).

예수님은 스스로 가난해지셨을 뿐 아니라 가난한 사람들의 존엄

성을 지지하고 무일푼인 사람들에게 특별한 관심을 쏟으셨다. 처음 기록된 대중 설교에서 예수님은 이사야서의 다음 구절을 본문으로 선택하셨다.

주의 성령이 내게 임하셨으니 이는 가난한 자에게 복음을 전하게 하시려고 내게 기름을 부으시고 나를 보내사 포로 된 자에게 자유를 눈먼 자에게 다시 보게 함을 전파하며 눌린 자를 자유롭게 하고 주의 은혜의 해를 전파하게 하려 하심이라 (눅 4:18-19).

계속해서 예수님은 자신을 가리켜 "이 글이 오늘 너희 귀에 응하였느니라"라고 말씀하셨다 (눅 4:21). 공적 인물들이 취임 연설을 할 때는 언제나 자신이 앞으로 가장 중점적으로 추진할 사안을 강조한다. 예수님도 마찬가지셨다. 예수님이 가장 중점을 둘 사안이 가장 분명하게 드러난 것은 바로 그분의 취임 연설이었다. 예수님은 가난한 자들에게 복음을 전하고 포로들을 해방시키고 억압받는 자들을 자유롭게 할 것이라고 선언하셨다.

계속해서 예수님은 자신을 의사요 치유자로 소개하시고 선지자들의 시대에 나병을 치유 받았던 수리아의 나아만에 관한 이야기를 하셨다. 하지만 당시 예수님의 청중은 아프지 않았다. 그들에게 나병환자는 저주받은 존재에 불과했다. 그들에게 나병환자는 쓰레기요 쓸모없는 식충이였다. 이 종교적인 자들은 예수님의 설교를 전혀 이해하지 못했다. '이 자가 도대체 무슨 이야기를 하는 건가?' 그들은 사회 낙오자들의 해방 따위는 관심조차 없었다. 그들의 관심은 오직 자신들의 기득권을 유지하는 것뿐이었다. 그들은 병자와 가난한 자, 사회 변방에 있는 자들에게 손을 뻗는 수고로움을 원치 않았다. 그들은 사랑에 따르는 희생과 불편을 원치 않았다.

예수님이 이 말씀을 마치시고 나자 회당에 모인 자들은 분노에 휩싸였다. 결국 그들은 예수님을 회당에서 쫓아내고, 심지어 그분을 벼랑 아래로 밀어 버리려고 했다. 저들은 어찌 이리도 눈이 멀 수 있는가. 가난으로 신음하는 자들에게 어찌 이리도 무정할 수 있는가. 그리고 '우리'는 어찌 이럴 수 있는가.

뉴욕에 살 때 하루는 나의 일을 골똘히 생각하며 브로드웨이를 걷던 중 한 빵집에 있던 여인이 내게 먹을 것을 사 달라고 부탁했다. 그녀는 길거리에서 사는 노숙자로 자주 보던 얼굴이었다. 그녀는 예수님처럼 머리를 누일 곳이 없었다. 그녀를 돕고 싶었던 나는 베이글 하나와 커피 한 잔을 사 주었다. 그러자 그녀는 커피는 좋지만 베이글보다는 달걀 샐러드가 좋다고 말했다. 나는 빙그레 웃으며 "얼마든지요"라고 대답했다. 하지만 속으로는 웃지 않았다. 솔직히 그 요구가 썩 기분이 좋지 않았다. 가던 길을 멈추면서까지 도와주는 사람에게 까다롭게 구는 것이 너무하게 느껴졌다. '내가 뭘 주던 감사히 먹을 것이지!' 게다가 베이글은 57센트였지만 달걀 샐러드는 6달러였다.

그날 그 여인에게 커피와 달걀 샐러드를 사 줄 때 내 머릿속에서 이루어진 대화를 지금도 생생히 기억한다. 그녀의 요청에 짜증이 난 나는 그녀에게 빈정거리는 상상을 했다. '아예 캐비아를 사 드릴까요?'

악한 말을 입 밖으로 내지 않아서 얼마나 다행인지 모른다. 내가 커피와 달걀 샐러드를 건네자 여성은 달걀 샐러드를 요청해서 미안하다고 사과했다. 그러면서 이와 잇몸이 상해서 베이글처럼 딱딱한 음식을 씹으면 통증이 극심하기 때문에 부드러운 음식밖에 먹을 수 없다고 설명했다.

비록 그 사정을 잘 알지 못해서 그런 것이지만 냉담하고 비판적으로 굴었던 것이 하나님께 너무도 죄송했다. 내가 그 옛날 예수님을 벼랑 아래로 밀어 버리려고 했던 사람들과 다를 바 없다는 생각이 들었다.

그 순간, 진정으로 가난한 사람은 그 여성이 아니라 나였는지도 모른다. 특권을 가진 사람들은 특권층의 삶이 어떤 것인지 짐작조차 하지 못하는 사람들에게 좀처럼 공감하지 못한다. 우리는 가난한 사람들의 상황이 얼마나 열악한지, 가난한 사람들이 매일 마주하는 압박의 강도가 얼마나 심한지를 몰라도 너무 모른다. 예를 들어, 최근 나는 미국에서 낙태의 60퍼센트가 빈곤선 아래에서 사는 산모들에게서 이루어진다는 통계를 보았다. 대개 아기의 아버지는 사라진 상태다.

안타까운 상황은 대개 안타까운 선택을 낳는다. 가난한 사람들의 대부분은 자신의 상황을 스스로 통제할 수 없는 상황에 있다. 내 친구이자 야구광인 미주리 주 세인트루이스 저니교회(The Journey church)의 담임목사 대린 패트릭(Darrin Patrick)에 따르면 주차장에서 태어난 사람이 우리의 도움 없이 3루를 밟기를 기대하는 것은 너무 순진한 생각이라는 것이다.

물론 패트릭은 우리에게 죄책감을 심어 주려고 그런 말을 한 것이 아니다. 그는 단지 우리로 하여금 가난의 문제에 더 관심을 갖게 만들기 위해서 그런 말을 한 것이었다. 자신의 상황을 개선할 자원과 기회의 부족 같은 가난한 사람들이 처한 환경은 그들을 계속 가난 속에 붙잡아두는 요인이 된다. 따라서 그들에게는 자원을 가진 다른 사람들이 필요하다. 자원을 가진 사람들이 신명기 15장의 비전에 헌신하는 효과적인 조직들과 협력해야만 한다.[4]

> 가난한 형제가 너와 함께 거주하거든 그 가난한 형제에게 네 마음을 완악하게 하지 말며 네 손을 움켜쥐지 말고 반드시 네 손을 그에게 펴서 그에게 필요한 대로 쓸 것을 넉넉히 꾸어 주라 … 너는 반드시 그에게 줄 것이요 줄 때에는 아끼는 마음을 품지 말 것이니라 … 너는 반드시 네 땅 안에 네 형제 중 곤란한 자와 궁핍한 자에게 네 손을 펼지니라(신 15:7-8, 10-11).

이런 후한 나눔이 이루어질 때 주는 자는 받는 자보다 더 큰 복을 누린다. 예수님은 분명 "주는 것이 받는 것보다 복이 있다"라고 말씀하셨기 때문이다(행 20:35).

왜 주는 것이 더 복된 일인가? 하나님은 본질적으로 주시는 분이고, 모든 사람은 그분의 형상을 따라 그분을 닮도록 창조되었기 때문이다. 하나님은 "이처럼 사랑하사 … 주셨으니"(요 3:16). 물고기가 번영하기 위해 물을 필요로 하는 것처럼 하나님의 형상을 따라 지음을 받은 크리스천은 후한 마음과 열린 손을 필요로 한다. 우리는 주변 사람들에게 다가가고 남들의 필요에 반응하도록 지음을 받았다.

주는 자가 더 복되다고 말씀하신 또 다른 이유가 있다. 나누어 줄 때 받는 자와 접촉할 수 있기 때문이다. 거리에서 달걀 샐러드를 원한 그 여성을 만난 덕분에 내 인생이 크게 바뀌었다. 그 짧은 대화를 통해 내 이와 잇몸은 (최소한 지금은) 멀쩡하지만 내 안에 망가지고 상한 구석 (그 순간에는 나의 냉담한 마음)이 많아서 주님의 떡이라는 값비싼 부드러운 음식과 주님의 잔에 담긴 값비싼 보혈을 필요로 한다는 사실을 새롭게 깨달았다. 또한 브로드웨이에서 만난 여성으로 인해 내가 자주 불렀지만 가슴 깊이 새기지는 못한 찬송가 가사를 기억하게 되었다.

> 오라 너희 가난하고 불쌍한 죄인들아
> 약하고 상처 입고 아프고 괴로운 자들아
> 연민으로 가득하고 능력을 겸비하신
> 예수님이 너희를 구하려고 하시니
> 능력 있으신 분 능력 있으신 분
> 너희를 기꺼이 구원해 주실 분이니 더 이상 의심하지 말라
> 양심 때문에 머뭇거리지 말라
> 또한 자격도 꿈꾸지 말라
> 예수님이 요구하시는 자격은
> 그분이 필요함을 느끼는 것뿐이니[5]

내 안의 냉담함을
하나님의 후하심으로

내 안의 냉담과 편견, 특권 의식을 똑똑히 확인하고 가슴이 아프긴

했지만 수치심에 빠지기보다는 내 중심으로 돌아갔다. 손이 많이 가는 아기들에 비하면 나는 전혀 특별하지 않다. 브로드웨이에서 상한 이로 굶주리던 그 여성에 비해 나는 전혀 특별하지 않다.

하지만 하나님의 형상을 입은 나는 특별하다. 지극히 작은 자들보다 더 특별하지는 않지만 나도 엄연히 특별한 존재다. 범접할 수 없는 빛 가운데 사시는 분이 내게 영화와 존귀로 관을 씌우셨다. 모든 좋은 것의 근원이신 분이 나를 보며 "심히 좋다"라고 선포하셨다. 만왕의 왕께서 "내가 너를 아름답고 특별하게 지었고 너를 지극히 사랑한다. 이 사실을 절대 잊지 말라"라고 축복하시며 내게 존엄성을 불어넣으셨다. 나의 냉담하고 쉽게 짜증을 내는 마음은 하나님의 자비로운 날개 아래서 쉼을 찾을 수 있다. 예수님을 통해, 예수님 안에서, 예수님으로 인해, 나는 많은 것이 될 수 있다. 내 어떤 부분도 쓸모없는 쓰레기는 없다.

예수님은 인간관계에서 '적자생존'의 법칙을 거부하신다. 그분은 우리의 약점을 넘어 하나님의 불꽃을 보신다. 그분은 그 형상을 태양보다도 더 빛나는 광채로 변화시키길 원하신다. 하나님의 순전한 형상인 예수님이 십자가 위에서 우리 안에 있는 하나님의 형상을 재건하셨다. 이제 부활해서 돌아오실 왕 예수님은 해체되고 분해된 우리 안에 폐허를 보며 하나님의 영광과 온전함을 흘려보내는 꿈을 꿈꾸신다. 우리 안의 수전노를 보며 하나님의 후하심을 흘려보내는 꿈을 꿈꾸신다. 우리 안의 매춘부를 보며 하나님의 순결함을 흘려보내시고 그분의 순결한 신부를 꿈꾸신다. 우리 안의 겁쟁이를 보며 하나님의 용기와 강하심을 흘려보내는 꿈을 꿈꾸신다. 우리 안의 폭력과 분노를 보며 하나님의 화해와 화평을 흘려보내길 꿈꾸신다. 우리 안의 고통을 보며 하나님의 기쁨을 흘려보내길 기대하신다. 우리 안의 연약함을 보며 하나님 나라의 비전을 세우시길 원하신다. 우리 안의 아프고 가난한 여인을 보며 하나님의 연민과 치유를 보이시길 꿈꾸신다.

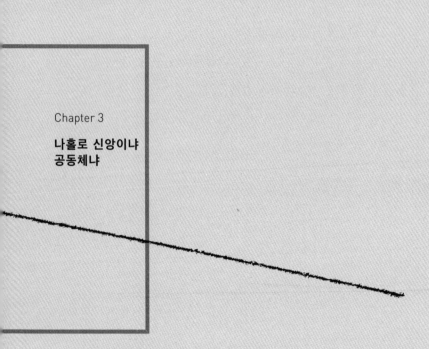

Chapter 3

**나홀로 신앙이냐
공동체냐**

교회를
끝까지 포기하지 않으신
예수를 기억하라

최근 한 남자가 내게 교회에 속하는 것이 중요하다고 생각하는지 물었다. 목사로서 그의 솔직한 질문에 신선한 충격을 받았다. 대답하기 전에 나는 그렇게 묻는 이유를 설명해 달라고 부탁했다. 그는 한동안 교회에 다니지 않았고, 스스로 개발한 교회의 대안에 꽤 만족하며 지냈다고 말했다.

교회 다니지 않는 크리스천들의 항변

그는 '제도화된 종교'에 시간을 허비하기 싫어서 '그에게' 맞춤화된 예배 방식을 만들었다. 그는 오직 자신이 좋아하는 찬송가만 듣고, 인터넷에서 좋아하는 설교자들의 설교를 다운로드하고, 관심이 가는 신앙 서적을 읽고, '마음이 맞는 신자들'의 비공식 모임에 참여했다. 그들은 교회에 속하지 않은 채 매달 두 번씩 만나 영적인 이야기를 나누었다. 그는 이 새로운 '교회 방식'을 선호하는 몇 가지 이유를 말했다. 그는 주일에 지루한 예배당에 앉아 있을 필요 없이 자유롭게 지내고, 자신이 믿을 수 있는 자선 단체에만 기부를 한다. 무엇보다 가장 좋은 것은 골치 아픈 인간들이나 원치 않는 대화나 교회 분규에 얽힐 필요가 없다는 것이다.

이것이 많은 사람이 진단하고 있는 서구 사회의 흐름이다. 특히, 젊은 세대들 중에 이런 사람이 많다. 여론 조사 전문가 조지 바나(George Barna)는 교회에 다니지 않는 이 신자들을 "혁명가들"로 명명하고 그들의 태도를 다음과 같이 기술했다.

> 혁명가들에 관한 흔한 오해 중 하나는 그들이 교회를 떠났다고 해서 하나님도 떠났다는 것이다. 하지만 우리가 조사한 바로, 교회를 떠나면서 하나님과 완전히 멀어진 사람들도 있지만, 오히려 하나님을 '더 많이' 원하지만 교회에서는 그렇게 할 수 없어서 교회를 떠난 사람들이 훨씬 더 많다. 그들은 더 건강한 신앙 경험들을 짜깁기해서 진지한 신앙을 추구하기로 결심했다.[1]

교회를 떠난 많은 사람이 반항보다는 좌절감으로 인해 그랬다는 조지 바나의 분석을 존중한다. 이 신자들이 교회를 떠났다는 것은 최소한 한동안은 교회에 적응하려고 노력했다는 뜻이다. 그들은 하나님에게서 벗어나기 위해 교회를 떠난 것이 아니라 오히려 하나님에 대한 더 풍부하고도 진정한 경험을 원했기 때문에 교회를 떠났다. 하지만 어떤 이유로든 조직화된 교회 안에서는 그런 경험을 찾을 수 없어서 절망하며 교회를 떠난 것이다.

나는 이런 사람을 많이 만나 봤다. 교회에 대한 그들의 진단은 놀랄 정도로 일관적이고, 그들이 교회를 떠난 합당한 이유가 있었다. 그들은 '교회에 가기'보다는 교회가 '되기를' 원한다. 그들은 무리 속의 이름 모를 한 명이 되기보다는 공동체 속에서 모두가 알고 필요로 하는 일원이 되기를 원한다. 그들은 행사의 수동적인 구경꾼이 아니라 공동의 사명에 적극적으로 기여하는 당당한 일원이 되기를 원한다. 그들은 설교자의 이야기를 듣기만 하지 않고 설교자보다 더 큰 '이야기' 속으로 들어가기를 원한다. 그들은 예수님을 '영접'했지만 동시에 그분에 관한 이야기에 지루함을 느끼는 것처럼 보이는 사람들이 가득한 공간 안에 앉아 있기보다는 자신처럼 그분을 진정으로 '사랑'하고 그분의 이름만 들으면 눈빛에 생기가 도는 사람들을 찾기를 원한다. 그들은 교회 프로그램에 바쁜 사람들의 모임이 아니라 사도행전을 닮은 운동에 참여하기를 원한다. 주변적인 것들은 주변적인 것들로 다루고, 하나님을 예배하고 성경을 연구하고 진정으로 교제하고 함께 떡을 나누고 기도하고 서로의 집을 열고 어려운 사람들에게 후히 나누어 주었던 운동, 세상이 주목하고 주님이 날마다 그 수를 더하게 해 주셨던 운동, 그들은 그런 운동에 참여하기를 갈망한다(행 2:42-47).

따라서 아직 교회 안에 있는 우리는 교회와 연을 끊은 크리스천들을 무조건 비판하기보다는 자기반성부터 하는 것이 옳은 순서다. 나는 목사이기 때문에 현대 교회에 대한 '혁명가들'의 비판을 먼저 나 자신의 목회를 철저히 돌아보라는 경종으로 받아들인다. 나는 하나님 백성들의 목자이자 세상 속에서 하나님의 사명을 수행하는 자로서 던져야 할 질문들을 해야만 한다. '교회로서' 우리가 예배, 공동체, 선교에 대한 성경적인 비전에 따라 살고 있는가? 그렇지 못한 영역에서 우리가 성경적인 비전을 향해 나아가기 위해 최선을 다하고 있는가? 그렇지 않다면 우리는 '혁명가들'과 토론할 능력이 없다. '교회 다니지 않는 크리스천' 현상을 걱정하는 사람들(나도 그중 한 명이다)은 먼저 자신을 돌아보면서 그들이 교회를 떠난 상황에 '우리'가 얼마나 일조했는지를 물어야 한다.

'혁명가' 현상은 단순히 사회 주변에서 소소하게 일어나는 운동이 아니다. 교회를 떠나는 크리스천들의 숫자는 나날이 늘고 있다. 그들 중에는 젊은 신자들에게 큰 호응을 얻고 있는 《재즈처럼 하나님은》 (Blue Like Jazz)의 도널드 밀러(Donald Miller)처럼 유명하고 영향력 있는 크리스천들도 포함되어 있다. 2014년 2월 밀러는 자신의 블로그에서 교회를 자주 나가지 않는다고 솔직히 고백했다. 그 이유에 대해 그는 설교를 듣거나 찬양을 불러도 하나님이 느껴지지 않기 때문이라고 설명했다. 대신 그는 자신의 일을 통해 하나님을 만난다고 말했다. "나는 내 회사를 키워 나갈 때 하나님과의 친밀함을 느낀다. 그래서 내가 교회에 나갈까? 솔직히, 자주 나가지는 않는다. … 하지만 교회는 우리 주변에 가득하다고 믿는다. 교회는 특정 집단에 국한되지 않는다. … 나는 내 일을 통해 매일 하나님을 예배한다. 이런 예배가 얼마나 즐거운지 모른다."[2]

교회 밖에서 생명력 넘치는 기독교를 찾을 수 있다고 믿는 크리스천은 밀러만이 아니다. 또 다른 '혁명적인' 크리스천은 *How to Be a Christian without Going to Church*(교회에 가지 않고 크리스천이 되는 법)의 저자인 켈리 빈(Kelly Bean)이다. 그의 글을 보자.

어느 화창한 주일 아침, 나는 푹신한 오렌지색 의자에 웅크리고 앉아 차를 홀짝이며 예수님에 대한 사랑을 만끽하고 있었다. 주일에 온 가족이 교회에 가기 위해 부산하게 단장을 한 지 꽤 오래 되었다. … 나는 교회에 가지 않는 크리스천들 중 한 명이다. … 좋은 소식은 '교회에 가지' 않고도 크리스천이 되는 것이 가능하다는 것이다. 교회에 가지 않고도 '교회가 되어' 그리스도의 부름에 따를 수 있다. … 주방에서 요리를 하거나 거실에서 곡을 쓰면서 하나님을 예배할 사람이 있는가? 예수님이 그곳에 계실 것이다. … "교회를 시작하고 싶다면 자기 일터에서 파티를 열고 사람들을 기다리라."[3]

어떤 면에서 도널드 밀러와 켈리 빈은 둘 다 옳다. 예수님은 어디에나 계신다. 예수님은 우리의 일터에도 계신다. 예수님은 파티를 위해 문을 연 집에도 계신다. 주일 교회 건물 안에만이 아닌 삶의 모든 영역이 신성한 공간이라는 그들의 시각도 역시 옳다. 모든 생각과 모든 말과 모든 행위가 하나님에 대한 예배가 될 수 있다. 실제로 성경은 "너희가 먹든지 마시든지 무엇을 하든지 다 하나님의 영광을 위하여 하라"고 말한다(고전 10:31).

하지만 과연
교회 없는 기독교를 기뻐하실까?

교회는 하나님의 계획이었다. 성경 속에 개별적으로 하나님과 관계를 맺거나 교회를 신앙생활의 선택 사항쯤으로 여기는 크리스천들은 없다. 성 키프리아누스(St. Cyprian)의 말처럼, 교회를 어머니 삼지 않고서 하나님을 아버지로 삼을 수는 없다. 크리스천들은 그리스도의 지체이다. 그리스도의 지체인 것은 곧 그리스도 몸의 지체요 그분 가족의 자녀이며 그분 양떼의 양이기도 하다. 지체들과 자녀들과 양들은 혼자서 다니지 않고 무리지어 다닌다. 또한 건강한 지체들은 자신을 돌봐 주고 양육하고 보호하고 옹호하고 가르치고 훈련시키고 이끌 리더를 원한다. 그래서 하나님은 교회에 집사, 장로, 목사를 주된 리더로 임명하셨다.[4]

다시 말하지만 교회는 하나님의 철저한 계획이다. 그렇다면 자신에게 맞춤화된 신앙생활의 대안을 찾아 교회를 떠나는 것이 합당한 일인가? 짐작했겠지만 나는 누구든 예수님의 제자를 자처하는 사람들에게 이것은 전혀 합당한 일이 아니라고 믿는다.

고린도교회 역시
문제 투성이였다

교회가 하나님의 계획인 것은 맞지만 오늘날의 교회가 본래 하나님의 설계와는 다르다고 생각할지도 모른다. 신약의 교회를 더 닮은 뭔가를 찾아 조직화된 교회를 떠나고 싶은 마음이 들 수 있다. 하지만 정말로 '신약의 교회를 더 닮은' 뭔가를 원하는가? 여러 경우에 있어 신약의 교회는 오늘날의 교회보다 오히려 덜 매력적이었다. 신약의 교회는 진정성이나 유연성, 사랑, 그리스도를 닮은 구석이 오히려 현대 교회보다 더 적었다. 누구보다도 교회를 박차고 나와 "더 건강한 신앙 경험들을 짜깁기"하고 싶은 사람들이 있다면 그들이 바로 신약의 교인들이었다. 그렇지 않다면 왜 히브리서 기자가 1세기 크리스천들에게 "어떤 사람들의 습관과 같이" 모이기를 포기하지 말라고 권고했겠는가(히 10:25). 교회가 원래의 설계보다 훨씬 못할 때도 성경적인 비전은 교회를 버리는 것이 아니라 개혁하는 것이었다. 고린도교회의 상황은 어떠했을까?

성경에서 가장 사랑받는 구절 중 하나는 '사랑 장'으로 유명한 고린 도전서 13장이다. 이 아름다운 장은 사랑이 오래 참고 온유하고 시기 하거나 자랑하지 않고 교만하거나 무례하지 않고 자기의 유익을 구하 거나 성내지 아니하고 원한을 품지 않고 그릇된 것을 거부하고 참된 것을 축하하고 모든 것을 참고 믿고 바라고 견딘다고 말한다. 아름답 지 않은가?

하지만 바울이 결혼식이나 십자수 작품을 생각하며 이 사랑 장을 쓴 것이 아니라면 어떠할까? 바울이 고린도 교인들에게 보낸 이 사랑 에 관한 편지가 사실은 그들 속에 사랑의 이 속성들이 너무 부족해서 꾸짖는 편지였다면 어떠할까?

유명한 '신약 교회'였던 고린도교회는 문제 투성이였다. 바울이 이 교회에 보낸 첫 번째 편지를 살짝만 훑어봐도 그들이 서로를 가혹하 게 비판하고, 사소한 신학적 문제로 극심한 분열을 일으키고, 간음을 일삼고, 사사건건 소송을 걸고, 성경적인 이유 없이 함부로 이혼을 하 고, 양심이 민감한 사람들 앞에서 '크리스천의 자유'를 과시하고, 가난 한 사람들의 어려움을 모른 체하는 식의 문제가 가득한 교회였음을 알 수 있다. 만약 나였다면 그냥 이 교회를 해체시키고 말았을 것이 다. 나라면 그냥 이 교회를 포기하고 말았을 것이다.

그런데 왜 바울은 신약의 교회들을 포기하지 않았을까? 예수님이 교회를 포기하지 않으신 이유와 같다. 예수님이 가르쳐 주신 교회는 가족이기 때문이다. 교회에 속한다는 것은 불완전한 사람이 다른 불완전한 사람들과 함께 불완전한 공동체를 이루어 예수님을 통해 '함께' 더 나은 미래를 향해 나아간다는 뜻이다.

흥미로운 사실은 고린도교회의 문제점을 지적하기 위해 쓴 바울의 첫 번째 편지가 인정과 확신의 글로 시작한다는 것이다. 그들의 온갖 흠, 죄, 모순, 위선, 약점에도 불구하고 바울은 그들에게 희망을 품었다. 그들이 훌륭한 사람들이어서가 아니라 예수님이 훌륭한 구주이시기 때문이다. 바울은 예수님이 그들 속에서 시작한 일을 완성하실 것을 알았다. 그래서 그들을 포기하지 않고 오히려 그들에 대한 투자를 아끼지 않았다. 그들을 외면하고 창피해하지 않고 오히려 그들을 믿음의 사랑하는 형제자매와 아들딸로 불렀다. 바울은 실패에 따라 그들을 부르지 않고 그들의 구속된 지위에 따라 '성도'와 '성화된' 같은 용어를 사용했다. 그는 하나님이 언제나 그들을 위하시며 예수님이 끝까지 그들을 지탱해 주실 것이라고 말했다. 비록 그들의 현재 상태는 엉망이었지만 예수님은 그들을 죄 없이 영광스러운 무리로 변화시킬 계획을 갖고 계셨다.

바울은 망가진 교회를 보며 아름다운 교회를 상상했다. 그는 바람직하지 못한 교회를 보며 교회의 번영을 향한 열정을 불태웠다. 그는 교회에 대해 예수님처럼 생각했다. 그는 교회를 가족으로 생각했다. 하나님이 기뻐하시는 아들딸, 예수님이 영원한 혼약을 하신 그리스도의 신부, 서로에 대해 형제자매요 하나님 나라의 공동 상속자들, 가족으로 여겼다. 어거스틴이 말했듯이 교회는 때로는 매춘부일지 모르지만 여전히 내 어머니다.

과연
탈퇴가 답인가

크리스천 삶의 일부는 예수님이 골치 아픈 우리를 사랑하시는 것처럼 골치 아픈 사람들을 사랑하는 법을 배우는 일이다. 우리는 어울리고 싶지 않은 사람들에게 적극적으로 다가가야 한다. 교회에 다니지 않는 크리스천들이 크리스천 제자도의 이런 핵심을 배우는 일은 매우 어렵다. 왜일까? 릭 워렌(Rick Warren)의 설명을 들어보자.

교회는 하나님의 가족 안에서 어울리는 법을 배우는 교실이다. 교회는 이타적이고 동정적인 사랑을 연습하는 실험실이다. 교회에서 우리는 남들에게 관심을 기울이고 남들의 경험을 공유하는 법을 배운다 … 평범하고 불완전한 신자들과 주기적으로 어울릴 때에 비로소 우리는 진짜 우정을 배우고, 서로 연결되고 의존하는 신약의 교회를 경험할 수 있다.[5]

화해하고 평화를 일구고 오래 가는 관계를 쌓고 사랑스럽지 않은 자들을 사랑하는 일은 힘들지만 꼭 필요한 덕목이다. 하지만 자신만의 맞춤화된 신앙생활을 홀로 하면 이런 덕목을 기를 수 없다. 이런 종류의 사랑을 형성하기 위해서는 공동체 삶의 불편과 희생을 감수해야 한다.

《스크루테이프의 편지》(The Screwtape Letters)에서 C. S. 루이스는 악마가 예수님을 갓 영접한 새신자를 낙심시키려고 할 때 최고의 방법은 교회에 대한 냉소와 반감을 심어 주는 것이라고 말한다. 노련한 악마 스크루테이프는 젊은 악마 웜우드(Wormwood)에게 보낸 편지에서 교회가 "적"(하나님)에 맞서기 위한 악마의 가장 효과적인 동맹 중 하나라고 말한다. 스크루테이프가 웜우드에게 추천하는 전략은 새신자로 하여금 교회의 다른 교인들, 특히 삐걱 소리가 나는 장화를 신고 이중 턱을 갖고 찬송가를 음정이 맞지 않게 부르는 교인들에게 신경을 집중하게 만드는 것이다. 다른 교인들이 꼴 보기 싫어질수록 교회가 싫어진다. 그리고 교회가 싫어질수록 기독교가 싫어진다.

유명한 뱀파이어 연대기 시리즈의 저자 앤 라이스(Anne Rice)는 느즈막히 크리스천이 되었다. 그렇게 교회에 다닌 지 10년쯤 되었을 때 라이스는 더 이상 교회에 나가지 않겠다고 결정했다. 2010년 7월 그녀는 다음과 같은 글로 기독교 탈퇴를 선언했다.

오늘 나는 크리스천이기를 그만둔다. 이제 더이상 교회에 나가지 않기로 결심했다. 계속해서 그리스도께는 헌신하겠지만 '크리스천'으로 살거나 기독교에 소속되지는 않을 것이다. 나로서는 다투기를 좋아하고 적대적이고 논쟁하길 좋아하고 지독히 악명 높은 이 집단에 더 이상 '속하기가' 힘들다. 10년 동안 노력했지만 실패했다. 이제 나는 영원히 탈퇴하기로 결심했다. 양심으로 인해 어쩔 수 없다. … 그리스도의 이름으로 기독교를 그만둔다. … 그리스도에 대한 믿음이 내 삶에 있어 가장 중요하다. 도저히 이해되지 않는 세상에서 염세적으로 살던 무신론자에서 사랑의 하나님이 창조하고 지탱하는 우주에서 낙관적으로 사는 신자로 회심한 사건이 내게 가장 중요하다. 하지만 그리스도를 따르는 것이 그분의 추종자들을 따르는 것을 의미하지 않는다는 것을 알았다. 그리스도는 기독교보다 무한히 더 중요한 분이다.[6]

어떤 면에서 라이스의 말은 고상하게 들리고, 꽤 일리가 있기도 하다. 다투기를 좋아하고 적대적이고 논쟁하길 좋아하고 지독히 악명 높은 집단에서 탈퇴하겠다는데 누가 뭐라고 할 수 있는가! 25년 넘게 크리스천으로 살고 보니 크리스천으로 사는 것, 특히 다른 크리스천들과 함께 사는 것은 저스틴 맥로버츠(Justin McRoberts)의 말마따나 정말로 1천 명의 술주정뱅이 삼촌들과 사는 것처럼 느껴질 때가 많다.[7]

하지만 과연 탈퇴가 답인가? 비록 골치 아픈 사람들이라 해도 하나님이 사랑하는 사람들을 멀리하고도 하나님과 관계를 맺을 수 있을까? 예수님이 애정을 담아 신부라고 부르시는 교회를 거부하고도 예수님을 우리의 아버지이며 형제(계 21:1-3)라고 주장할 수 있을까? 은혜, 인내, 온유, 용서, 오래 참음 같은 예수님의 값없는 선물을 남들에게 베풀기를 거부하면서 그 선물을 받아들일 수 있을까? 만약 예수님께 우리도 골치 아픈 사람들이었다면 어떠했을까?

"우리가 아직 죄인 되었을 때에 그리스도께서 우리를 위하여 죽으심으로"(롬 5:8).

가족이 문제를 일으킨다고
버리지 않는다

그루초 막스(Groucho Marx)는 자신을 멤버로 받아 줄 클럽에는 들어가고 싶지 않다는 유명한 말을 했다. 우리도 여기서 시작하면 좋지 않을까? 우리를 포함해서 누구도 하나님의 테이블에 앉을 자격이 없다는 자각을 하고 우리가 하나님께 받은 모든 환영이 전적으로 은혜라는 자각에서 시작하면 어떨까? 그러면 우리 중에 있는 술주정뱅이 삼촌들을 바라보는 시각이 달라지지 않을까?

좋든 싫든 이 삼촌들도 우리의 가족이다. 가족은 선택할 수 없다. 가족은 하나님이 선택해 주신 것이다. 같은 혈통과 유산을 공유하기 때문에 가족에게 최선을 다해야 한다.

꿈에 그리던 여인을 만난 남성을 상상해 보라. 그런데 알고 보니 그 여인에게도 그가 꿈에 그리던 남성이다. 둘은 곧 사랑에 빠진다. 남자가 청혼을 하자 여인은 기다렸다는 듯이 받아들인다. 한 달 뒤 여인은 남자를 가족과 친지들에게 소개해 주고 싶어 가족 모임에 초대한다. 그런데 여자의 가족 모임에 간 남자는 충격에 빠진다. 여자의 아버지는 짝이 맞지 않는 구두를 신고 있다. 그녀의 남동생은 음치다. 첫 번째 사촌은 이중 턱이다. 귀에 거슬리는 높은 어조를 가진 사람, 자신과 다른 당을 지지하는 사람, 이상한 음악을 즐기는 사람, 촌스러운 억양을 가진 사람, 입냄새가 나는 사람, 소득을 작게 신고한 사람, 식사 도중 트림을 하는 사람, 웨이터에게 무례하게 구는 사람, 자신에게 신경도 쓰지 않는 사람 등 여자의 가족들이 하나같이 다 이상하다.

그러나 약혼녀는 사랑스럽다. 약혼녀는 남자가 꿈꾸어 오던 그 이상이다. 하지만 그녀의 가족과 함께할 미래를 생각하면 견딜 수 없다. 그 가족은 다투기를 좋아하고 적대적이고 논쟁하길 좋아하고 지독히 악명 높은 집단이기 때문이다. 남자는 그들과는 상종하고 싶지 않다. "당신은 좋지만, 당신의 아버지와 어머니, 형제자매, 사촌을 비롯해서 당신의 가족 중 누구도 다시는 보고 싶지 않소. 그들을 보지 않아도 된다면 결혼하겠소. 어떻소? 이런 조건에 따라 나와 결혼하겠소?"

남자가 이렇게 말하면 여자는 어떤 답을 할까? 당연히 그럴 수 없다고 대답할 것이다. 개인주의자들에게는 달갑지 않은 일이겠지만 하나님과 교회는 묶여져 있다. 하나님은 우리를 개인적으로 부르시지만, 각 개인으로 부르시지 않는다. 하나님은 우리를 공동체 속으로 부르신다. 궁극적으로 가족을 선택할 수 없는 것처럼 누가 그 공동체에 있는지를 선택할 수 없다.

가족 구성원들은 시간의 흐름에 따라 변한다. 가족 구성원들은 문제를 일으키지 않는 시절과 문제를 일으키는 시절을 모두 지난다. 하지만 우리는 가족이 문제를 일으킨다고 버리지 않는다. 가족은 좋을 때만큼이나 나쁠 때도 여전히 가족이다. 가족은 관계가 좋을 때도 가족이고 관계가 나쁠 때가 가족이다. 우리가 상처를 줄 때도 상처를 받을 때도 가족은 여전히 가족이다. 가족이란 좋을 때나 힘들 때나 배가 부를 때나 배가 고플 때나 아플 때나 건강할 때나 변함없이 서로의 곁을 지켜 주어야 한다.

교회도 바로 이런 가족이 되어야 한다. 가족은 성경이 교회에 대해 주로 사용하는 비유다. 하나님은 우리 아버지가 되시고 예수님은 우리의 신랑이시다. 성령은 구속받고 사랑받지만 툭하면 문제를 일으키는 영적 가족의 보혜사이다. 우리는 서로에게 영적 형제자매요 아버지와 엄마이며 아들이요 딸이다. 우리는 서로를 선택하지 않았다. 단지 하늘 아버지께 서로를 받았을 뿐이다. 상황이 힘들거나 짜증나거나 지루해도 서로를 버리지 않고 꼭 붙어 있는 것이 우리를 향한 하나님의 뜻이다. 그리고 함께 붙어 있는 것이 우리에게 좋다.

힘들거나 지긋한 기분이
사실은…

하나님은 교회를 더없이 다양한 공동체로 설계하셨다. 내슈빌에 소재한 그리스도장로교회는 다양성이 숨쉬는 가족이라는 하나님이 주신 비전을 다음과 같이 선포한다.

그리스도장로교회는 진리, 아름다움, 공동체, 하나님의 사명에서 의미를 찾는 가족이다. 우리는 신세대와 베이비부머세대, X세대와 밀레니얼세대, 보수주의자들과 진보주의자들, 교육자들과 운동선수들, 의심 많은 신자들과 독실한 신자들, 엔지니어들과 예술가들, 내향적인 사람들과 외향적인 사람들, 치유자들과 중독자들, 기업가들과 주부들, 부유층과 파산한 사람들, 미혼들과 기혼들, 행복한 사람들과 아파하는 사람들, 외로운 사람들과 친구가 많은 사람들, 스트레스에 시달리는 사람들과 속 편한 사람들, 사립학교 학생들과 공립학교 학생들, 박사들과 장애인들, 전문가들과 학생들, 성도들과 죄인들이다.

이 비전 선언문은 우리 교회의 가장 사랑스러운 특징 중 하나를 표현하기 위한 시도다. 그 특징은 차이로 인해 분열하기보다는 차이를 축하하고 차이를 통해 배운다는 것이다. 우리는 사람들이 서로 다른 시각과 성격, 문화, 경험을 내려놓을 때 공동체가 최상의 모습을 갖춘다고 믿는다.

이것은 공동체에 대한 예수님의 접근법이기도 하다. 그렇지 않다면 미국 교회는 진작 사라졌을 것이다. 예수님은 1세기 중동의 유대인이셨다. 성경에 따르면 예수님은 용모가 뛰어나지 않고 돈도 없었으며 때로는 집도 없이 떠도셨다. 미성숙한 사람들과 자주 어울리셨고 영어는 단 한마디도 하지 못하셨다. 미국에서 태어난 사람들은 역사적, 지리적, 인종적, 사회경제적, 직업적, 언어적, 아니 거의 모든 면에서 예수님과 다르다. 매우 실질적인 의미에서 우리는 예수님이 제자들에게 지상대명령을 내릴 때 말씀하신 "땅 끝"이다. 예수님은 이토록 다른 '남'인 우리에게 초대의 손을 내미셨다. 예수님은 우리를 그분의 가족으로 받아 주셨다.

이것이 우리처럼 생각하고 생기고 입고 행동하는 사람들에게만 끌리는 우리의 성향에 관해 재고할 이유가 아니라면 그 무엇이 이유이겠는가.

신학자 도널드 카슨(Donald Carson)은 다음과 같이 말했다.

이상적인 경우 … 교회는 서로 '친구'가 될 법한 사람들로 이루어지지 않는다. 오히려 교회는 서로 적이 될 법한 사람들로 이루어진다. 우리를 하나로 묶어 주는 것은 같은 학교나 같은 인종, 같은 소득 수준, 같은 정치적 입장, 같은 국적, 같은 억양, 같은 직업 따위가 아니다. 크리스천들은 모두 예수님께 사랑을 받았다는 사실로 인해 하나가 된다. … 크리스천들은 적이 되어야 마땅한 사람들이 예수님을 위해 서로를 사랑하는 무리다.[8]

왜 카슨 박사는 서로 친구가 될 법한 사람들만이 아니라 서로 적이 될 법한 사람들, 그러니까 자연스럽게 끌리지 않는 사람들, 동질감이 저절로 생기지 않는 사람들, 같이 어울리고 싶지 않은 사람들까지 포함된 공동체 속에 있는 것이 이상적이라고 말할까?

교회가 클럽이 아니라 가족이라는 사실을 우리가 다시 기억하기 위해서는 때로는 차이, 서로를 이해하지 못하는 상황, 심지어 서로에게 짜증과 지긋지긋함을 느끼는 상황이 필요하다. 교회 안의 이런 가족 역학은 우리가 억지로 참아 주기에서 진정한 사랑과 연합으로 성장하기 위한 하나님의 비옥한 토양이 될 수 있다.

마틴 로이드 존스 목사의
사랑의 목양

다른 교인들을 억지로 참아 주는 것은 좋은 출발점이 될 수 있다. 하지만 그것은 우리의 최종 목표가 아니다. 누군가를 참아 주기 위해서 그와 관계를 맺을 필요까지는 없다. 그것은 사랑의 대가와 불편, 위험을 교묘하게 피하는 일이다. 단지 상대방과의 안전하고도 편안한 거리를 유지하는 것이다. 반면, 우정은 상대방을 자신의 삶 속으로 초대하는 일이다. 우정을 쌓으려면 단순히 참아 주기를 넘어 삶을 함께해야 한다. 이것이 내가 위대한 목사이자 설교자인 데이비드 마틴 로이드 존스(David Martyn Lloyd-Jones) 박사의 목회를 높이 평가하는 이유 중 하나다.

20세기 초 영국에 살았던 로이드 존스 박사는 많이 배운 특권층이었다. 그는 잘나가는 의사로서 부와 명예를 누렸다. 하지만 나중에 목회자로서의 소명을 느끼고서 의료계와 상류층 사회를 떠나 웨일스 해변 가난한 동네의 작은 교회를 목회했다. 그는 그곳에서의 시간을 돌아보며 더없이 겸손한 어부와 주님에 관한 이야기를 나누었던 순간이 너무도 즐거웠다고 이야기했다. 그에게는 함께 자란 특권층과 과학, 역사, 철학에 관한 심오한 토론을 하는 것보다 블루칼라 교인들과 우정을 나누는 시간이 훨씬 더 즐거웠다.

웨일스에서 로이드 존스의 경험은 아름다움의 절정이다. 그는 예수님이 자신에게 베풀어 주신 사랑을 늘 기억했다. 그래서 그에게는 인간이 만든 계급 차이 따위는 버리고 모든 사람들을 자신의 삶 속으로 초대하는 것이 당연했다. 그의 관계는 편협하지 않고 유연했다. 그는 다양한 부류의 사람들과 교제했다. 마음에 맞는 몇 사람과만 깊은 우정을 나누는 것이 아니라 모든 부류의 사람들을 받아들였다. 그는 웨일스의 가난하고 못 배운 교인들을 억지로 참아 주지 않았다. 그는 그들에게 끌렸고 그들을 소중히 여겼으며 그들과 친구가 되었다. 심지어 그들을 가족으로 여겼다.

웨일스에서 로이드 존스의 경험은 서로 자연스럽게 끌리지 않는 사람들 사이에도 우정이 가능하다는 놀라운 사실을 보여 준다. 극과 극 사이의 우정은 예수님을 향한 같은 사랑으로 이루어진 결속이 같은 관심사, 취미, 좋아하는 스포츠 팀, 소득 수준, 인종, 국적, 혈통 등으로 이루어진 결속보다 훨씬 강함을 볼 수 있게 해 준다. 신약 교회에서 유대인들과 이방인들은 인종적, 이념적, 정치적 차이를 넘어 이런 특별한 결속을 이루었다. 로이드 존스의 삶 속에는 교육, 직업, 경제 수준의 차이를 넘어 이런 결속이 이루어졌다. 정치적, 지리적, 언어적 차이를 넘은 결속도 이루어질 수 있었다. 그리스도의 몸 안에서 우리는 실로 다양한 부류가 뒤섞인 영적 가족의 놀라운 결속을 맛볼 수 있다. 그리스도와 연합할 때 우리는 그분을 통해 타인과 연합하게 된다.

교회를 버리기보다

교회를 회복시키는 혁명가가 되라

웨일스에서 로이드 존스의 경험은 우리가 '타인'과 접촉하면서 성장할 수 있다는 점을 보여 준다. 하나님은 서로 다름을 통해 최상의 모습을 이끌어 내길 즐겨하신다. 이것이 우리 안의 불완전한 그분의 형상을 더 완벽하게 빚어가기 위한 주된 전략이다. 우리와 비슷하지 않은 사람들과 함께 살면 그들 속에만 있는 하나님의 단면이 우리에게도 묻는다.

그럴 때 우리는 점점 더 온전해진다. 점점 더 그리스도를 닮아간다. 《네 가지 사랑》(The Four Loves)에서 C. S. 루이스는 자신과 로널드(Ronald)의 친구인 찰스(Charles)를 그리워하며 글을 썼다. 이 개념을 아름답게 그린 글에는 찰스의 죽음으로 인해 삼총사에서 덜 완전한 2인조가 된 상태가 잘 묘사된다.

> 내 친구들 한 명 한 명에게는 오직 다른 친구만이 온전하게 끄집어 낼 수 있는 뭔가가 있다. 나 혼자서는 친구들 안의 모든 것을 활성화시킬 수 없다. 친구들의 모든 면을 보여 주려면 내 빛 외에 다른 빛들도 필요하다. 이제 찰스가 세상을 떠났으니 찰스 특유의 농담에 로널드가 반응하는 모습을 더 이상 볼 수 없다. 이제 찰스가 떠나가서 내가 로널드를 독차지하게 되었지만 그렇게 해서 나는 로널드를 더 갖기는커녕 덜 갖게 되었다. … 친구를 공유하는 사람의 숫자가 늘어나면 그 친구를 덜 갖게 되는 것이 아니라 오히려 더 갖게 된다.[9]

당신의 독특성만이 내 안의 특정한 것들을 끄집어 낼 수 있다. 나의 독특성들이 당신 안의 특정한 것들을 끄집어 낼 수 있다. 모든 크리스천이 이 점을 생각했으면 좋겠다. 손이 눈에 거추장스럽고 불필요하게 보인다 해도 눈은 손에게 "너는 필요하지 않아"라고 말할 수 없다. 머리도 발에게 "너는 필요하지 않아"라고 말할 수 없다(고전 12:21). 하나님은 우리를 서로 다른 기관들로 이루어진 하나의 몸으로 설계하셨다. 이 기관 중 하나라도 떨어져 나가면 몸은 약해질 수밖에 없다. 마찬가지로, 잃어버린 기관이 다시 붙으면 몸은 강해지고 더 활

발해진다.

홀로 자신만의 영적 여행을 떠난 그 남자나 교회가 아닌 자신의 일 속에서 하나님을 예배하는 도널드 밀러, 주일 아침마다 집에서 차를 마시며 하나님을 생각하는 켈리 빈, 기독교를 그만두기로 결심한 앤 라이스를 생각할 때마다 안타까운 마음이 든다. 자신만의 신앙 여행을 떠난 크리스천, 도널드 밀러, 켈리 빈, 앤 라이스가 교회에 나타나지 않는 탓에 교회 안의 모든 사람이 그들만의 독특성을 보지 못하고 있다. 어떻게 하면 그들을 사랑받고 구속받았지만 여전히 문제투성이인 가족의 품으로 돌아오게 만들 수 있을까?

문제 많은 교회, 아니 그냥 "고린도교회"라고 부르자. 고린도교회는 잃어버린 혁명가들을 필요로 한다. 고린도교회는 그 안의 문제들에 경각심을 가지는 선지자적인 혁명가들을 필요로 한다. 고린도교회의 정죄하기 좋아하는 성도들은 더 아름다운 길을 보여 주는 은혜로운 혁명가들을 필요로 한다. 고린도의 분열적인 성도들은 중요한 것에 집중하고 사소한 것은 사소하게 다룸으로써 연합하게 해 주는 혁명가들을 필요로 한다.

고린도교회의 간음자들은 그들로 하여금 회개하게 만드는 순결한 마음의 혁명가들을 필요로 한다. 고린도교회의 간음과 안타까운 이혼의 희생자들은 그들을 사랑하고 지지하며 그들이 혼자가 아님을 늘 일깨워 주는 연민 가득한 혁명가들을 필요로 한다.

고린도교회의 괴롭힘을 당하는 성도들은 가해자들을 막아 주는 정의의 혁명가들을 필요로 한다. 고린도교회의 가난한 성도들은 그들을 절박한 상황에서 건져 주는 후한 혁명가들을 필요로 한다. 고린도 교회의 술주정뱅이 삼촌들은 연민과 사랑으로 그들을 감싸 주는 동시에 회복의 비전으로 그들을 채찍질하는 온전한 정신의 혁명가들을 필요로 한다. 고린도교회의 별 볼일 없이 초라한 사람들은 그들이 기묘하게 지음을 받은 하나님의 작품임을 일깨워 줄 마음씨 고운 혁명가들을 필요로 한다.

고린도교회를 아예 버리기보다는 사랑으로 고린도교회를 회복시키려는 예수님의 사명에 동참한다면 비록 혁명적이기까지는 않더라도 실로 아름다울 것이다. 고린도교회는 혁명가들을 필요로 한다. 그리고 나는 혁명가들에게도 교회가 필요하다고 믿는다.

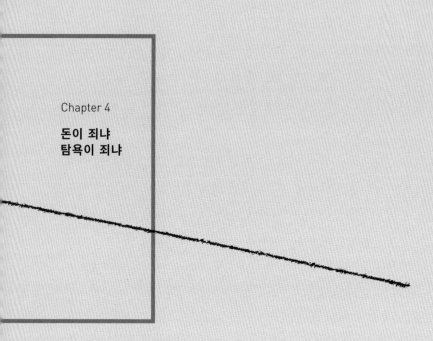

Chapter 4

**돈이 죄냐
탐욕이 죄냐**

우리가
하나님이 주신 것에
만족하느냐가 문제다

오래전 금융계에 종사하는 친구들과 아침식사를 한 적이 있다. 우리는 모두 뉴욕에 살고 있었는데, 다들 경제 대침체로 인해 힘든 상황에 처해 있었다. 나는 친구 한 명 한 명의 고충에 귀를 기울였다.

월스트리트 은행가인 친구는 교회의 여신도에게 신랄한 이메일을 받은 이야기를 했다. 그 여신도는 내 친구가 "먹고 살기 위해 실제로 일을 하는" 사람들의 희생을 통해 자신의 주머니를 채우고, 가난한 사람들을 냉담하게 모른 체하고, 악명 높은 '1퍼센트'의 이익을 위해 편법을 쓰고, 탐욕을 부리고, 거짓말을 하고, 남들의 것을 편취한다는 식의 온갖 죄명을 늘어놓았다고 한다. 그녀는 그렇게 '명백히' 탐욕스러운 사람이 어떻게 스스로를 크리스천이라고 부를 수 있냐는 물음으로 이메일을 마쳤다.

이 여성의 태도가 심히 걱정되었다. 물론 소수의 탐욕이 사회 전체에 미치는 악영향에 관한 그녀의 우려는 충분히 이해되었다. 부에 대한 개인주의적이고도 이기적인 태도가 관계와 공동체를 망치는 것을 우려하는 목소리에 충분히 공감이 갔다. 하나님은 자신만을 위해 축적하고 소비하라고 우리에게 돈을 주시는 것이 아니다. 하나님은 우리가 공익을 위해 돈을 잘 관리하고 나누기를 원하신다. 하지만 이 여성의 시각은 심각하게 비뚤어져 있었다. 그녀는 내 친구가 단지 은행 중역이라는 이유만으로 부정적인 판단을 했다. 그녀의 논리는 아마도 이러했을 것이다. "은행에는 이기적이고 탐욕스러운 사람들이 있다. 이 남자는 은행에서 일한다. 따라서 이 남자는 이기적이고 탐욕스럽다."

하지만 이 친구는 이기심이나 탐욕과 거리가 멀어도 한참 먼 친구다. 고아들을 입양하고 매년 교회와 비영리 단체, 가난한 사람들에게 수만 달러를 지원하는 친구다. 그렇게 돈을 아낌없이 나누어 주다 보니 자신은 아주 소박한 집에서 살고 있다. 그가 은행 중역이 된 이유 중 하나는 호랑이 굴로 들어가 은행업계를 내부부터 변화시키기 위해서다. 그는 내가 아는 가장 정직하고 겸손하고 후한 사람 중 한 명이다.

또 다른 친구는 헤지펀드 회사에 다니는데 자신의 사장이 값비싼 와인을 즐겨 먹는다는 이야기를 했다. 한번은 그의 사장이 임원 회식에서 무려 2만 5천달러짜리 와인을 개봉했다고 한다. 이 이야기를 듣자마자 내 안에서 두 가지 반응이 일어났다. 첫째, 나라면 그렇게 비싼 와인을 절대 먹지 않을 것이라고 생각했다. 한 모금을 마실 때마다 '이 와인 한 병은 웬만한 대학의 1년치 학비군. … 차 한 대를 새로 뽑을 수 있겠군. … 보통 비영리 단체의 한 달 예산이군. … 개발도상국에 사는 사람들에게는 1년치 생활비이겠군'이란 생각이 들어서 목구멍으로 넘어가지 않을 것이다. 둘째, 충격에 휩싸였다. 어떻게 와인 한 병에 이렇게 큰돈을 쓸 생각을 할 수 있는가. 어떻게 이런 낭비를 할 수 있단 말인가. 어떻게 이 돈을 사역에 기부하거나 가난한 사람들에게 줄 생각을 하지 않을 수 있는가.

그러다 퍼뜩 깨달아지는 바가 있었다. 같은 자리에서 나는 부유한 내 친구에 대해서는 옹호하는 반면, 만난 적도 없는 또 다른 부자에 대해서는 비판을 했다. 문득 가룟 유다가 생각났다. 하루는 예수님의 제자 마리아가 사람들의 기준에 터무니없는 낭비일 수밖에 없는 행동을 하기로 마음을 먹었다. 그녀는 1년치 봉급의 가치에 해당하는 향수병을 열어 예수님의 발에 몽땅 쏟아 부었다. 그 모습을 본 돈 가방 관리자 가룟 유다는 펄쩍 뛰었다. "이 향유를 어찌하여 삼백 데나리온(1년치 봉급의 가치)에 팔아 가난한 자들에게 주지 아니하였느냐." 하지만 예수님은 뜻밖의 반응을 보이셨다. "그를 가만두어 … 가난한 자들은 항상 너희와 함께 있거니와 나는 항상 있지 아니하리라"(요 12:5, 7-8).

예수님은 가난한 사람들을 돌보는 일에 누구보다도 열정을 품고 부의 위험을 누구보다도 경고하신 분이다. 그분은 부자가 하나님의 나라에 들어가는 것이 낙타가 바늘귀를 통과하는 것보다 어렵다고 말씀하셨다. 그분은 탐욕을 경계하며 하나님과 돈을 동시에 섬길 수 없다고 말씀하셨다. 그분은 제자들에게 땅이 아닌 하늘에 보화를 쌓으라고 가르치셨다(막 10:25; 눅 12:15; 16:13; 마 6:19-20). 하지만 이 여인이 1년치 봉급의 가치에 해당하는 향유를 팔아서 성전에 헌금하거나 가난한 사람들에게 나누어 주지 않고 그분의 발에 부은 것에 대해서는 잘한 일이라고 평가하셨다. 그것은 값비싼 선물을 그분께 바치는 행위 이면의 아름다운 동기를 보셨기 때문이다. 그것은 사랑에서 우러나온 선물이었기에 그분은 그 선물을 기꺼이 받아들이고 기분 좋게 즐기셨다. 하지만 어떤 이들에게는 그 향유가 그 부자 사장의 2만 5천달러짜리 와인처럼 느껴질 수도 있다.

부는
문제가 아니다

성경에서는 부의 덫에 관해 수없이 경고하지만, 번영에 관해 긍정적으로 말하는 구절도 많다. 에덴동산은 풍요로운 낙원이었다. 믿음의 조상이요 하나님의 친구였던 아브라함은 막대한 부를 이루었다. 하나님은 이스라엘 백성들을 젖과 꿀이 흐르는 땅으로 인도하셨다. 솔로몬이 지혜를 구하자 하나님은 지혜만이 아니라 차고 넘치는 부를 허락하셨다. 땅에서 가장 의로운 사람이었던 욥은 땅에서 가장 부유한 사람이기도 했다. 전도서 기자는 하나님이 주신 부를 즐기는 것이 좋은 일이라고 말했다. 다윗은 이스라엘의 아들딸들이 다 곡창과 양떼가 헤아릴 수 없이 많아서 궁중에 어울리는 사람들이 되기를 원했다. 선지자들은 가난은 망가진 세상의 한 단면이기 때문에 부자들에게 가난한 사람들을 가난에서 구하라고 촉구했다. 예수님은 그분의 가난을 통해 우리가 부유해질 수 있도록 스스로 가난해지셨고, 썩지도 쇠하지도 않는 영원한 유산을 우리와 나누겠다고 약속하셨다. 예수님은 아버지의 집에 거할 곳이 많다고 말씀하셨고, 백성들을 위해 그곳을 준비하기 위해 가셨다. 그분의 백성들은 새 하늘과 새 땅에서 황금 거리를 걷고 온갖 보석으로 장식된 도성에서 살게 될 것이다.[1]

그렇다면 도대체 어떻게 된 것인가? 예수님은 부를 권장하시는 것인가, 아니면 반대하시는 것인가? 우리는 부를 어떻게 생각해야 하는가?

'부'라는 주제는 딱 잘라서 이렇다 말하기가 힘들다. 부라는 주제는 이론의 여지가 많은 주제다. 성경에서 칭찬하는 사람들 중에는 가난한 사람도 있고 부유한 사람도 있다. 부를 축적한 사람도 있고 부를 나누어 준 사람도 있다. 하나님의 공급하심을 누린 사람도 있고 희생적인 나눔으로 남들에게 필요한 것을 공급해 준 사람도 있다.

만족의
비결

성경에서 번영에 관해서 이야기할 때 주된 관심사는 부를 소유했
느냐 소유하지 않았느냐가 아니다. 부와 가난에 관한 성경의 초점은
우리가 하나님이 주신 것에 만족하느냐이다. 성경은 부유할 때나 궁
핍할 때나 변함없이 만족하는 태도는 하나님을 자신의 부로 여기는
사람들에게서 볼 수 있다고 말한다. '하나님'이 우리의 궁극적인 분깃
이요 기업이라는 진리 속에서 살 때 참된 만족이 찾아온다.[2]

성경은 가진 것이 얼마 없어도 만족하라고 말한다. 그것은 우리의
가장 중요한 필요(하나님이 우리와 함께 그리고 우리를 위해 계시는 것)가 풍요롭
게 채워졌기 때문이다. 이것이 바울이 감옥에서도 외적 상황에 상관
없이 만족하는 비결을 배웠다고 고백할 수 있었던 이유다. 하지만 바
울은 가진 것이 적을 때만 만족할 수 있다고 말하지 않았다. 그는 가
진 것이 많을 때도 만족할 수 있다고 말했다.

> 내가 궁핍하므로 말하는 것이 아니니라 어떠한 형편에든지 나는 자족
> 하기를 배웠노니 나는 비천에 처할 줄도 알고 풍부에 처할 줄도 알아
> 모든 일 곧 배부름과 배고픔과 풍부와 궁핍에도 처할 줄 아는 일체의
> 비결을 배웠노라 내게 능력 주시는 자 안에서 내가 모든 것을 할 수 있
> 느니라(빌 4:11-13).

이 구절은 만족의 장애물이 굶주림과 가난만이 아님을 함축한다.

배부름과 풍부함도 만족의 걸림돌이 될 수 있다. 타락한 세상에서 물질적인 부는 패러독스에 둘러싸여 있다. 부는 우리의 필요를 채워 주지만, 그것에 집착하면 독으로 변할 수 있다. 부는 행복을 약속하지만 우리를 공허하게 만들기도 한다. 부는 만족을 약속하지만 끝없는 욕심을 낳기도 한다. 부는 도덕적으로 중립적이지만 해로울 수 있다. 부는 즐겨야 할 선물이지만 아낌없이 나누어 주어야 할 것이기도 하다.

어떻게 해야 돈과의 관계를 건강하게 유지할 수 있을까? 어떻게 해야 우리 마음속에서 만족이 자라고 탐욕이 줄어들 수 있을까? 어떻게 해야 적든 많든 하나님이 주신 부를 즐기는 동시에 후히 나누는 삶을 살 수 있을까?

숨은
질병

오늘날 탐욕에 관한 분노의 목소리는 실로 거세다. 높은 실업률, 점점 벌어져만 가는 빈부 격차, 심각한 청년 실업률, 산더미처럼 쌓인 국채, 천정부지로 치솟는 인플레이션, 극심한 가난 등 이외에도 수많은 이유로 사람들의 분노는 극에 달했다.

우리는 사람들에게도 쉽게 분노한다. 자신의 부를 무책임하고 이기적으로 사용하는 것처럼 보이는 사람들, 내 월스트리트 친구에게 이메일을 보낸 여성은 분노했다. 그것은 그 친구가 은행에 다녔고 모두가 은행이 경제를 망치고 있다고 말하기 때문이다. 나는 그 헤지펀드 회사 사장의 2만 5천달러짜리 와인에 분노했다. 그것은 모두가 2만 5천달러짜리 와인을 마시는 사람들은 '평균적인' 사람들을 신경 쓰지 않는다고 말하기 때문이다.

하지만 우리가 정말로 평균적인가? 우리가 정말로 부의 수준에서 중간쯤에 위치해 있는가? 갈아 입을 옷이 한 벌 이상 있고 매일 한 끼 이상의 식사를 하고 어떤 식으로든 살 집이 있다면, 절대 중간이 아니다. 절대 평균 수준이 아니다. 세계 인구의 절반 이상이 하루 2.5달러 이하로 연명하고 있다는 사실을 아는가? 세계 인구의 절반 이상은 내 재산의 규모에 관해서 어떻게 생각할까? 그들은 내가 지난밤에 친구들에게 준 20달러짜리 와인에 관해서 어떻게 생각할까? 내가 주말에 아내와 함께 즐긴 60달러짜리 외식에 관해서는 어떻게 생각할까?

이러한 질문들이 나의 현주소를 깨닫게 한다. 나는 누구에게도 돈에 관한 죄의식을 심어 주고 싶지 않다. 단순히 돈이 많다는 이유로 누구를 비난할 생각은 추호도 없다. 여기서 내 목표는 한 가지 중요한 질문을 제기하는 것이다. 왜 나는 내 소득에 비해 엄청난 2만 5천달러짜리 와인에는 경악하면서 세계 인구 절반 이상의 소득에 비해 엄청난 내 20달러짜리 와인에 대해서는 경악하지 않는가? 내가 둘 다에 경악해야 할까? 내가 둘 다에 경악하지 말아야 할까? 어느 정도가 적당한 선일까?

월스트리트 증권업자였던 샘 포크(Sam Polk)는 〈뉴욕 타임스〉에 쓴 글에서 자신도 모르는 사이에 돈 병이 심하게 걸렸던 시절을 반성했다.

월스트리트에서의 마지막 해에 내 보너스는 360만 달러였다. 하지만 나는 그것이 너무 적다고 분노했다. 당시 나는 서른 살에, 키워야 할 자녀나 갚아야 할 빚이 없었다. 딱히 돈을 모아서 기부할 생각도 없었다. 내가 더 많은 돈을 원한 이유는 알코올 중독자가 더 많은 술을 원하는 이유와 정확히 일치했다. 그러니까 나는 중독되어 있었다. … 첫 보너스로 4만 달러를 받고 뛸 듯이 기뻐하던 내가 불과 5년 만에 헤지펀드 회사 2년차에 '겨우' 150만 달러를 받았다고 실망하는 사람이 되었다는 사실이 실로 충격적이다.[3]

샘 포크의 이야기는 많은 사람이 갖고 있으면서도 대부분의 사람이 인정하지 않는 한 가지 근본적인 문제에 주목하게 한다. 우리의 탐욕은 대개 남들과의 비교에서 비롯한 불만족에서 시작된다. 다섯 자리 숫자의 연봉을 받는 사람은 여섯 자리 숫자의 연봉을 받는 사람들의 상대적인 부에 기분이 나쁘다. 마찬가지로, 여섯 자리 숫자의 연봉을 받는 사람은 일곱 자리 숫자의 연봉을 받는 사람들의 상대적인 부에 기분이 나쁘다. 우리는 한 자리 숫자만 올라가면 만족할 것이라고 말한다. 하지만 다음 수치에 도달하면 그 다음 수치가 눈에 아른거리기 시작한다. 그렇게 자신의 경제적 상황에 대한 불만족이 끝없이 이어진다. C. S. 루이스는 우리의 문제가 경제적인 문제만큼이나 경쟁과 부러움의 문제라고 말했다. 그에 따르면 우리는 단순히 부유해지고 싶은 것이 아니라 주변 사람보다 '더 부유해지고' 싶은 것이다.[4]

탐욕 문제의 해결에 도움이 되고 싶다면 먼저 자신을 돌아봐야 한다. 자신을 남들과 비교하는 탓에 만족하지 못하는 성향이 보이는가? 탐욕에 빠지기 쉬운 나의 연약함이 보이는가? 하나님이 주신 물질적인 복을 순수하게 즐기던 내가 어떻게 모든 악과 슬픔의 뿌리인 돈과 사랑에 빠졌는가? 어떻게 내가 남들의 눈 속에 보이는 티는 열심히 지적하면서 내 눈의 들보는 보지 못하는 사람이 되었는가?(딤전 6:10; 마 7:5)

탐욕의 증상들 :

축재와 소비

의사들은 나이를 먹은 환자들에게 매년 활력 징후나 혈액에 대한 건강검진을 하라고 추천한다. 건강검진을 통해서만 발견할 수 있는 질병들이 있기 때문에 매년 건강검진을 빼먹지 않는 것이 중요하다. 겉으로는 아무 증상이 없지만 속에서 치명적인 질병이 있을 수 있기 때문이다.

예수님은 돈 병 혹은 탐욕이 누구나 걸릴 수 있는 보편적인 질병이라고 말씀하신다. '슈퍼 리치'만 탐욕에 빠질 위험이 있는 것이 아니다. 우리 모두는 탐욕이 심각한 문제라고 생각한다. 하지만 그 탐욕이 '내' 문제라고 생각하는 사람은 별로 없다. 남들 속의 탐욕을 보기는 쉽지만 내 속의 탐욕을 보기란 쉽지 않기 때문이다. 하지만 모든 사람이 이 숨은 질병에 걸릴 위험이 있다. 대부분의 사람들이 이 질병을 안고 있지만 많은 사람들이 그것을 감지하지 못한다.

한번은 선배 목사에게서 40년 가까이 목회를 하면서 사람들이 자신에게 섹스 중독, 간음, 도둑질, 사기, 알코올 중독, 불신을 비롯한 온갖 종류의 죄를 고백했지만 탐욕의 죄를 고백한 사람은 단 한 명도 없었다는 말을 들은 적이 있다.

1999년 하버드 경제학자 줄리엣 쇼(Juliet Schor)는 미국인들의 소비 습관을 연구했다. 그 결과, 연봉이 7만 5천달러(인플레이션을 계산하면 오늘날에는 10만 7천달러 가치) 이상인 미국인의 3분의 2가 연봉이 50-100퍼센트 인상되기 전까지 만족할 수 없는 것으로 드러났다.[5]

돈은 우리의 눈을 멀게 만들 수 있다. 탐욕에 빠지면 대개 자기 안에 있는 그 병을 보지 못한다. 어떻게 하면 이 병을 진단할 수 있을까? 이 병의 증상들은 무엇인가? 내가 볼 때 두 가지 주된 증상이 있다. 자신을 위해 돈을 축재하고 거의 자신을 위해서만 돈을 쓰는 것이 그 증상들이다.

어떤 이들은 안정감을 얻기 위해 극도로 인색하게 행동하며 돈을 모으기만 한다. 아내에게 내가 자주 하는 걱정이 무엇이냐고 물어보면 돈에 관한 걱정이라고 대답할 것이다. '아이들의 대학 교육을 다 마칠 만큼 돈을 벌 수 있을까? 노후 자금을 잘 마련할 수 있을까? 예기치 못한 질병과 비극에 대비하여 돈도 모아야 할 텐데.' 때로는 이런 걱정에 사로잡혀 아무것도 하지 못할 지경에 이른다. 통장 잔고가 줄면 공포와 두려움에 사로잡힌다. 물론 그것은 비이성적인 두려움일 수 있다. 그러다가 통장 잔고가 채워지기 시작하면 안정감도 덩달아 올라간다. 역시 그릇된 안정감이다.

그런데 나는 이와 관련해서 모순된 모습을 보인다. 돈에 대해 이렇게 걱정하면서도 불필요한 것들에 돈을 쓴다. 집에 입지도 않는 청바지와 신지도 않는 신발이 수두룩하다. 노트북도 한 대면 충분한데 욕심을 부려 여러 대를 샀다. 기타 실력이 지극히 평범해서 설교할 때를 제외하곤 무대에 설 일도 없으면서 고가의 마틴(Martin) 기타를 구입했다.

이런 것을 갖는 것이 잘못일까? 이런 것을 즐기는 것이 잘못일까? 물론 아니다. 앞서 말했듯이 성경은 부와 물질을 즐기는 것을 허용하고 심지어 권장하기까지 한다. 성경이 말하는 악의 뿌리는 돈이 아니라 돈에 대한 '사랑'이다.

니고데모와 아리마대 요셉은 둘 다 부유층이면서도 예수님의 제자들이었다. 세리인 마태도 상당한 부를 소유했을 가능성이 높다. 의사인 누가도 마찬가지다. 다윗은 사울 왕을 달래기 위해 하프(다윗의 마틴 기타)를 연주했다. 솔로몬은 화려한 궁전에 살면서 최고급 보석과 비싼 옷으로 자신을 치장했다. 아담과 하와는 하나님이 창조하시고 "심히 좋다"라고 부를 만큼 화려한 동산에서 살았다. 하나님은 피조 세계만이 아니라 돈으로 살 수 있는 물질들도 즐기라고 말씀하신다.

하지만 우리는 물질을 즐기는 수준을 넘어 물질주의자로 전락하기가 너무도 쉽다. 우리가 물질주의자로 전락했는지 어떻게 아는가? 안정을 이루기 위해 돈을 모으고 있다면 위험한 상황이다. 거의 자신만을 위해서 돈을 쓰고 있는 경우도 위험하다. 특히, 주변 사람들에게 자신을 과시하기 위해 불필요한 것을 사고 있다면 보통 심각한 상황이 아니다.

내가 왜 이런저런 것에다 새 차까지 샀는지를 스스로에게 물어야만 한다(그냥 중년의 위기 때문이라고 생각하고 싶다). 물론 이런 것을 소유하는 것이 무조건 잘못은 아니다. 하나님은 물질을 남들과 나눌 뿐 아니라 스스로의 즐거움을 위해 사용하기를 바라셨다. 하지만 자신의 동기를 철저히 점검해 봐야 한다. 합당한 이유로 돈을 모으고 있는 것인가? 아니면 축재병에 걸렸는가? 부를 합당하게 즐기고 있는가? 아니면 소비병에 걸렸는가?

다시 말해, 물질을 소유하는 데서 물질에 소망을 두는 것으로 변질되었는가?

부는
답이 아니다

"사랑하는 사람들을 외면하고 잠을 포기한 채 주말마다 회사에 출근해서 막대한 보너스를 챙겼다"라는 비문을 원하는 사람은 한 번도 본 적이 없다. 하지만 돈이 세상 모든 문제의 답이고 돈을 위해서라면 다른 모든 귀한 것을 희생해도 좋은 것처럼 사는 남녀를 수없이 만나 보았다. 예를 들어, 돈을 좇다가 건강과 관계 같은 더 중요한 것들을 소홀히 하고, 심지어 버리기까지 한 사람들이 너무도 많다. 다음 번 계약 성사나 보너스에 눈이 멀어서 마음과 삶에 하나님과 사랑하는 사람들을 위한 자리는 없는 사람이 있다. 하지만 삶의 끝자락에 이르면 무지개 끝에 있는 황금 단지라고 생각했던 것이 사실은 빛깔만 황금색인 황철광에 불과하다는 것을 발견하고 땅을 치며 후회할 것이다.

우디 앨런(Woody Allen)은 돈이 가난보다 낫지만 단지 재정적인 이유로만 낫다는 말을 했다. 물론 웃기려고 한 말이지만 웃고 넘어갈 이야기만은 아니다. 조심스럽게 다루지 않으면 돈은 우리에게 한순간에 달려들 것이다. 돈은 우리를 세워 주기보다는 무너뜨리기 쉽다. 돈은 우리에게 장밋빛 약속을 하고는 지키지 않는다.

세계 최대 부자들 중 많은 사람이 그토록 원하던 '액수'에 도달했을 때 만족감이 아닌 실망감을 경험했다. 오일 갑부 존 D. 록펠러(John D. Rockefeller)는 돈을 얼마나 벌어야 만족하겠냐는 질문에 "1달러만 더"라고 대답했다고 한다. 부와 명예를 거머쥔 배우 짐 캐리는 돈과 인기가 자신의 문제를 단 하나도 해결해 주지 못했다며 한숨을 내쉬었다. 쿼터백 톰 브래디(Tom Brady)는 세 번의 슈퍼볼 우승컵을 들어 올리고 세계 최고의 톱 모델과 결혼하고 매년 760만 달러의 연봉을 이룩한 뒤에 한 인터뷰에서 이것이 전부일 리가 없다고, 뭔가가 더 있어야 한다고 말했다. 24세의 나이에 이미 백만장자의 반열에 올라 아리따운 아내와 해변의 대저택을 얻은 코비 브라이언트(Kobe Bryant)는 〈뉴욕 타임스〉를 통해 자신은 행복을 믿지 않는다고 말했다. 부유층 십대들을 가까이서 연구한 심리학자 매들린 러바인(Madeline Levine)은 많은 십대가 같은 문제에 시달리고 있다고 한다. 러바인은 《물질적 풍요로부터 내 아이를 지키는 법》(The Price of Privilege)에서 이 문제를 다음과 같이 진단했다.

미국에서 새롭게 위험에 처한 집단은 학벌이 높은 부유층 집안의 십대 자녀들이다. ("부유층 자녀들은") 경제적 사회적 우위에도 불구하고 이 나라의 어떤 십대 집단보다도 높은 우울증, 약물 남용, 불안 장애, 신체적 문제, 불행 수준을 보여 주고 있다.[6]

어떻게 이럴 수 있는가? 많은 사람이 세상 모든 문제의 '답'이라고 생각하는 부가 어떻게 문제의 해법보다도 문제의 '원인'이 될 때가 더 많을 수가 있는가? 문제는 돈을 소유하거나 쓰는 것 자체보다 돈에 대한 우리의 태도에 있다. 예수님의 말씀을 들어보자.

삼가 모든 탐심을 물리치라 사람의 생명이 그 소유의 넉넉한 데 있지 아니하니라(눅 12:15).

집 하인이 두 주인을 섬길 수 없나니 혹 이를 미워하고 저를 사랑하거나 혹 이를 중히 여기고 저를 경히 여길 것임이라 너희는 하나님과 재물을 겸하여 섬길 수 없느니라(눅 16:13).

바울의 말도 들어보자.

우리가 먹을 것과 입을 것이 있은즉 족한 줄로 알 것이니라 부하려 하는 자들은 시험과 올무와 여러 가지 어리석고 해로운 욕심에 떨어지나니 곧 사람으로 파멸과 멸망에 빠지게 하는 것이라 돈을 사랑함이 일만 악의 뿌리가 되나니(딤전 6:8-10).

이 모든 구절은 결국 한 가지 결론으로 향한다. 돈이 아닌 예수님이 안정과 인정을 얻기 위해 우리가 추구해야 할 답이라는 것이다. 영혼이 공허해지면 부에 대한 관념과 경험이 왜곡될 수밖에 없다. 그로 인해 돈과의 건강한 관계가 돈에 대한 사랑으로 변질되고, 부가 탐욕으로 변질되며, 물질을 즐기던 것이 물질주의로 변질될 때, 우리의 영혼은 더욱 빈곤하고 공허해진다. 우리의 영혼은 위대하고 장엄한 하나님의 형상을 따라 창조되었기 때문에 돈 같은 작은 것으로는 그 영

혼을 채울 수 없다. 오직 예수님만 공허한 영혼을 채우실 수 있다.[7]

작든 많든 부를 가지게 되면 '모든' 탐심을 경계해야 한다. 즉 축재와 사치스러운 소비를 모두 조심해야 한다. 그렇게 하려면 우리가 예수님만 해 주실 수 있는 어떤 영역에서 돈을 의지하고 있는지를 잘 분간해야 한다. 돈을 벌고 쓰고 나누어 주는 것에 관한 성경의 말씀에 비추어 우리가 돈과 어떤 관계를 맺고 있는지 철저히 점검해야 한다.

적게 소유함으로써
더 많이 얻는다

우리 영혼이 예수님의 진리, 아름다움, 은혜, 용서, 사랑이라는 진정한 부로 충만해지면 어떤 일이 벌어지는지에 대해서도 생각해 보자. 우리 영혼이 예수님께 안정감과 인정을 얻을 때 그분의 후하고도 자기희생적인 사랑의 속성들을 얻게 된다. 그럴 때 우리는 기쁨을 경험하게 된다.

조니 에릭슨 타다(Joni Eareckson Tada)에게서 아프리카 가나의 한 가난한 동네를 방문했던 이야기를 들은 기억이 생생하다. 타다와 몇몇 미국인 친구들은 그 마을의 작은 교회 예배에 참석하기로 했다. 거기서 타다의 처음 눈에 들어온 것은 예배 중 헌금 시간의 분위기가 가장 즐겁고 활기찼다는 것이다. 대부분 극빈자들인 성도들은 자신이 가진 작은 것을 헌금 바구니에 넣는 일에서 더없는 의미와 행복을 느꼈다. 그들은 받는 자보다 주는 자가 더 복되다 혹은 '행복하다'는 예수님의 약속을 진심으로 믿고 있었다(행 20:35).

또한 타다는 이들이 가진 것이 부족함에도 불구하고가 아니라 가진 것이 부족해서 오히려 더 큰 기쁨을 경험하고 있다는 점을 발견했다. 예배 중 한 여인이 그 자리에 모인 사람들을 환영하기 위해 자리에서 일어났다. 그녀는 환영의 인사를 건네던 중 타다 일행에게 이런 말을 했다. "미국인 친구들, 가나에 오신 걸 환영합니다. 저희는 예수님이 더 필요해서 기쁜 사람들이랍니다."

그들은 말 그대로 예수님이 더없이 필요하다. 그로 인해 누구보다 기쁜 사람들이다! 물질적으로 가난하지 않은 사람들에게도 이런 종류의 기쁨이 가능할까? 우리가 적게 가진 것에 만족하면서 기쁘게 나누어 주는 사람들로 변할 수 있을까?

자, 재산을 팔기 시작하기 전에 고려할 것이 하나 더 있다. 예수님은 우리를 나눔의 삶으로 초대하기 전에 먼저 그분의 후하심을 받고 누리는 자리로 부르신다. 이것이 가나의 예배자들이 기쁨을 얻은 비결이다. 이것이 우리가 기쁨을 얻을 수 있는 비결이기도 하다.

하나님에 대하여
부요해지라

예수님은 어리석은 부자의 비유에서 후해지면 혹은 하나님에 대하여 '부요해지면' 탐욕스러운 마음이 치유된다고 말씀하셨다. 예수님은 탐욕의 근본 원인을 규명하셨는데, 그것은 바로 근심과 두려움이다.

예수님은 제자들에게 의식주가 인생의 전부가 아니기 때문에 이런 것에 대해 걱정하지 말라고 분부하셨다. 그러면서 하나님이 새들을 돌보시고 들에 백합이 자라게 하신다는 점을 상기시키셨다. 새와 백합도 돌보시는 하나님이 우리를 얼마나 더 정성껏 돌보시겠는가. 나아가 예수님은 하늘에 계신 아버지는 우리가 구하기 전에 우리의 필요를 아시기 때문에 걱정하거나 두려워하지 말라고 말씀하셨다. 예수님은 우리가 하나님 나라와 의를 먼저 구하면 하나님이 우리에게 필요한 모든 것(무엇이 필요한지는 하나님이 결정하신다)을 채워 주실 것이라고 말씀하셨다. 예수님은 돈 병에 걸린 제자들을 비난하시지 않고 오히려 위로하시며 두려워하지 말라고 말씀하셨다.

> 적은 무리여 무서워 말라 너희 아버지께서 그 나라를 너희에게 주시기를 기뻐하시느니 너희 소유를 팔아 구제하여 낡아지지 아니하는 배낭을 만들라 곧 하늘에 둔 바 다함이 없는 보물이니 거기는 도둑도 가까이 하는 일이 없고 좀도 먹는 일이 없느니라 너희 보물 있는 곳에는 너희 마음도 있으리라(눅 12:32-34, 13-31절 참조).

예수님은 하나님이 우리에게 후히 주시는 분임을 말씀하신다. 또 우리의 돈이 애초에 '우리의' 돈이 아니기 때문에 후히 베풀라고 말씀하신다. 하나님이 부의 주인이시며 우리는 관리인일 뿐이다. 예수님은 그분께 가장 중요한 것을 위해 부를 사용하고 나누어 주라고 명령하신다. 그분께 가장 중요한 일은 가난한 사람들의 필요를 채워 주고 하나님 나라를 넓히기 위해 돈을 내놓는 것 등이 포함된다. 이런 우선사항을 중심으로 우리의 재정적인 삶을 정비하는 것이 곧 적극적으로 '하나님 나라를 구하는' 것이다. 우리가 이렇게 할 때 하나님은 영원한 의미가 있는 뭔가에 참여하려는 우리 마음 깊은 곳의 갈망을 채워 주신다.

하지만 나눔에 적정한 액수는 얼마일까? 예수님의 제자들은 얼마를 나누어야 하는가? 얼마가 너무 많은 액수이고 얼마나 너무 적은 액수인가? 이런 질문은 중요하지만 정답이 없다. 얼마가 나누어야 할지는 각자의 상황에 따라 달라지기 때문이다.

예를 들어, 둘 다 엄청난 부자였던 니고데모와 아리마대 요셉은 예수님의 시신에 30킬로그램이 넘는 향유를 발랐다. 이 정도 향유의 가격은 보통 노동자의 약 1백 년치 월급에 해당했다. 부유한 삭개오는 재산의 50퍼센트를 사람들에게 나누어 주었다. 이외에도 성경적인 출발점인 10퍼센트의 십일조보다 훨씬 많은 액수를 나눌 능력이 있는 사람들이 많았다.[8] C. S. 루이스와 릭 워렌처럼 수입의 대부분(심지어 90퍼센트까지)을 교회나 빈민 구제, 여타 하나님 나라의 일에 드리는 이들도 적지 않다. 하지만 C. S. 루이스와 릭 워렌 같은 사람은 소수다. 그들의 상황은 일반적이지 않다. 그보다 훨씬 적게 버는 사람들은 어떻게 해야 할까?

성경에서 좋은 지침을 발견할 수 있다. 중산층인 바리새인들은 성전에 10퍼센트를 바친 뒤에 능력이 닿는 대로 빈민 구제를 비롯한 하나님 나라의 일을 위해 자유롭게 드렸다. 가난한 과부는 동전 한 닢만을 바쳤을 뿐이지만 예수님은 그 동전 한 닢이 그녀의 전 재산이었기 때문에 '가장 많은 헌금'이라고 인정하셨다. 가난한 과부는 하나님께 온 마음을 드렸기 때문에 자신의 재산도 모두 드리기를 원했다.

나눔의
위기

최근 〈렐러번트〉(Relevant)에 소개된 보고서에 따르면 미국 교회에서 십일조(성경적인 출발점인 10퍼센트 헌금)를 내는 교인들은 10-25퍼센트에 불과하다. 이 보고서에 따르면 미국 크리스천들 중 나머지 75-90퍼센트가 정기적으로 십일조를 내기 시작하면 세계 기아와 예방 가능한 질병으로 인한 사망이 5년 내에 사라질 것이다. 뿐만 아니라 문맹이 사라지고, 세계의 물과 위생 문제들이 해결되며, 모든 해외 선교 활동에 필요한 자금이 완벽히 지원되고도 매년 추가적인 사역을 위한 1천억 달러 이상의 자금이 남을 것이다.[9]

75-90퍼센트의 미국 크리스천들이 성경의 최소 요건만큼 부를 내놓지 않는 탓에 나눔의 위기가 계속되고 있다. 이는 세계에서 가장 부유한 크리스천들인 미국 크리스천들의 75-90퍼센트가 돈 병에 걸려 있다는 뜻이다.

그렇다면 우리가 죄책감과 수치심에 떨어야 할까? 물론 아니다. 예수님이 십자가 위에서 우리의 수치심을 해결하셨다. 대신, 하나님의 말씀과 다르게 돈을 쌓아 두고 자신만을 위해서 소비하는 이 유행병 앞에서 벗어나 그리스도의 십자가 앞으로 더욱 나아가야 한다. 우리는 탐욕의 치료제이신 그리스도를 더욱 갈망해야 한다.

하나님은 우리에게 새로 시작할 길을 주셨다. 그것은 바로 십일조를 하는 것이다. 안식일 명령에 따라 엿새간 일하고 하루를 쉬어도 하나님이 7일 분량을 공급해 주시는 것처럼, 십일조 명령에 따라 정기적인 수입의 10퍼센트를 하나님께 드리면 그분이 우리의 필요를 100퍼센트 채워 주신다. 십일조는 하나님이 우리의 공급자이시고 그분이 우리의 필요를 충분히 채워 주시는 분이며 돈이 아닌 그분이야말로 안전과 인정을 향한 깊은 갈망의 궁극적인 답이라는 고백이다. 십일조가 하나님이 자신을 '시험해 보라고' 권한 유일한 영역이라는 사실을 이해했는가?

사람이 어찌 하나님의 것을 도둑질하겠느냐 그러나 너희는 나의 것을 도둑질하고도 말하기를 우리가 어떻게 주의 것을 도둑질하였나이까 하는도다 이는 곧 십일조와 봉헌물이라 너희 곧 온 나라가 나의 것을 도둑질하였으므로 너희가 저주를 받았느니라 만군의 여호와가 이르노라 너희의 온전한 십일조를 창고에 들여 나의 집에 양식이 있게 하고 그것으로 나를 시험하여 내가 하늘 문을 열고 너희에게 복을 쌓을 곳이 없도록 붓지 아니하나 보라 … 너희 땅이 아름다워지므로 모든 이방인들이 너희를 복되다 하리라 만군의 여호와의 말이니라(말 3:8-10, 12).

강하게 꾸짖는 말씀이지만 여기에 약속이 있다. 돈이 아닌 하나님만이 안정에 대한 우리 욕구의 답이라는 사실을 증명해 보이시려는 간절함에서 이 강한 어조가 비롯되었다.

성경의 십일조를 통해서든 하나님이 우리 유익을 위해 조성하신 환경을 통해서든 우리의 소득이 불안한 수준까지 떨어질 때 오히려 기뻐할 수 있다고 전한다. 반직관적일지 모르지만 예수님이 더 필요해질 때 오히려 참된 기쁨이 찾아온다. 그런 의미에서 소득이 줄어드는 것은 하나님의 가장 큰 숨은 복 중 하나일 수 있다. 진정한 자유는 "모든 것 빼기 예수님은 제로"와 "예수님 더하기 제로는 모든 것"이라는 깨달음 속에 있다. 그런데 참된 부가 예수님 안에 있다는 사실을 깨닫기 위해서는 때로 물질적인 부가 줄어드는 경험을 필요로 한다. 특히, 많이 받은 자일수록 그렇다.

하나님의 돌보심을 믿으면 남들에게 기꺼이 나누어 주고 그분이 주신 것을 즐길 자유가 찾아온다. 현재와 미래의 안정을 하나님께 맡기면 열린 마음과 열린 손으로 그분과 남들에게 다가갈 자유가 찾아온다.

참된 부가 예수님 안에서 발견되는지 어떻게 아는가? 예수님이 우리를 돌보기 위해 어떤 희생까지 감수하셨는지를 보면 알 수 있다. 십자가 위에서 예수님은 우리를 얻기 위해 자신의 부의 전부, 10퍼센트가 아닌 100퍼센트를 포기하셨다. 예수님은 그분의 가난을 통해 우리가 부해질 수 있도록 스스로 가난해지셨다. 예수님이 십자가 위에서 피를 다 쏟으실 때 말 그대로 그분의 자산을 전부 처분해서 우리에게 주셨다. 그분의 후한 나눔으로 인해 우리는 가장 깊고도 진정한 의미에서 인정을 받고 안전해졌다.

이 점을 이해할 때 우리 마음이 충만해진다. 그리고 우리 마음이 충만해지면 자연스럽게 하나님의 후하신 마음을 닮아가게 된다. 그리고 온전한 기쁨을 누리게 된다. 왜냐하면 그분을 더 필요로 하게 되기 때문이다.

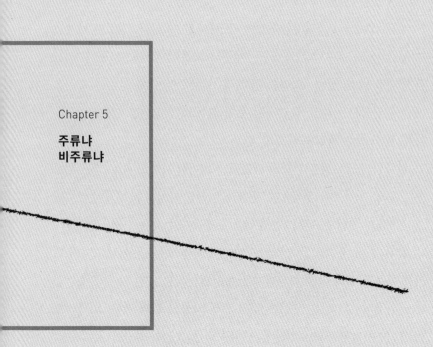

Chapter 5

**주류냐
비주류냐**

상에서 떨어지는
부스러기가 아닌
상의 한 자리를 주어야 한다

얼마 전까지만 해도 나는 흑인 대통령이 당선되면 인종 문제 해결에 큰 진전이 있을 것이라는 순진한 생각을 했다. 하지만 포스트 공민권 시대에 접어든지 50년이 지났지만 아무리 봐도 우리는 아직 포스트 인종 차별 시대를 선언할 준비가 되어 있지 않다. 내 친구가 보내준 〈뉴욕 타임스〉의 글 한 토막을 읽고서 그 점을 뼈저리게 느꼈다. 그것은 에모리대학(Emory University)의 흑인 철학과 교수 조지 얀시(George Yancy)가 쓴 "사랑하는 백인 아메리카"라는 제목의 글이었다.

이 글에서 얀시 박사는 서구 사회에서 유색 인종들의 상황에 대해 개탄했다. 그는 역사책, 저녁 뉴스, 엔터테인먼트, 비즈니스, 교육, 정치, 신학, 교회 문화가 주로 백인의 시각으로 이루어질 때 유색 인종들은 소위 '백색의 멍에' 아래서 살 도리밖에 없다고 말했다.[1]

백인 미국인들에게는 이런 표현이 부당하게 보일 수도 있다. '멍에'라는 단어는 노예 시대를 떠올리게 하기 때문에 선동적으로 느껴지기도 한다. 현대 서구 사회는 노예 제도와 그 제도를 지지했던 인종주의에 반대하지 않는가? 이제 공립학교들은 인종적으로 통합되었다. 이제 유색 인종들에게 함부로 폭력을 휘둘렀다가는 당장 수갑을 차야 한다. 나 같은 백인 목회자들은 설교에서 마틴 루터 킹 주니어 같은 흑인 사상가들의 말을 스스럼없이 인용한다. 우리는 존 퍼킨스(John Perkins)와 코넬 웨스트(Cornel West) 같은 흑인 식자들의 책과 글을 읽는다. 요즘은 백인이 유색 인종과 결혼하거나 인종이 다른 아이를 입양하는 일이 드물지 않다. 대부분의 백인들은 인종주의에 개탄하고 백인 인종주의자들에 의해 흑인들이 피를 흘리는 현실에 구역질이 난다고 말한다. 셀마, 퍼거슨, 찰스턴, 뉴욕 등지에서 일어난 인종주의적 폭력으로 희생된 흑인들을 생각하면 우리의 가슴이 아프다. 불의가 나타날 때마다 대부분의 백인 미국인들은 희생자들의 편에 서서 가해자들을 규탄했다. 하지만 과연 유색 인종들이 인종 차별이 끝났다고 느끼고 있을까?

이런 노력에도 불구하고 인종 차별의 문제는 여전히 남아 있다. 그것을 어떻게 알 수 있는가? 아직도 많은 유색 인종들이 상처를 받고 있는 것을 보면 알 수 있다. 얀시 박사의 말을 들어보자.

나에게 흑인 친구들이 많다는 말은 하지 말라. 유색 인종과 결혼했다는 말도 하지 말라. 오바마를 찍었다는 말은 하지 말라. '내'가 인종주의자라는 말은 하지 마라. 내가 매사에 백인들을 탓한다는 말은 하지 말라. 그렇게 말하는 것은 또 다시 진실을 숨기는 짓이다. 검둥이라는 말을 쓰지 않고 KKK단을 혐오한다고 해서 인종주의를 품고 있지 않고 인종주의의 혜택을 받고 있지 않다는 뜻은 아니다. 당신들은 상점에 들어가서 감시를 받지 않고, 피부색 때문에 은행에서 대출을 거절당하지 않고, 흑인을 비롯한 유색 인종들이 자녀에게 말해 주어야 할 '이야기'(경찰에 관해 주의해야 할 점을 말해 주는 것) 등이 필요 없다. … 당신들이 백인으로서 편안하게 사는 동안 우리는 흑인이요 유색 인종이라는 이유로 고생을 하고 있다.[2]

서로의 말에
귀를 기울이고 있는가?

10년 전이라면 얀시 박사의 글을 읽고 기분이 상했을 것이다. 어쩌면 말도 안 되는 소리라며 집어던졌을지도 모른다. 백인들에게 근거 없는 죄책감을 심어 주려는 시도라며 분노했을 것이다.

하지만 피부색이 검은 사람들의 용기와 진정성을 보면서 그들을 바라보는 나의 시각이 과거에 비해 많이 변했다. 요즘은 위와 같은 글을 읽으면 화가 나기보다는 오히려 공감이 간다. 개인적으로 많은 실수를 하고 피부색이 다른 사람들과 친분을 쌓으면서 현대 서구 사회에서 소수 인종들의 삶을 점점 더 깊이 이해하게 되었다.

내 주변에서 흑인들과 아시아인들의 사랑과 인내, 솔직함을 보면서 얀시 박사의 성토를 전보다 훨씬 더 열린 귀로 들을 수 있게 되었다. 이제 나는 그의 글에서 근거 없는 불만이나 분노, 죄책감 유발, 일종의 '역 인종 차별'을 보는 것이 아니라 다수인 백인들에게 무시와 오해, 설움을 당하다 지친 소수의 목소리를 대변하는 사람을 본다.

최근 한 흑인 친구에게서 폭동을 일으키는 사람들에 관한 이야기를 듣고서 오해를 풀게 되었다(참고로, 유색 인종들만 폭동을 일으키는 건 절대 아니다). 그는 폭동이 잘못이고 많은 피해를 입히긴 하지만 피부색으로 인해 불이익과 무시를 당할 수밖에 없는 무기력한 사람들의 마지막 몸부림이라고 말했다. "폭동은 무기력이 행동으로 표출된 겁니다. 그것은 목소리를 주려는 시도일 뿐이에요."

이 친구의 말은 결국 상처받은 사람들이 상처를 준다는 점을 지적

한 것이다. 험한 행동은 험한 꼴을 당한 사람에게서 나온다. 파괴적인
행동은 파괴를 당한 사람에게서 나온다. 경멸적인 행동은 경멸을 당
한 사람에게서 나온다. 무시하는 행동은 무시를 당한 사람에게서 나
온다.

여기서 잠시 멈추어서 보자. 앞으로 돌아가서 얀시 박사의 글을 다
시 읽어 보라. 그의 말 속에 배어 있는 고통이 들리는가? 그가 느끼는
소외와 배척이 느껴지는가?

백인들이
좋아하는 것

백인들이 자신들에 대하여 쓰는 '백인들이 좋아하는 것'이라는 풍
자 사이트가 있다. 주로 백인 문화의 맹점과 문제점을 자조하는 글이
실린다. 그중 한 글은 백인들이 인종적 다양성을 어떤 식으로 '좋아하
는지'를 묘사하고 있다.

백인들은 인종적 다양성을 좋아하지만 어디까지나 식당에 한해서만 그
렇다. 많은 백인들이 … 한 거리에 일식집과 멕시코 음식점이 같이 있
어서 좋다고 말한다. 그러면서 자신의 아이들은 다른 부유층 백인 아이
들만 다니는 사립학교에 보내고 산타모니카나 퍼시픽 팰리세이드 같은
동네에 산다. 하지만 백인들은 이런 점을 지적받는 것을 지독히 싫어한
다. 외국 음식점을 운영하고 있다면 백인 손님들이 샌드위치나 파스타

가 아닌 색다른 음식을 시도할 줄 아는 모험적이고도 세련된 사람들인 것처럼 굴라. 그러면 단골을 확보하고 후한 팁을 받을 수 있다.[3]

백인으로서 나는 위와 같은 글을 읽고 웃어넘길 수 있다. 하지만 유색 인종들은 이런 글을 읽고 얼마나 씁쓸할 것인가!

위와 같은 '다양성'은 진짜가 아닌 허울뿐인 다양성이다. 진정한 관계는 없고 그저 즐기기 위한 피상적인 다양성이다. 다수 인종의 입장에서는 자기 반성이나 변화가 필요하지 않기 때문에 이는 참된 다양성이 아니다. 하지만 소수에게는 큰 희생이 따른다. 모든 것이 백인의 방식으로 이루어지는 백인의 세상에 동화되기 위해 자신만의 독특한 문화와 유산을 포기하고 전적으로 굽히고 순응하고 맞추어야 하기 때문이다.

한번은 설교 목사로 사역하던 뉴욕의 리디머교회에서 다양성에 관한 설교를 한 적 있다. 당시 리디머교회는 백인 절반, 아시아인 절반으로 구성되어 있었다. 그 설교에서 나는 아시아인 형제자매들이 좋아할 만한, 아니 그들에게 기립 박수를 받을 것이 확실한 발언을 했다. "하나님 나라는 인류만큼이나 다양한 사람들로 구성되어 있습니다. 하나님은 모든 나라와 민족, 방언에서 사람들을 그분께로 부르셨습니다. 하나님은 우리를 하나의 몸, 한 분이신 주님, 하나의 믿음, 하나의 세례로 부르셨습니다. 따라서 백인 교회나 흑인 교회, 아시아인 교회, 라틴 교회 같은 것은 없어야 합니다. 왜냐하면 오직 '하나의' 교회만 있기 때문입니다."

그 당시 나는 이 말이 얼마나 큰 상처를 주는지 전혀 몰랐다. 예배가 끝나고 나서 한 흑인 형제가 찾아와 슬픔이 가득한 눈으로 나를 보았다. "목사님, 상황 파악을 못하시는군요."

당시에는 그 말이 몹시 귀에 거슬렸다. 내가 뭘 잘못했는지 도저히 이해할 수 없었기 때문이다. 하지만 때로 귀가 닫힌 사람들에게는 단도직입적인 지적이 필요하다.

얼마 있지 않아서 이번에는 한 아시아계 교인이 찾아와 정중하면서도 또박또박한 말투로 의견을 제시했다. 그의 말을 다음과 같이 풀어 써 보았다.

어제 목사님의 설교를 듣고 나서 저처럼 소수 인종인 친구들과 이야기를 나누었습니다. 정도는 다르지만 하나같이 목사님의 말씀에 상처를 입었습니다. 그들 대부분은 어릴 적에 소수 인종 교회를 다녔습니다. 그런데 목사님이 그런 교회를 폄하하시는 것처럼 느껴졌습니다. 그런 교회는 아예 없어져야 한다는 말씀처럼 들렸습니다. 목사님, 좋은 뜻으로 하신 말씀이라는 것을 잘 압니다. 목사님이 하나님이 원하시는 다양성을 강조하신 것이라고 믿습니다. 하지만 목사님의 설교가 오히려 역효과를 내지 않았을까 걱정입니다. 백인 중심의 사회에서는 소수 인종들이 자신의 독특한 문화를 마음껏 즐기고 유색 인종들이 있는 모습 그대로 마음껏 행동할 수 있는 곳은 '자신의' 인종이 다수인 교회 외에 별로 없습니다. 인종적으로 다양한 교회에 관한 목사님의 설교가 백인 성도들에게는 도움이 되었을지 모르겠지만 소수 인종들에게는 백인 중심의 세상과 백인 중심의 교회에서 느껴온 소외감을 더 악화시켰을 뿐입니다. 아무래도 목사님의 설교가 그런 소외감을 덜어 주기는커녕 더해 준 것 같습니다.

이 말을 들으면서 감사와 슬픔을 동시에 느꼈다. 감사했던 것은 내 맹점을 밝혀 주었기 때문이다. 덕분에 소수 인종들이 어떻게 살고 있고 내가 이 부분에서 얼마나 성숙해져야 할지를 조금은 더 알게 되었다. 슬펐던 것은 내가 인종들 사이에 다리를 놓겠다고 나섰다가 오히려 있는 다리마저 부수었기 때문이다.

소수 인종의 목소리를
존중하라

더 최근에 나는 인종에 관한 전국적인 토론회에 초대를 받았다. 하루 종일 진행되는 토론회였는데 약 스무 명이 참석했다. 절반은 백인이었고 절반은 흑인이었으며, 작가와 음악가, 사회 사업가, 목사, 정치인, 비영리 단체 사역자들로 구성되어 있었다. 참, 흑인민권운동가(Freedom Rider)도 한 명 참석했다.

그런 토론회에 여러 번 참석한 경험이 있었지만 그날은 하루 종일 웬만하면 입을 열지 않았다. 말하기 좋아하는 목사의 본능을 억누른 채 경청하고 메모하는 데 집중했다. 우리 흑인 친구들, 아니 '그냥 친구들'에게서 들은 말들을 조금 소개해 보겠다.

"제발 나를 흑인 친구라고 부르지 마세요. 그런 표현은 우리의 관계가 그만큼 얕다는 증거일 뿐이에요. 나를 그냥 '친구'로 봐 주기 전까지는 당신이 나를 동등하게 여긴다고 생각할 수 없어요."

"평생의 목표가 모든 힘을 가진 백인들에게 피부색이 다르다고 해서 위협적인 존재가 아니라는 점을 증명해 보이는 것이라고 생각해 보세요."

"나는 백인 여성과 결혼한 피부색이 검은 사람이에요. 우리 아이들 중에 피부색이 밝은 녀석들은 검은 녀석들보다 훨씬 더 편한 '인종 경험'을 하고 있습니다. DNA가 똑같은데도 말이에요."

"백인들에 의한 젠트리피케이션(gentrification: 낙후됐던 구도심이 번성해 중산층 이상의 사람들이 몰리면서 임대료가 오르고 원주민이 내몰리는 현상-역주)이 사실상 모든 대도시의 흑인 지역을 휩쓸고 있어요. 젠트리피케이션은 '가진 자들'이 '갖지 못한 자들'을 전혀 배려하지 않고 쫓아내는 겁니다."

"백인들의 특권은 우리 제도에 깊이 뿌리를 내리고 있어요. 특권이란 다른 문화들과 일체 접촉하지 않고도 성공할 수 있다는 뜻이에요."

"오늘날 백인들 사이에서는 두려움이 팽배해 있는 듯해요. 특권을 포기하는 것에 대한 두려움, 많이 듣고 적게 말하는 것에 대한 두려움 말이에요."

"지금 크리스천 리더들은 자신을 낮춰 배우고 유색 인종 형제자매를 지지할 절호의 기회를 맞고 있습니다."

"고통과 한탄은 백인 복음주의 진영의 책들에서 좀처럼 가르치지 않는 것들이지요. 고통을 다루는 법은 유색 인종들이 백인들에게 줄 수 있는 선물입니다."

"무시무시한 백인이란 말을 어디에도 들을 수 없어요. 오직 무시무시한 흑인만 있지요."

"유색 인종들에게 인종 문제는 단순한 '이슈'가 아니라 삶 자체에요."

"백인 친구들에게 부탁합니다. 제발 사랑이 소수자들의 삶 전체에 참여하는 것임을 깨닫기를 바랍니다. 다시 말해, 고통도 함께하는 것이 진짜 사랑입니다."

"흑인민권운동가로서 특히 백인들에게 말하고 싶습니다. 요즘은 흑인 단체에서 좀처럼 저를 부르지 않습니다. 희망을 잃어버린 탓이지요. 해봐야 소용이 없다고 판단한 겁니다."

"흑인으로서 말하는데, 동정 따위는 필요하지 않아요. 대신 저도 훌륭한 사람이 될 수 있다고 말해 주세요. 달래지만 말고 제게 더 큰 기대를 품어 주세요."

다수의 한 명으로서 나는 말을 적게 하고 소수의 목소리를 더 들어 주는 것이 얼마나 중요한지를 배우고 있다. 나는 소수의 입장이 되어 본 적이 없다. 나는 평생 백인 중심의 사회에서 '백인으로서 편안하게' 살아왔다. 그렇기 때문에 이제는 말하기보다 듣는 데 집중해야 한다. 추측하고 해법을 제시하기보다는 질문을 던져야 한다. 소수자들의 고통에 귀를 기울일 때에 비로소 차이를 넘어 상처가 아닌 진정으로 도움이 되는 사랑을 할 수가 있다.

신약의
인종적 정의

문화적 불평등, 그리고 다수와 소수의 역학 속에서 발생하는 고통은 어제 오늘의 이야기가 아니다. 사실, 신약의 교회에서도 소수가 무시당하는 상황은 가장 먼저 발생한 문제점 가운데 하나였다.

처음 교회는 (아람어를 사용하는) 히브리파로만 지도층이 구성되어 있었다. 하지만 오래지 않아 (헬라어를 사용하는) 소수인 헬라파가 다수인 히브리파에 불만을 제기했다. 그것은 히브리파로만 이루어진 지도자들이 고통 속에 있는 헬라파 과부들을 돕지 않았기 때문이었다.

모든 특권과 권력을 가진 히브리파는 헬라파의 원성을 모른 체할 힘이 있었다. 다수로서 그들은 불만을 해소하기 위해 수고와 불편, 희생을 감수하기보다는 소수의 의견을 묵살하는 편을 선택할 수도 있었다. "우리 공동체에 받아 준 것만 해도 감사하지 않은가? 그리고 불평하는 게 신앙인답지 못하다는 것을 모르는가? 왜 가진 것에 감사하지 못하는가?" 그렇게 헬라파 형제자매에게 핀잔을 줄 수도 있었다.

아니면 간단하게, 귀찮은 헬라파에게 밖으로 나갈 문을 가리킬 수도 있었다. 그들에게 나가서 자기들끼리 새로 공동체를 만들라고 말할 수도 있었다. "이곳이 싫으면 붙잡지 않겠어. 우리 방식이 마음에 들지 않으면 다른 곳에 가서 따로 교회를 세우면 되잖아."

다수인 히브리파는 여러 가지 방법으로 소수파의 원성을 무시할 수 있었다. 하지만 그들은 그러지 않았다. 히브리파 리더들은 소수의 의견을 묵살하는 대신 과부 지원 프로그램에 대한 전권을 소수파에게 넘겼다. 교회 내의 인종적 불평등을 바로잡기 위해 일곱 사람 스데반, 빌립, 브로고로, 니가노르, 디몬, 바메나, 니골라가 선출되었는데, 그들은 모두 헬라파였다.

그런 의미에서 초대 교회의 히브리인 리더들은 소수 집단이 스스로 해법을 찾아 문제를 해결할 수 있도록 하는 '소수 집단 우대 정책'(affirmative action)의 선구자라고 할 수 있겠다.

문화, 경제, 정치, 인종, 그 어떤 분야에서든 진정한 다양성으로 가는 첫 걸음은 소수를 위한 자선만으로는 충분하지 않다는 점을 인식하는 것이다. 진정으로 성경적이며 진정한 사랑에서 나온 자선은 권한 위임으로 이어져야 한다. 다수가 수시로 자신을 낮춰 소수의 목소리에 '따라야' 한다. 특히 불의와 불평등이 존재할 때는 다수가 적극적으로 마이크와 통제권을 소수에게 넘겨 주어야 한다. '의견'을 묻는 차원을 넘어 '리드'할 기회를 제시해야 한다. 상에서 떨어지는 부스러기가 아닌 상의 한 '자리'를 주어야 한다. 그렇지 않으면 다양성은 계속해서 피상적인 수준에 머물 수밖에 없다. 특히 인종과 관련해서는 계속해서 백인들이 좋아하는 쪽으로만 갈 수밖에 없다.

뜻밖의
초대

로니 미첼(Ronnie Mitchell) 목사는 내게 친구 그 이상이다. 그는 내 스승이기도 하다. 미첼 목사는 나를 "다른 어머니에게서 태어난 형제"로 부른다. 하지만 사실 우리는 꽤 다르다. 우선, 그는 평생 한 동네에서만 살았다. 또한 그는 나보다 20년 가까이 연상이고, 내 평생에 맞먹는 세월 동안 한 여인과 동행했다. 그는 생계를 위해 다른 일을 하면서 흑인 교회인 뉴리빙스턴교회(New Livingstone Church)를 목회했다. 무엇보다도 그는 흑인이다.

나는 미첼 목사와 동행하면서 예수님의 삶에 관해 그 어떤 책이나 설교에서보다도 더 많은 것을 배웠다. 미첼 목사 덕분에 나는 백인의 세상에서 흑인으로 사는 데 따르는 고통에 눈을 뜨게 되었다. 하지만 그는 한순간도 분노나 신세한탄을 하지 않았다. 이런 이유로 그는 언제나 내게 은혜와 인내의 귀감이었다. 그를 통해서 젠트리피케이션이 일부 사람들에게는 도움이 되지만 많은 사람들에게는 고통을 준다는 사실을 알았다. 젠트리피케이션으로 인해 한 지역이 한 집단에게는 '더 좋은' 곳으로 변하지만 다른 집단에게는 더 나쁜 곳, 넘볼 수조차 없는 곳으로 변해 버린다.

미첼 목사는 손녀 앞에서 내게 다 큰 어른이 어린아이의 손가락 하나에 꼼짝하지 못할 수 있다는 사실을 보여 주었다. 그는 우리 교회에서 두 번이나 설교를 했는데, 두 번 다 전 교인을 이끌고 와 연합과 단결의 진수를 보여 주었다. 그는 아이처럼 온순한 기도를 하다가 갑자기 힘차게 천국 문을 향해 전진하는 모습을 보여 주곤 한다. 그는 세상에서 가장 가난한 사람들이 사실은 가장 높은 위치에 있고 가장 부유한 사람들이 가장 밑바닥에 있는 경우가 많다는 사실을 내게 가르쳐 주었다.

또한 그는 그야말로 표현력의 일인자다! 하지만 무엇보다도 그와 함께 있을 때면 나는 예수님과 함께 있는 것을 느낀다. 여러 가지 이유로 내게는 그가 꼭 필요하다. 그는 셀 수 없이 많은 면에서 도전을 준다. 그를 볼 때마다 더 나은 사람이 되어야겠다고 다시금 마음을 다잡게 된다. 그래서 나에게는 그가 꼭 필요하다.

최근 영광스럽게도 그가 목회하는 뉴리빙스턴교회의 연간 부흥회에 강사로 초빙을 받았다. 그 전까지만 해도 부흥회에서 설교해 본 적이 없었다. 뿐만 아니라 흑인 교회에서 설교한 적도 없었다. 하지만 지금은 그 일이 목회자로서 경험한 가장 훈훈한 일 세 가지 중 하나라고 자신 있게 말할 수 있다.

그 교회에 발을 들인 순간부터 그 교인들은 나를 초빙 목사가 아니라 한 가족으로 받아 주었다. 나, 그리고 미첼 목사의 초대로 찬양 시간을 인도하게 된 우리 교회의 찬양팀, 그리고 역시 미첼 목사의 초대로 참석하게 된 우리 교인들은 분에 넘치는 환대를 받았다. 아니, 환대 정도가 아니라 우리는 하나님 나라를 똑똑히 맛보고 돌아왔다.

그날 밤 그 아름다운 교회를 나오면서 미첼 목사가 왜 나 같은 사람을 자기 교회의 부흥회 강사로 불렀을까 하는 생각을 했다. 왜 "백색의 멍에" 아래서 사는 교인들의 목사가 왜 '나'를 설교단으로 불렀을까? 왜 그는 '자신의' 성도들에게 화합과 사랑, 화해, 평화의 메시지를 전하는 신성한 임무를 정반대의 피부색과 거주 환경, 민족의 역사를 지닌 '나'에게 양보했을까? 그는 왜 그토록 큰 위험을 무릅쓴 채 내게 리더의 자리를 양보했을까?

답은 뻔하다. 왜냐하면 그야말로 진정한 리더이기 때문이다. 지금까지 미첼 목사는 나와 자기 교회의 성도들에게 피부색을 냉소와 절망의 눈이 아닌 소망의 눈으로 보아야 한다는 점을 가르쳐 주었다. 그는 피부색을 분리와 소외, 배척의 눈이 아닌 '모든' 나라와 백성, 민족, 방언으로 이루어진 하나님 나라의 눈으로 보라고 가르쳤다. 그는 우리 안에서 하나님의 형상이 더욱 온전히 형성되기 위해 서로에게서 배우고 서로의 말에 귀를 기울이며 함께 삶을 나눠야 한다고 가르쳤다. 그가 나를 자신의 가족이요 다른 어머니에게서 태어난 형제로 대해 주는 모습을 통해 예수님과 연합하는 것이 서로 연합하는 것이기도 하다는 사실을 새삼 깨달았다. 예수님을 통해 '우리'의 범위가 확장되고 '타인'의 범위가 축소되어야 한다.

이것은 내가 미첼 목사를 친구일 뿐 아니라 스승으로서 의지하는 수만 가지 이유 중 일부일 뿐이다. 그는 인종적으로 분열된 세상 속에서 진정한 리더란 무엇인지를 날마다 보여 준다는 점에서 내 스승이다. 자신의 교회에서 그는 그 옛날 다수인 히브리파 리더들이 소수인 헬라파 교인들에게 베푼 호의를 내게 베풀었다.

미첼 목사는 흑인 교회 안에서 백인 목회자에게 마이크를 넘겼다.

통제권을 내게 휘두르지 않고 오히려 내게 주었다. 그는 나를 외부인이 아닌 친구로 대해 주었다. 그는 나를 깔보지 않고 존중해 주었다. 그는 나를 무시하지 않고 중요한 말을 할 수 있는 사람으로 대해 주었다. 그는 나를 '그들' 중 한 명으로 풍자하지 않고 '우리' 중 한 명으로 받아 주었다. 그는 내게 상에서 떨어진 부스러기를 던지지 않고 상의 한 자리를 내어 주었다. 그는 나를 다른 교회에서 온 백인으로 부르지 않고 다른 어머니에게서 난 형제로 불러 주었다.

미첼 목사는 내 스승이다. 그에게서 배워야 할 것이 아직도 많다.

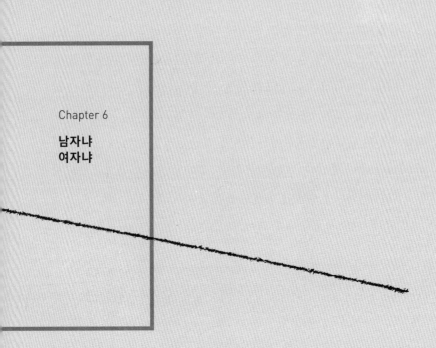

평등주의와
상호보완의 논쟁보다
남녀의 신비를 발견하라

내가 직접 경험해 볼 수는 없었지만 때로는 여자로 사는 것이 남자로 사는 것보다 더 힘든 것 같다. 예를 들어, 출산 같은 생물학적인 영역에서 그렇다. 생명이 잉태되고 세상에 나올 때 남자의 유일한 임무는 새생명이 탄생하는 순간의 '기쁨'에 동참하는 것뿐이다. 하지만 여자는 임신의 순간부터 출산까지의 기간 동안 구역질과 피로, 불편을 감내해야 한다. 그 후에는 산고와 산후 회복, 산후 우울증이 기다리고 있다. 임신 기간을 비롯해서 아내를 잘 도와주는 남편이 많기는 하지만 생명을 탄생시키기 위한 육체적인 짐은 전적으로 여자의 어깨 위에 놓여 있다.

생명의 잉태 및 탄생과 관련해서 남녀에 대한 하나님의 설계는 우리의 통제 밖에 있지만, 우리의 통제 '안에' 있는데도 남자보다 여자가 더 무거운 짐을 짊어지고 있는 영역이 꽤 있다. 예를 들어, 많은 여성이 똑같은 품삯과 대우, 기회를 얻기 위해서는 남자 동료들보다 더 열심히 노력해야 한다는 현실에 답답함을 느낀다. 최근 조사에 따르면 포춘(Fortune) 선정 1000대 기업 중 여성 CEO를 둔 기업은 54개에 불과하다. 다시 말해, 겨우 5.4퍼센트에 불과하다.[1] 또 다른 연구에 따르면, 여성들은 똑같은 일에 대해 남자 동료들보다 평균 20퍼센트 적은 봉급을 받고 있다.[2]

또한 많은 여성이 직장 내에서 여성 혐오와 학대를 겪었다. 2017년 영화계 거물 하비 와인스타인(Harvey Weinstein)이 자신의 말을 듣지 않으면 해고하고 기회를 박탈하겠다는 위협으로 성범죄를 저지른 사실이 드러나 곤혹을 치렀고, 그 뒤로 힘을 가진 많은 사람들의 추문이 속속 수면 위로 떠올랐다. 와인스타인의 기사가 터진 뒤로 소셜 미디어에서는 미투 운동이 급속도로 퍼져 나갔다. 오랜 세월 남몰래 괴로워하던 여성들이 힘을 가진 남자들에게 당한 끔찍한 기억을 공개적으로 털어놓기 시작한 것이다.

안타깝게도 일부 교회들에서도 그런 학대와 불평등이 확인되었다. 최근 한 친구가 내게 이메일로 자신의 아내를 유혹한 목사에 관한 이야기를 했다. 지난 20년 사이에 나와 친한 목사들 중 몇 명이 교회의 여신도나 여성 목회자와 불륜을 저질렀다는 이유로 목사 자격을 박탈당했다.

좀 더 미묘한 측면에서 보면, 여성들은 교회의 중요한 모임에서 배제되는 경우가 많다. 교회 일에 누구보다 열심인 여성들이 많은데도 불구하고 교회의 방향과 문화에 관한 여성들의 의견은 무시를 당하기 일쑤다. 교회가 자신들의 은사, 특히 설교와 리더십에 관한 은사를 발휘할 기회를 주지 않아 속으로 분통을 터뜨리는 여성들이 적지 않다.

앞서 말했듯이 여성으로 사는 것이 때로는 힘들어 보인다. 이와 관련해서 우리는 여성들을 이등 시민으로 취급해서 그들의 의견과 소망, 꿈, 기여, 기술을 억압하고 무시하던 시대에 예수님 주변에는 여성 동반자와 협력자가 가득했다는 사실을 기억할 필요성이 있다. 예수님은 수시로 여성들과 한 식탁에서 식사를 하셨고, 여성들의 환대를 받아들이셨으며, 사역을 위해 금전적으로 여성들의 지원을 받으셨고, 여성들을 믿음의 훌륭한 본보기로 제시하셨으며, 여성들에게 능력과 권한을 주셨다. 여성의 권리가 무시되던 그 시대에 예수님이 이렇게 하셨다면, 우리는 더더욱 여성들을 존중하고 인정해 주어야만 한다.

불평등이
교회의 문제가 될 때

지금까지 나는 교회 내 여성들의 역할에 대해 수많은 대화를 나누었다. 특히 "왜 목사님의 교회에서는 남자들만 목사와 장로가 될 수 있습니까?"라는 질문으로 시작되는 대화를 정말 자주 했다.

이 질문에 답하기란 여간 어렵지 않다. 목사와 장로가 전부 남성인 교회의 목사로서 내 위치에 있는 사람이 이 질문을 어떻게 다루느냐가 너무도 중요함을 잘 알고 있기 때문이다. 특히, 현재의 문화적 상황에서는 더더욱 그렇다.

이 질문이 제기될 때마다 나는 먼저 나만큼이나 성경을 중시하는 신실한 교단을 포함해서 많은 정통 교단이 여성도 목사와 장로로 세우고 있다는 점을 인정한다. 나아가, 내 크리스천 친구 중에는 교회에서 장로로 섬기는 여성들이 많다. 뿐만 아니라 여성 목사들도 더러 있다. 나는 이 여성들에게 많은 것을 배우고 있으며, 그들의 은사를 분명히 인정한다. 그리고 남성과 여성 모두가 교회 안에서 '모든' 역할에 대한 자격이 있다고 믿는 사람들(평등주의적 관점을 가진 사람들)은 거의 하나같이 슬픔에서 경악까지 다양한 부정적인 감정으로 내 상호보완주의적인 관점을 바라본다. 이것이 나보다 그들에게 더 큰 영향을 미치는 신학적 논쟁임을 이해한다. 그들에게 이것은 삶과 소명의 문제다.

이런 이유로 나는 평등주의적 관점을 가진 사람들과 여러 번 동역하려고 노력했다. 일부 영역에서 성경에 대한 해석은 다르지만 나는 이러한 차이가 성경을 중시하는 크리스천들이 서로 갈라서야 할 만한 요인이 될 수 없다고 믿는다. 그래서 서로의 연합을 위해 최선을 다하고 싶다. 예를 들어, 몇 년 전 상호보완주의적인 우리 교회는 내슈빌의 한 평등주의적인 교회와 동역을 하기 시작했다. 이 동역을 통해 나는 이 교회의 여성 목사와 우정을 나누며 많은 것을 배울 수 있었다. 이 목사는 나만큼이나 성경을 사랑하고 성경의 명령에 순종하는 사람이었다. 그래서 우리는 일부 성경 해석의 차이에도 불구하고 기쁨으로 같은 목적을 추구할 수 있었다. 이 목사가 첫 아이를 출산한 뒤에 우리 교회의 어머니 지원 사역에 정식으로 참여하기로 했을 때 얼마나 기뻤는지 모른다. 동역과 우정에 관한 이 사례를 통해 평등주의적 크리스천들과 상호보완주의적 크리스천들이 하나님 나라를 위하여 협력할 수 있고 협력해야만 한다는 내 신념이 잘 전해졌기를 바란다.

내가 섬기는 교회는 여성들이 최대한 많은 영역에서 리더십의 은사를 발휘하도록 격려하고 지원하려고 노력하고 있다. 우리 행정 팀에는 남성 못지않게 여성이 많다. 우리 교회 사역자들 중 팀장급의 약 절반이 여성이다. 여성 사역 팀장들만이 아니라 일과 신앙 통합 팀, 구제 팀, 찬양 팀, 목회 돌봄 팀, 주일학교 사역 팀, 새가족 팀의 팀장 등도 여성이다. 우리 교회에는 여자 집사들도 많다. 담임목사의 자문가들 중에서도 상당수가 여성이다. 찬양예배 시간의 성경 봉독, 통성기도 인도, 간증, 봉헌위원과 성찬식 때의 격려사 같은 부분에서 여성들이 예배를 이끈다. 여성들은 비록 장로는 아니지만 장로 모임에 정기적으로 참여해서 그들의 결정에 조언을 한다. 우리 교회 위원회들에는 남성 못지않게 여성이 많고, 적지 않은 여성이 회장을 맡고 있다.

나는 우려의 눈빛을 보내는 평등주의자들에게 이렇게 말한다. "이

것들은 우리가 교회를 향한 하나님의 우선사항들 중 하나라고 믿는 것을 추구하기 위해 하는 수많은 노력들 중 몇 가지에 불과합니다. 이 우선사항은 남자들만이 아니라 '모든' 교인이 각자의 영적 은사의 능력을 최대한 발휘하는 것입니다."

물론 이 답변이 항상 상대방을 만족시켜 주지는 못한다. 때로는 상대방의 좌절감만 가중시킬 뿐이다.

최근 평등주의적 시각을 품은 우리 교회의 한 여성 사역자와 나눈 대화에서 나는 천국에 가면 이 문제에서 나와 같은 시각을 품은 사람들이 적지 않은 부분에서 틀렸다는 사실을 발견하게 될 것이라고 말했다. 계속해서 말하겠지만, 나는 양쪽 다 성경적으로 옳은 면이 있다고 믿는다. 이 문제에서 크리스천들은 자신의 목소리를 높이기 보다는 상대방의 말에 귀를 기울이고, 나름대로 성경을 철저히 연구해서 다른 결론에 이른 사람들을 비판하지 않도록 조심해야 한다.

현재 교회 안에서, 그리고 블로그와 SNS를 통해서 상호보완주의와 평등주의 사이의 논쟁이 전에 없이 거세게 벌어지고 있다. 가정만이 아니라 교회 안에서도 성 역할에 관한 논쟁은 많은 신자들에게 매우 개인적인 문제다. 예전부터 성 역할에 관해 교회와 교단마다 차이가 있었지만, 최근 들어 성 역할에 관한 논쟁이 더욱 가열되었다. 특히 스콧 맥나이트(Scot McKnight)의 *Junia Is Not Alone*(유니아만이 아니다)와 케이틀린 비티(Katelyn Beaty)의 *A Woman's Place*(여성의 자리) 같은 평등주의적인 책들이 출간되고 이에 질세라 캐시 켈러의 *Jesus, Justice and Gender Roles*(예수님과 정의, 성 역할)과 줄리 로이스(Julie Roys)의 *Redeeming the Feminine Soul*(여성 영혼의 구속) 같은 상호보완주의적인 책이 출간되면서 이 논쟁에 기름을 부었다. 나는 나와 비슷한 시각뿐 아니라 다른 시각에서도 배우려고 노력했다. 덕분에 성경을 진지하게 탐구한 이런 책들에서 많은 것을 배울 수 있었다.[3]

간단하게 소개하자면, 평등주의는 교회와 가정에서 남녀가 각자의 재능을 동등하게 발휘할 수 있고 발휘해야 한다는 입장이다. 여기에는 목사, 장로, 집사 같은 공식적인 리더 역할을 맡고 설교를 하고 가정에서 함께 머리가 되는 것 등이 포함된다. 상호보완주의는 존엄성과 은사에서 남녀가 동등하지만 하나님이 특정 영역에서는 남자와 여자에게 각각 다른 역할을 주셨다는 입장이다.

수많은 남녀가 던지는 질문들은 평등주의자들과 상호보완주의자들에게 똑같이 중요하다. 이 질문들은 사려 깊고도 만족스러운 답들, 무엇보다도 성경적으로 균형 잡힌 답들을 필요로 한다. 이 외에도 많은 주제에 대한 성경의 관점이 중요하다. 성경은 전통적인 가정들이나 진보적인 가정들이 아닌 하나님의 감동이라는 궁극적이고도 오류 없는 근원에서 비롯했기 때문이다. "모든 성경은 하나님의 감동으로 된 것으로 교훈과 책망과 바르게 함과 의로 교육하기에 유익하니"(딤후 3:16).

하나님의 감동으로 된 성경은 각기 다른 문화들, 즉 이 주제에 관한 각기 다른 경험들과 개인적인 감정들을 초월해서 우리 안에 있는 옳고 좋고 사랑스러운 것을 확인시켜 주고 그렇지 않은 것들을 바로잡아 준다.

교회와 목사들과 부모들도 성 역할과 차이에 관한 가히 삶을 변화시킬 수 있는 중대한 문제들에 대해 사려 깊고 만족스러운 답변을 내놓지 못했다. 이것이 많은 사람들의 진단이다. 상호보완주의자들은 여성들의 합당한 우려들과 평등주의 쪽으로 기울어져 있는 학계의 주장들을 무시한 답들을 내놓고 있다는 비난을 받고 있다. 물론, 특히 여성들이 그런 비난의 목소리를 높이고 있다.

마찬가지로, 평등주의자들은 수시로 변하는 대중문화와 개인적인 경험 및 감정들만 반영할 뿐 성경의 권위(그리고 기능적 타당성)는 무시하는 답변을 내놓고 있다는 비난을 받는다. 대부분의 경우 이런 비난은 정확하지도 합당하지도 않다. 하지만 이에 대한 질문은 끊임없이 쇄도하고 있다. 그래서 교회와 가정에 관한 하나님의 계획 속에서 남자와 여자의 자리를 그 어느 때보다도 분명히 파악할 필요가 있다. 왜냐하면 하나님이 "창조 때로부터 사람을 남자와 여자로 지으셨다"(막 10:6; 창 5:2)는 사실은 예나 지금이나 변함없기 때문이다. 그리고 의견이 분분한 모든 주제가 그렇듯, 우리가 이 주제를 어떻게 다루느냐에 따라 교회 안팎에서 기독교의 주장은 좋은 쪽으로든 나쁜 쪽으로든 큰 영향을 받을 수밖에 없다. 따라서 양쪽 모두는 진지한 반성과 겸손한 태도, 관대한 정신으로 평등주의와 상호보완주의에 관한 토론에 임해야 한다.

어떤 이들, 특히 자신이 교회에서 설교자와 리더의 재능과 부름을 받았다고 믿는 여성들에게 이 문제는 단순히 신학적인 문제일뿐아니라 지극히 개인적인 문제가 된다. 이런 여성에게 이것은 단순히 흥미로운 탁상공론이 아니다. 그들에게 이것은 삶의 궤적과 소명의 문제다. 그리고 상호보완주의적인 형제자매들과 마찬가지로 그들도 성경의 가르침이라고 믿는 방향으로 가기를 간절히 원한다. 나아가, 우리는 남성들의 학대나 부재로 인해 고통을 받은 여성들의 우려를 사랑하는 마음으로 진지하게 고민해야 한다. 예를 들어, 남성이 가정에서 폭군으로 군림하거나 경제 활동을 하지 않음으로써 가정의 머리 역할을 포기한 경우, 가정을 이끌 자격을 사실상 잃은 경우, 그 남자와 그의 행동으로 고통을 받은 사람들에 대해 어떤 해법이 필요할지 함께 고민해야 한다.

이 외에도 여러 시급한 질문들은 합당한 질문들이며, 성경 중심을 고수하는 상호보완주의자들과 평등주의자들이 되도록 함께 다루어야 할 문제들이다. 이 토론의 밑바탕에 서로의 입장을 이해하려는 진지한 노력, 이 문제에 대해 상대방을 정죄하거나 자기 의에 빠지지 않으려는 결심, 무엇보다 모든 차이를 넘어 하나님의 백성들을 연합과 평화로 결속시키는 사랑이 흘러야 한다.

상호보완주의자들과 평등주의자들이 함께 던져야 할 질문들은 다음과 같다.

- 교회 안의 리더 역할에 관해서 : "성경에서 보여 주듯이 남자와 여자가 하나님의 형상을 따라 동등하게 창조되고(창 1:27) 역시 성경에서 보여 주듯이 모든 신자들이 모두의 선을 위해 사용할 성령의 은사들을 받았다면(롬 12:6; 고전 12:7) 교회 안에서 설교자와 공식 리더 역할에서 여성들을 배제시켜야 할까?

- 가정 안의 리더 역할에 관해서 : "하나님 앞에서 남녀가 동등하고 '남자나 여자나 다 그리스도 예수 안에서 하나'라면(갈 3:28) 아내가 모든 일에서 남편에게 복종해야 할까? 아니면 남편과 아내를 가정의 공동 머리로 봐야 할까?(엡 5:22-33)

평등주의의
입장

점점 더 많은 여자, '그리고' 남자들, 특히 평등주의로 기운 사람들은 상호보완주의가 교회와 가정 안에서 여성들의 입지를 축소하고 있다고 생각한다. 나아가, 많은 평등주의자들은 보완주의자들이 "여자가 가르치는 것과 남자를 주관하는 것을 허락하지 아니하노니 오직 조용할지니라"와 "아내들이여 자기 남편에게 복종하기를 주께 하듯하라 이는 남편이 아내의 머리됨이 그리스도께서 교회의 머리됨과 같음이니"(딤전 2:12; 엡 5:22-23)와 같은 성경 구절들을 환원주의식으로 잘못 해석하고 있다고 말한다.

평등주의자들은 이런 구절을 전체 배경 속에서 보면 이야기가 달라진다고 주장한다. 평등주의자들이 말하는 배경은 결국 두 가지다. 첫째, 이런 성경 구절은 독특한 문화적 틀 속에서 쓰인 것이기 때문에 손을 씻고 조개류를 먹는 것에 관한 구약의 의식법처럼 임시적이라는 것이다. 아마도 평등주의자들은 이렇게 말할 것이다. "바울 시대에 여성들이 부수적인 역할을 맡는 것이 관행이었던 것은 1세기 중동 문화에서 노예 제도가 관행이었던 것과 같은 맥락이야. 따라서 여성이 어느 시대 어느 문화에서나 부수적인 존재로 남아 있어야 한다면 노예 제도에 대해서도 똑같이 말해야 해."

둘째, 평등주의자들은 성경이 더 크고, 더 정의롭고, 더 해방된 이상을 향한 발전을 지향한다고 주장한다. 정경이 완성된 후에 이 이상이 점점 펼쳐진다는 것이다. 아마도 평등주의자들은 이렇게 말할 것이다. "신약의 끝에 이르러서도 노예 제도는 여전히 관행이었어. 점점 쇠퇴하고 있지만 여전히 사회의 관행이었어. 하지만 그 후로 성경에도 불구하고가 아니라 성경 때문에 사회와 교회, 가정에 더 이상 노예가 없는 더 자유로운 세상이 왔어."

다시 말해, 평등주의자들에 따르면 노예 제도에 관한 성경의 가르침은 이후에 벌어질, 이를테면 노예제 폐지 운동과 공민권 운동을 통해 완성될 긴 과정(노예 해방)을 '시작' 혹은 '촉발'하기 위한 것이다.

같은 맥락으로 평등주의자들은 교회와 가정 내 여성들에 대해서도 성경의 가르침을 통해 똑같은 궤적이 확립되었다고 주장할 것이다. 남성 중심적이고 가부장적이며 때로 여성 혐오적인 문화(예를 들어, 당시에는 여성의 법정 증언을 인정하지 않았다) 속에서 쓰인 성경은 여성들이 서서히 남성과 동등한 지위와 역할로 격상되는 지속적인 과정을 상상했다. 성경이 여성들이 모든 면에서 남성처럼 섬기고 리드하게 만드는 '일을 완성하지는' 않았지만, 분명 그 일을 시작했다. 우리는 그리스도의 이름과 우리 안에서와 우리를 통해서 역사하시는 그리스도의 사랑을 통해 그 일을 완성해야만 한다.

이런 평등주의적 입장에 대한 또 다른 근거는 남자와 여자는 동일하게 하나님의 형상을 품고 있고 그 하나님이 삼위일체이시라는 점이다. 성부 하나님에 대한 헬라어와 히브리어 원어는 모두 남성 명사이고 예수님의 이름도 남성 명사다. 반면, 성령의 이름은 히브리어에서는 여성 명사이고 헬라어에서는 중성이다. 이런 사실이 무조건 평등주의를 가리키지는 않지만 평등주의자들의 우려와 입장을 가볍게 여기지 말아야 할 강력한 근거가 된다.[4]

상호보완주의가
여성 혐오?

이런 주장들을 통해 상호보완주의 특정 형태들이 평등주의자들 사이에서 우려를 낳는 이유를 어느 정도 이해했으리라 믿는다. 특정 역할에 여성들을 제한하는 것이 깊은 고민이나 배려 없이 이루어지면 여성을 무시하고 억압하며 심지어 격하시키는 것에 불과하다. 또한 상호보완주의 입장이 도에 지나치면 남성과 여성의 속성들을 결합할 때 형상의 가장 완전한 표현이 이루어진다는 중요한 진리를 축소할 위험이 있다. 하나님이 우리의 아버지인 '동시에' 어머니와 같은 모습으로 자신을 드러내셨고 예수님이 어미닭처럼 우리를 자신의 날개 아래 모으기를 원하는 큰형으로서 우리에게 오신 것처럼[5] 남성들은 여성들의 영향을 필요로 하며, 이는 여성도 마찬가지다.

그리고 좀 더 극단적인 경우이지만, 일부 평등주의자들은 현대 세상에서 이런 대화의 존재 자체가 이상하고도 기분 나쁜 일이라고 주장할 수 있다. 예를 들어, 현대의 저자이자 평등주의자인 레이첼 헬드 (Rachel Held)는 교회 안의 남자와 여자에 관한 상호보완주의적인 입장에 대해 다음과 같이 말했다.

나는 예방 가능한 질병으로 인해 매일같이 3천 명의 아이들이 죽어가는 마당에 여성 선교사가 주일 아침에 사역 보고를 해도 되는지, 여성 주 일학교 교사가 10세 이상 아이들을 맡아도 될지, 여성들이 신학교에 가 는 것을 권장해야 할지, 여성이 봉헌위원을 맡거나 주보를 만들거나 예

145

배 시간에 광고를 해도 될지를 놓고 교인들이 수년째 열띤 논쟁을 벌이는 모습을 보았다. 이것이 쓸데없는 짓이 아니라면 무엇이 쓸데없는 짓이란 말인가.[6]

가정과 관련된 상호보완주의적인 입장에 관해서 에반스(Evans)는 다음과 같이 말했다.

아내가 남편에게 복종해야 한다는 전제는 잘못된 것이다. 이 전제는 무엇보다도 솔직한 커뮤니케이션을 방해함으로써 부부 관계를 망칠 수 있다. 1세기의 사회 규범을 현대 가정에 억지로 적용하려는 시도는 상황을 복잡하게 만들었다.[7]

이런 우려에도 불구하고 상호보완주의적인 틀을 고수하는 사람들이 남녀를 막론하고 수백만 명에 이른다. 예를 들어, 잘 알려지고 인기 있는 기독교 네트워크인 복음 연합(The Gospel Coalition, TGC)은 남성이 교회와 가정의 머리가 되는 것을 핵심적인 원칙 중 하나로 삼았다. 복음 연합 웹사이트에 실린 "내 평등주의자 친구들에게"란 글에서 캐슬린 닐슨(Kathleen Nielson)은 다음과 같이 말했다.

상호보완주의자들은 성경이 인간이라는 주제에 관해서 남녀가 하나님의 형상을 따라 동등하게 창조되었으되 가정과 교회에서 서로 다른 역할을 맡았다고 처음부터 끝까지 분명하고도 일관되게 말하고 있다고 생각한다. 이러한 성경 가르침이 분명하고도 광범위하게 나타나고 있다는 점에서 이것은 주기적인 관심과 논의를 할 만한 가치, 아니 필요가 있는 성경적 문제다. 특히, 성경이 수세기 전에 쓰여서 이해하기 어렵다는 점에서 더욱 그렇다. 우리 모두에게 너무도 중요한 이 문제에 대해서 하나님의 말씀을 듣고 그 말씀에 순종해야만 한다.[8]

이렇게 상호보완주의자들은 하나님 말씀을 듣고 그 말씀에 순종하는 것이 가장 중요하다고 말한다. 평등주의자들은 우리가 하나님 말씀에서 놓친 부분이 있기 때문에 말씀에 더 관심을 기울인다면 다른 결론, 아마도 덜 상호보완주의적인 결론에 이를 것이라고 말한다.

성경과
여성들

교회 안의 여성들의 역할에 관한 상호보완주의적인 입장을 반박하기 위해 평등주의자들은 여러 성경 구절들을 내세운다. 자주 인용되는 성경 구절들 중에는 다음과 같은 것들이 있다.

교회에서 메시지를 전한 여성들

성경은 여러 차례에 걸쳐 여성들에게 교회가 모인 자리에서 가르치고 설교하는 은사를 발휘하라고 권장한다. 특별히, 구약과 신약 모두 여성들에게 예언의 은사 혹은 공동체에 하나님의 말씀을 전하는 은사를 발휘하라고 가르친다.

요엘 선지자는 미래를 예언하면서 하나님이 모든 사람에게 그분의 영을 부어 주실 것이라고 말했다. "너희 자녀(아들들과 딸들)들이 장래 일을 말할 것이며 … 내가 또 내 영을 남종과 여종에게 부어 줄 것이며"(욜 2:28-29). 우리는 나중에 이 예언이 사도행전에서 이루어진 것을 볼 수 있다(행 2:1-4). 누가복음을 보면 평생을 성전에서 산 여선지자 안나가 다가올 구속을 기다리는 사람들에게 하나님에 관하여 말했다(눅 2:36-38). 고린도전서에서 바울은 여성들이 하나님을 예배하는 교회 모임에서 예언할 때 어떤 복장을 갖추어야 할지에 관한 자세한 규정을 기술했다(고전 11:2-6).

여성들에게 가르침과 리더십의 은사를 발휘하도록 권장하다

성경의 여러 곳에서는 여성들이 교회 안에서 가르침과 리더십의 은사를 온전히 발휘하도록 권장하고 있다. 이 점은 평등주의자들이 경직된 형태의 상호보완주의에 반박하기 위한 강한 근거가 된다. 디모데전서 2장 12-13절과 고린도전서 14장 33-34절 같은 구절을 성경 전체의 배경에서 읽어 보면 여성들이 교인들 앞에서 말하는 것을 항상 제한하고 있지 않음을 알 수 있다. 이런 구절을 그렇게 편협하게 해석하면 하나님이 여성들에게 주신 은사를 억누르는 그릇된 문화가 자리 잡을 수밖에 없다.

성경에는 가르침의 은사를 사용하여 남들에게 그리스도의 도를 가르친 여성들의 사례가 적지 않게 등장한다. 성경은 나이 많은 여성이 젊은 여성을 가르치고 모든 여성이 아이들을 가르치라고 직접적으로 권면하기도 한다. 실제로 바울의 제자인 젊은 목사 디모데는 어머니와 할머니의 성실한 가르침 덕분에 어릴 적부터 성경을 알았다.

성경을 보면 그 옛날에도 크리스천 여성들은 다른 여성들과 아이들에게만이 아니라 남자들이 모인 자리에서 그리고 남자들을 제자로 삼아 가르침의 은사를 발휘했다. 그들은 본보기와 말로 가르쳤다. 잠언의 "현숙한 여인"은 경건한 삶의 본보기로 인해 남편과 가족들에게, 그리고 성문에서 칭찬을 받았다. 그 여인의 삶은 주변 사람들에게 '전하는' 설교였다고 말할 수 있다. 비록 그녀의 관심이 아내와 어머니로서 가족에게 집중되어 있었지만 가족에게만 국한되지는 않았다. 실제로 그녀는 근면하고 성공한 사업가요 상인이었다(잠 31:10-31).

아이러니하게도, 현숙한 아내에 관한 이 묘사는 '여성의 자리'가 '오직' 가정뿐이고 맞벌이 가정은 하나님의 계획을 거스르는 것이며 일의 세계는 오직 '남자의 세계'라는 식의 그릇되고 극단적인 상호보완주의적인 입장을 옹호하기 위한 근거로 자주 사용되고 있다. 이는 성경 구절을 잘못 적용한 많은 사례 중 하나다. 완전히 틀린 주장이다. 전업 주부라는 고귀한 일로 부름을 받은 여성들도(물론 남성들도) 있지만, 성경은 여성들이 밖에서 일하는 것을 허용할 뿐 아니라 축하한다. 시간이 나면 잠언 31장을 읽어 보라(또한 성경에서 미리암, 드보라, 룻, 에스더, 뵈뵈 같은 다른 적극적인 여성들의 이야기도 읽어 보라).

성경에는 공식적인 모임에서 간증하고 권면한 여성들의 사례도 등장한다. 사마리아 우물가의 여인은 예수 그리스도를 만난 뒤에 자기 마을로 돌아가 남녀를 막론한 모든 사람에게 자신이 경험한 분에 관해 전했다. 하나님이 부활의 첫 증인들('사도들의 사도들')로 선택한 사람들도 여성들이었다! 전 세계 모든 교회가 부활절에 "그분이 살아나셨다!"라고 선포하는 것은 보통 일이 아니다. 그런데 이 말을 처음 한 사람이 바로 여성이었다(요 4:39-42; 눅 24:1-10; 마 28:1-8). 그리고 물론 동정녀 마리아의 감동적인 고백을 잊어서는 안 된다. 마리아는 하나님의 아들을 낳을 것이라는 천사의 메시지에 이렇게 선포했다. "내 영혼이 주를 찬양하며 내 마음이 하나님 내 구주를 기뻐하였음은"(눅 1:46-47). 여성을 무시하지 않도록 그리스도의 성육신한 삶 중 처음 아홉 달이 한 여성의 배 속에서 이루어졌다는 사실을 늘 잊지 말자.

이런 사례 외에도 성경은 남성들이 모인 자리에서 성경 교리를 선포하고 가르친 여성들을 소개한다. 예를 들어, 하나님이 이스라엘 국가를 애굽 바로의 손에서 구해내신 뒤 여선지자 미리암을 비롯한 여성들이 구원의 노래를 부르며 온 나라의 예배를 인도했다. 동정녀 마리아는 자신이 하나님의 아들을 잉태했다는 메시지를 듣고서 신학적으로 풍부한 의미를 담은 노래를 지어서 불렀다. 이 노래는 성경의 일부가 되었을 뿐 아니라 대림절 주간에 전 세계의 설교단에서 선포되고 있다. 이 외에 아볼로(초대교회의 가장 위대한 설교자 중 한 명)가 하나님의 말씀을 더 정확히 설명하도록 남편 아굴라와 함께 성경의 교리를 가르쳐 준 브리스길라도 여성이었다(출 15:19-21; 행 18:24-26). 이처럼 성경에 따르면 여성들이 가르침의 은사를 마음껏 발휘할 수 있는 상황들이 많다. 이는 반박할 수 없는 사실이다. 성경은 많은 여성을 훌륭한 리더로 소개한다. 드보라는 이스라엘의 사사였고, 유니아는 "사도들에게 존중히 여겨"진 여성이었다(삿 4장; 롬 16:7).

이 외에도 여성의 가르침과 리더십을 인정하는 성경의 사례가 많다. 이는 엄연한 사실이다. 따라서 평등주의자들이 성경을 함부로 대한다는 비난은 전혀 근거가 없다.

상호보완주의의
입장

　일각에서는 상호보완주의를 좋아하지 않는다. 특히, 성 차이에 관한 이야기에 민감한 이 시대에 상호보완주의에 대한 거부감이 심하다. 하지만 대부분의 상호보완주의자들은 이 입장을 고수하는 데 오직 한 가지 이유만을 제시한다.

　모든 상호보완주의자가 남성의 가부장적 권위를 세우거나 유지하기 원하는 것은 아니다. 오히려 대부분의 상호보완주의자가 그렇지 않다. 성경을 중시하는 평등주의자 형제자매들과 마찬가지로, 대부분의 상호보완주의자들도 자신들을 권위 아래에 있는 남녀로 본다. 루터(Luther)처럼 그들은 성경이 다루는 모든 문제에 관해서 양심이 언제나 하나님의 말씀(그리고 경우에 따라 하나님 말씀에 대한 자신의 신중한 해석)에 사로잡혀 있어야 하며, 그런 양심에 반하는 것은 옳지도 안전하지도 않다고 믿는다. 신중한 보완주의자들은 신중한 평등주의자 형제자매들과 마찬가지로 항상 성경 전체에 충실하려고 노력한다.

　일단, 상호보완주의자들은 바울의 (때로 논란을 불러일으키는) 다음 진술들이 교회 안의 삶에 대하여 그가 살던 1세기 중동 사회에만이 아니라 모든 시대와 장소에 적용된다고 믿는다. 바울은 말한다. "여자가 가르치는 것과 남자를 주관하는 것을 허락하지 아니하노니 오직 조용할지니라 이는 아담이 먼저 지음을 받고 하와가 그 후며"(딤전 2:12-13). "모든 성도가 교회에서 함과 같이 여자는 교회에서 잠잠하라 그들에게는 말하는 것을 허락함이 없나니 율법에 이른 것 같이 오직 복종할 것이요"(고전 14:33-34).

대부분의 평등주의자들이 동의하겠지만, 이 성경 구절들, 아니 어떤 성경 구절도 단순히 문화적 산물로 취급하여 무시하면 안 된다. 동시에, 대부분의 상호보완자들이 동의하겠지만, 성경 전체를 보지 않고 일부 구절들을 해석해서 여성들이 하나님께 받은 은사와 소명을 온전히 추구하지 못하도록 막는 것도 큰 실수다.

우리는 성경 자체를 성경의 주된 해석자로 삼아야 한다. 이 원칙을 따를 때, 그리고 앞서 말한 여성이 다양한 배경 속에서 다양한 방식으로 가르침과 리더십의 은사를 발휘하도록 권장하는 성경의 가르침으로 볼 때, 디모데전서와 고린도전서에 기록된 바울의 이 진술들은 여성이 교회 안에서 어떤 식으로든 '절대' 가르치거나 리드하지 말아야 한다는 뜻이 전혀 아니다. 단지, 상호보완주의는 교회 안에서 하나님이 특별히 적격한 남성들에게 맡기신 특정한 '유형'의 가르침과 리더십이 있는 것으로 본다.

교회와 가정에서
남성의 리더십에 관해

상호보완주의자들은 디모데전서 2장 12절의 "주관"이란 단어가 정부 기관의 권위와 비슷한 공식적인 치리와 가르침의 역할을 지칭한다고 믿는다. 실질적으로 이것은 하나님이 교회 안에서 적격한 남자들에게만 맡기신 공식적인 '장로 역할'과 가르침을 의미한다. 이런 해석은 여성을 남성보다 낮게 여겼던 바울 시대인 1세기 중동 문화의 기준에 따른 것이 아니라 바울이 제시한 시대를 초월하여 비롯한 것이다. "이는 아담이 먼저 지음을 받고 하와가 그 후며"(딤전 2:13).

상호보완주의자들은 바울이 하나님의 본래 설계를 바탕으로 자기 시대와 배경만이 아니라 오늘날을 포함한 모든 시대와 배경을 위한 가르침을 제시한 것이라고 믿는다. 나아가 상호보완주의자들은 예수님의 열두 제자와 성경의 사도와 목사가 모두 남성이었으며 성경의 알려진 기자들도 모두 남성이었다는 점에 주목한다. 배우자를 둔 교회 장로들은 "한 아내의 남편"이어야 했다. 장로나 감독(헬라어의 남성 명사들)에 관한 성경의 가르침은 항사 남성을 염두에 두고 쓰인 것으로 보인다(딤전 3:1-7; 딛 1:5-9). 마찬가지로, 성경 어디에도 여성 목사는 등장하지 않는다. 부차적인 사실이긴 하지만 상호보완주의적 입장에 중요한 또 다른 사실은 교회 역사의 초기에 여성 집사들이 있었지만 처음 3세기 동안 여성 목사나 장로에 관한 기록은 없다는 사실이다.

"돕는 배필", "복종하다"와 같은
성경 속 단어들의 의미

남편과 아내에 관한 상호보완주의적 입장은 하나님이 하와를 아담의 "돕는 배필"(에셀)로 창조하셨다는 사실에 바탕을 두고 있다(창 2:18). 상호보완주의적 입장은 역시 남녀에 대한 하나님의 창조 설계에 근거한 남편과 아내에 관한 바울의 가르침에 주목한다. 이 가르침은 에베소서에 잘 나타난다.

아내들이여 자기 남편에게 복종하기를 주께 하듯 하라 이는 남편이 아내의 머리됨이 그리스도께서 교회의 머리됨과 같음이니 그가 바로 몸의 구주시니라 그러므로 교회가 그리스도에게 하듯 아내들도 범사에 자기 남편에게 복종할지니라 남편들아 아내 사랑하기를 그리스도께서 교회를 사랑하시고 그 교회를 위하여 자신을 주심 같이 하라 이는 곧 물로 씻어 말씀으로 깨끗하게 하사 거룩하게 하시고 자기 앞에 영광스러운 교회로 세우사 티나 주름 잡힌 것이나 이런 것들이 없이 거룩하고 흠이 없게 하려 하심이라 이와 같이 남편들도 자기 아내 사랑하기를 자기 자신과 같이 할지니 자기 아내를 사랑하는 자는 자기를 사랑하는 것이라 누구든지 언제나 자기 육체를 미워하지 않고 오직 양육하여 보호하기를 그리스도께서 교회에게 함과 같이 하나니 우리는 그 몸의 지체임이라 그러므로 사람이 부모를 떠나 그의 아내와 합하여 그 둘이 한 육체가 될지니 이 비밀이 크도다 나는 그리스도와 교회에 대하여 말하노라. 그러나 너희도 각각 자기의 아내 사랑하기를 자신 같이 하고 아내도 자기 남편을 존경하라(엡 5:22-33).

이런 구절에 근거해 평등주의자들과 상호보완주의자들은 아내가 남편의 "돕는 배필"이라는 성경적 개념과 열심히 씨름한다. 창세기는 이렇게 말한다. "여호와 하나님이 이르시되 사람이 혼자 사는 것이 좋지 아니하니 내가 그를 위하여 돕는 배필을 지으리라 하시니라"(창 2:18).

"돕는 배필"이 시대와 장소의 변화에 따라 다른 언어로 번역되는 과정에서 본래 의미가 소실될 수 있다. 예를 들어 현대 서구에서 아내를 남편의 "조력자"(helper)로 부르는 것이 무시까지는 아니더라도 그리 기분 좋은 표현은 아닐 수 있다. 하지만 이는 이 단어의 본래 의미를 이해하지 못한 것이다. 성경 시대의 히브리어에서, 특히 구약에서 "돕는 배필"에 해당하는 단어인 '에셀'은 하나님을 지칭할 때도 자주 사용된다. 하나님은 이스라엘 백성들과 아비 없는 자들을 돕는 분이셨으며 다윗을 돕고 구원하는 분이셨다(신 33:29; 시 10:14, 70:5). 이 외에도 구약에는 비슷한 용례가 18개 있다.

영화 〈나의 그리스식 웨딩〉(My Big Fat Greek Wedding)을 보았다면 가문의 가장 역할을 하는 아내가 남편이 집안의 머리일지는 모르지만 역할에 충실하지 않는 남편을 두고 '아내는 목이고 목이 머리를 돌린다'고 말한 장면을 기억할 것이다. 웃긴 대사이면서도 성경적으로 그리 틀린 말이 아니다. 아내는 남편에게 없는 장점들로 남편을 '보완'하거나 '완성'한다는 점에서 돕는 배필이다.

"아내들도 범사에 자기 남편에게 복종할지니라"라는 바울의 말도 전체 배경 속에서 이해해야 한다. 이 말의 앞에는 남편이 주(主)인 것처럼이 아니라 주께 하듯 남편에게 복종하라는 단서가 붙어 있다. 여기에는 그리스도가 교회를 사랑하듯 크리스천 남편들이 아내를 사랑해야 한다는 전제가 깔려 있다. 남편은 아내를 소중히 여기고 존중하고 사랑하고 항상 아내의 바람과 필요, 소망, 꿈을 먼저 챙겨야 한다.

《결혼을 말하다》(*The Meaning of Marriage*)에서 팀 켈러는 가정 안에서 남편의 머리됨을 일종의 "최종 결정 권위"(tie-breaking authority)로 해석한다. 단, 이 권위는 반드시 남편과 아내가 합의에 이르기 위해 부단히 노력한 후에만 사용되어야 한다. 부단한 노력 끝에도 합의에 이르지 못한 드문 경우에 남편은 성경적인 양심에 따라 자신의 뜻대로 밀고 나가기 위한 수단이 아니라 아내에게 자신의 생명을 내어 주기 위한 수단으로서 하나님이 주신 이 권위를 발휘할지 깊이 고민해야 한다. 위의 구절에서 바울이 말했듯이 가정의 머리됨은 그리스도를 닮은 섬김의 리더십이기 때문이다. [9]

상호보완주의자든 평등주의자든 늘 자신의 취향과 바람, 뜻을 내려놓고 그리스도처럼 섬겨 주는 남편의 리더십을 아내가 거부해야 한다고 말하는 사람은 없을 것이다. 바울이 바로 전 구절에서 남편들에게 "그리스도를 경외함으로 피차 복종하라"라고 가르친 것이 바로 이런 의미일 것이다(엡 5:21). 마찬가지로, 아내가 남편에게 복종하는 것도 아버지의 뜻에 전적으로 복종하신 그리스도의 본을 따르는 것이다(눅 22:42; 요 4:34).

때로는
소모적인 반응을 일으키다

일부 상호보완주의자들이 보기에는 너무 평등주의적인 경우

내가 사려 깊고 성경적인 평등주의자들의 학문적 시각에 자주 공감을 표하다보니 때로 상호보완주의적인 형제자매로부터 성경을 경시한다는 비판을 받곤 한다. 또 나는 교회가 집사 역할의 문을 여성들에게도 열어야 한다는 입장 때문에도 종종 비판을 받는다. 내가 개인적으로 이런 입장(존 칼빈, 벤저민 워필드, C. E. B. 크랜필드, 제임스 몽고메리 보이스, 필립 라이켄, 팀 켈러를 비롯한 많은 사람의 입장)을 취하는 근거는 뵈뵈라는 이름의 여성을 "일꾼"(디아코논)으로 소개하는 로마서 16장 1절에 근거한다. 영어 성경은 이 헬라어를 때로는 "종"으로, 때로는 "집사"로 번역한다. 개인적으로 나는 후자의 번역이 옳다고 본다. 그것은 바울이 교회의 공식적인 집사 역할을 기술할 때도 이 단어를 사용하고 있기 때문이다. 또한 성경에서 "장로"나 "감독"에 해당하는 헬라어는 남성 명사인 반면 '디아코논'은 중성 명사다. 따라서 내가 볼 때 '디아코논'은 양성을 다 포함한다. 그래서 나는 상호보완주의자들도 여성의 집사 임명을 지지할 수 있다고 생각한다.

한번은 이 주제에 관한 내 의견을 밝히고 설명했다가 상호보완주의자 친구에게서 성경을 함부로 다룬다는 비판을 받은 적이 있다. "당신은 사도행전에 기록된 일곱 집사가 모두 남성이라는 사실을 완전히 무시하고 있습니다"(행 6:1-6). 계속해서 그는 이렇게 말했다. "어떻게 바울 서간문의 끝에 끼어 넣기 식으로 삽입된 덜 중요한 구절 하나를 전체 교리의 근거로 삼을 수 있단 말입니까?"

나는 최대한 정중한 어조로 반론을 펼쳤다. 나로서는 성경을 중시한다는 사람이 하나의 구절을 주장의 근거로 삼았다는 점을 문제 삼는다는 것이 너무도 이상했다. 성경을 중시한다면 '모든' 성경을 "하나님의 감동으로 된 것으로 교훈과 책망과 바르게 함과 의로 교육하기에 유익"하게 여겨야 마땅하다(딤후 3:16).

나아가, 그 어떤 성경 구절도 우리의 믿음과 실천에 "덜 중요한" 것으로 여겨서는 안 된다. 바울이 성령의 감동으로 뵈뵈를 집사로 불렀다면 나는 성경을 경시해서가 아니라 오히려 중시하기 때문에 뵈뵈가 교회의 집사였다는 결론을 내릴 수밖에 없다. 그렇다면 적격한 여성들을 교회의 집사로 섬길 수 있어야 한다.

일부 평등주의자들이 보기에는 너무 상호보완주의적인 경우

나는 가정에서 남편의 리더십이나 '머리됨'과 교회에서 설교 역할과 권위 있는 위치가 오직 하나님만 아실 수 있는 이유로 인해 적격한 남성들에게만 주어진다는 상호보완주의적인 입장을 취하고 있다. 평등주의 진영에는 이런 입장에 대한 반감을 표현하는 이들이 있다.

뉴욕에서 목회하는 상호보완주의적인 목사인 팀 켈러가 프린스턴신학교에서 20세기의 저명한 신학자 아브라함 카이퍼(Abraham Kuyper)의 이름을 따서 만든 카이퍼 상의 초대 수상자로 선정된 적이 있다. 당시 켈러가 이 상을 받을 자격이 없다고 주장하는 프린스턴신학교의 학생들로 인해 한바탕 소동이 벌어졌다. 그들이 반대하는 주된 이유는 하나님이 설교자와 목사, 장로의 역할을 적격한 남성들에게만 부여한다는 팀 켈러 목사의 상호보완주의적인 입장 때문이었다. 학생들의 반발이 워낙 거센 탓에 프린스턴대학 당국은 켈러의 수상을 취소하고 대신 더 '적격한' 후보, 즉 철저한 평등주의 입장을 가진 후보에게 상을 주었다. 아이러니하게도, 이 기준을 아브라함 카이퍼에게 적용한다면 그도 켈러처럼 자기 이름을 딴 상에 부적합한 후보로 판명이 날 것이 분명하다.[10]

이처럼 이 두 입장은 감정적으로 격한, 때로는 소모적인 반응을 일으키고 있다.

어느 방향으로
나아가야 하는가

상호보완주의를 취하든 평등주의를 취하든 이 주제에 관해서 그리스도를 올바로 따르고 성경에 충실하기 위해서는 갈등과 긴장을 피할 수 없다. 성경적인 상호보완주의적 입장을 취하면 같은 상호보완주의자들 중 일부에게 너무 '평등주의자 친화적'이라는 소리를 듣고 평등주의자들 중 일부에게는 문화적으로 퇴보적이거나 성경적으로 틀렸다는 비판을 받을 수 있다. 마찬가지로, 성경적인 평등주의적 입장을 취하면 같은 평등주의자들 중 일부에게 '너무 상호보완주의자 친화적'이라는 소리를 듣고 상호보완주의자들 중 일부에게는 세상 문화에 굴복해서 타협했다는 비판을 받을 수 있다.

나는 이 문제가 그리스도 안에서의 형제자매들끼리 분열하거나 서로를 정죄하는 요인이 되어서는 안 된다고 생각한다. 우리 모두가 사랑이 "모든 것을 믿"어 준다는 성경의 진리를 기억했으면 좋겠다(고전 13:7). 사랑은 상대편의 입장과 의도를 최대한 좋게 해석하려고 노력한다. 특히, 상대방이 성경을 근거로 합당한 주장을 펼칠 때는 받아들일 수 있어야 한다.

충성스러운 상호보완주의자들은 충성스러운 평등주의자들과 나란히 예수님을 예배하고 사랑할 수 있어야 하고, 충성스러운 평등주의자들 역시 동일하게 할 수 있어야 한다. 또한 충성스러운 평등주의자들은 충성스러운 상호보완주의자들이 이끄는 교회에서 편안함을 느낄 수 있어야 하고, 충성스러운 상호보완주의자들도 충성스러운 평등주의자들이 이끄는 교회에서 그럴 수 있어야 한다.

최근 내가 한 평등주의적 교회 부목사 부부와 나눈 대화가 이 점을 잘 보여 준다. 그때 사모는 다음과 같이 말했다.

"나와 남편의 입장은 주로 상호보완주의적인 쪽으로 기울어요. 하지만 평등주의적인 우리 교회와 그 리더들은 우리를 두 팔 벌려 환영해 주었어요. 우리는 소수 의견으로 인해 일말의 비난이나 압박, 무시도 경험하지 않아요. 리더들은 성에 관한 우리의 성경 해석을 존중하고 다른 입장을 가질 권리를 인정하며 차이에 상관없이 우리의 은사를 발휘할 기회를 주고 우리의 기여를 축하해 주어요."

캐서린 L. 알스도프(Katherine L. Alsdorf)는 팀 켈러의 리더십 아래서 수년간 교회를 섬긴 평등주의적 여성 목회자다. 알스도프의 글로 이번 장을 마무리하면 가장 완벽한 마무리가 되지 않을까 싶다. 리디머교회의 'Faith and Work' 단체의 창립자이자 대표였던 그녀는 팀 켈러와 함께 사역했던 경험과 프린스턴대학이 팀 켈러의 카이퍼 상 수상을 철회했던 일을 돌아보며 다음과 같은 글을 썼다.

프린스턴신학교가 팀 켈러에게 이 상을 수여하는 것을 반대하고 수상

철회를 요청했던 여성들과 마찬가지로 나도 켈러의 상호보완주의적인 입장에 동의하지 않는다. 하지만 반대자들의 어조, 무엇보다도 그로 인한 최종적인 결과에 슬픔을 금할 수 없다.

켈러를 비롯한 많은 상호보완주의자들은 성경 연구와 깊은 고민 끝에 교회 내 여성의 역할에 대한 현재의 시각에 이르렀다. 나는 리디머교회에 있는 수년 동안 이 시각에 복종하기로 선택했다. 그것은 무엇보다도 그 교인들의 삶과 사역 속에서 하나님의 역사가 강하게 나타났기 때문이다. 여기서 나는 일부러 "복종"이라는 단어를 사용했다. 내가 하나님이 부르신 삶을 살기 위해서는 복종해야만 했고 또 복종해야 할 것들이 많다.

나는 안수를 받은 뒤에도 리디머교회에서보다 여성들을 더 무시하는 한 장로교회에서 사역한 적이 있다. 나는 (여성들에게 힘들기로 악명 높은 분야) 항공우주와 첨단기술 분야에서도 일한 적이 있다. 그것은 내가 부르심을 받은 일이 그런 어려움을 감수할 만한 가치가 있었기 때문이다. 같은 크리스천들에게 말하고 싶다. 아무리 어려워도 하나님의 영광을 위해 그분이 주신 사명을 완수하기 위해 이 세상의 모든 영역 속으로 들어가길 주저하지 말라. 팀 켈러는 나를 비롯한 많은 사람들을 위해서 서로 의견이 다른 문제들까지도 성경적인 인격과 겸손, 관대함의 본을 보여 주었다.[11]

우리 모두가 차이를 넘어 서로를 사랑하고 섬긴 알스도프와 켈러의 본을 따를 수 있도록 하나님이 은혜 주시기를 간절히 바란다. 나아가 하나님이 이 중요한 문제에서 상대편 입장의 옳은 부분들에 마음을 열려는 의지, 아니 열정을 주시기를 간절히 소망한다.

Part 2

두 번째 선_
교회 안과 밖을
가르는 선

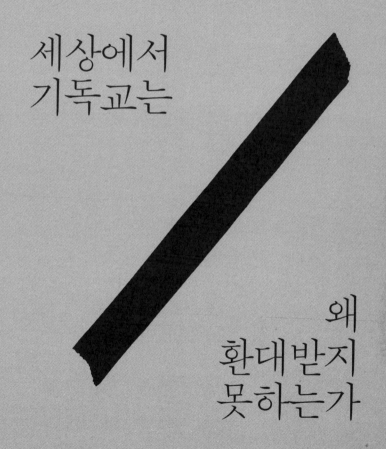

세상에서
기독교는

왜
환대받지
못하는가

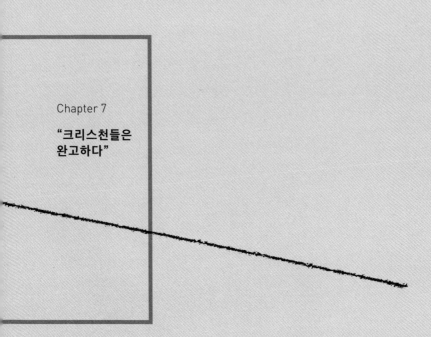

Chapter 7

**"크리스천들은
완고하다"**

오해와 거부를
기꺼이 감수하며
우정을 쌓으라

최근 '거듭남'에 관한 예수님과 니고데모의 대화를 주제로 설교하기 위해 연구를 하던 중 안타까우면서도 우스운 두 개의 글을 발견했다. 첫 번째 글은 허브 카엔(Herb Caen)이라는 샌프란시스코의 저널리스트가 쓴 글이었다. "거듭난 크리스천들의 문제점은 다시 태어나면서 더 큰 골칫거리가 되었다는 것이다." 두 번째 글은 캐서린 화이트혼(Katharine Whitehorn)이라는 영국 저널리스트가 쓴 글이었다. "거듭난 사람들은 왜 애초에 태어나지 않았다면 좋았을 것이라는 생각이 들게 만들까?"[1]

나는 사람들이 크리스천들에 관해 이렇게 말하면 주로 웃는다. 그것은 무엇보다도 나 자신이나 내 집단을 너무 강하게 옹호하는 것이 좋지 않기 때문이다. 비판을 웃어넘기고, 비판이 실제로 옳은 소리라면 고개를 끄덕이는 것이 건강한 반응이다. 때로는 비판이 너무도 옳은 소리라서 정신이 번쩍 들기도 한다.

이 저널리스트들이 크리스천들에 관해 이렇게 말한 정확한 이유는 알지 못하지만, 필립 얀시(Philip Yancey)가 그의 책 《놀라운 하나님의 은혜》(What's So Amazing about Grace)에 관한 인터뷰에서 했던 말과 적잖은 관련이 있지 않을까 싶다.

"크리스천이란 어떤 사람입니까?" 내가 그렇게 물으면 대개 사람들은 사랑, 연민, 은혜 같은 단어를 꺼내지 않습니다. 대개는 무엇인가에 '반대하는' 사람에 관한 묘사가 이어집니다. 그런데 예수님은 주로 반대하는 사람으로 알려지시지 않았습니다. 그분은 어려운 사람들을 섬기고 굶주린 사람들을 먹이고 목마른 사람들에게 물을 주신 분으로 알려졌습니다. 우리(크리스천들)가 주로 이것으로 알려진다면 수많은 분열을 종식시킬 수 있을 겁니다. … '크리스천들'은 평판이 나쁠 때가 많습니다. 사람들은 크리스천들을 완고하고 비판적인 부류로 생각합니다. 그래서 그것(오늘날의 기독교)이 우리의 삶으로 인해 하나님의 의도와 정반대의 이미지를 풍기게 되었다는 생각을 했습니다.[2]

크리스천들이 우려와 비판의 목소리에 겸손히 귀를 기울여야 한다고 생각한다. 우리는 '진리를 말하는' 것만 생각하고 그 진리 이면에 흘러야 할 사랑은 잊을 때가 너무도 많다. 우리는 "너희 말을 항상 은혜 가운데서 소금으로 맛을 냄과 같이 하라 그리하면 각 사람에게 마땅히 대답할 것을 알리라"라는 말씀을 잊을 때가 너무도 많다(골 4:6).

예수님은 독선적이고 비판적이며 종교적인 사람들에게 눈엣가시와 같은 존재셨다. 하지만 망가진 비종교적인 사람들에게는 시원한 새바람과도 같은 존재셨다. 오늘날 예수님의 제자들도 이렇다고 말할 수 있는가? 그렇지 않다면 그 이유는 무엇인가? '크리스천'과 '무엇인가에 반대하는 사람'을 동의어로 보는 사람들이 왜 그렇게 많은가? 더 중요하게는, 이러한 인식을 바꿀 길이 있는가?

나는 크리스천들이 예수님의 길에서 벗어난 부정적인 조롱이나 나쁜 태도, 공격적인 자세를 벗을 수 있다고 믿는다. 나는 이 시대에 하나님이 우리 안에서 새로운 역사를 행하고 계신다고 믿는다. 이 역사가 우리를 말과 행동 모두에서 성 프란시스코의 기도를 닮은 긍정적인 모습으로 이끌고 있다고 믿는다.

주여, 나를 평화의 도구로 쓰소서. 미움이 있는 곳에 사랑을, 상처가 있는 곳에 용서를, 분열이 있는 곳에 일치를, 의심이 있는 곳에 믿음을, 절망이 있는 곳에 소망을, 어둠이 있는 곳에 빛을, 슬픔이 있는 곳에 기쁨을 심게 하소서. 위로받기보다는 위로하고, 이해받기보다는 이해하고, 사랑받기보다는 사랑하게 하소서. 줌으로써 받고 용서함으로써 용서받고 죽음으로써 영생을 얻게 하소서. 아멘.

신자의 삶에서 비판도 중요한 역할을 하지 않느냐고 물을 수 있다. 크리스천이라면 권력자들에게 진실을 말하고, 하나님께 등을 돌린 자들에게 예언의 말을 하며, 사람들에게 죄와 심판에 관해 경고해야 하지 않는가? 크리스천이라면 어두운 곳에 빛을 비추고, 사람들에게 회개하고 믿으라고 촉구하고, 세상 속으로 들어가 사람들이 예수님이 명령하신 모든 것을 지켜 행하도록 가르쳐야 하지 않는가? 그리고 우리가 이렇게 할 때 사람들이 우리를 원수처럼 대하며 "너희 크리스천들은 정말 싫어"라고 말하는 것이 너무도 당연하지 않은가?

물론 그렇다. 우리가 진실을 말하고 어둠 속에 빛을 비추고 십자가를 지고 예수님을 따를 때 아무리 사랑이 기반되어도 반대는 나타나기 마련이다. 하지만 사람들이 우리에게 분노한다면 적어도 그 사람들은 예수님께 분노했던 사람들과 같은 부류여야 한다. 나병환자와 도둑, 주정뱅이, 식탐이 많은 자, 성적으로 문란한 자, 죄인, 교회에 다니지 않는 사람들은 예수님께 반대하거나 분노하지 않았다. 그들은 오히려 예수님께 끌렸고, 그분을 통해 공동체에도 끌렸다. 그들은 자신들에게 필요한 것이 그분께 있음을 보았다. 그들에게 그분은 곁에

167

있기만 하면 모든 것이 좋아질 것만 같은 분이었다.

예수님을 가장 반대한 사람들은 독실한 '교인들'이었다. 즉 그들은 금식하고 기도하고 성전에 열심히 십일조를 바치고 그 사실을 모두에게 떠벌리고 다니는 제사장, 레위인, 성경학자들이었다. 하지만 예수님은 그들에게 전혀 감동을 받지 않으셨다. 예수님은 그들의 신앙생활과 충실한 선행에 박수갈채를 보내시지 않았다. 오히려 예수님은 그들을 신랄하게 그리고 자주 비판하셨다. 심지어 그들을 아브라함의 자손이 아닌 마귀의 자식들로 부르셨다. 그들을 말한 대로 실천하지 않는 눈먼 안내인, 하나님께 영광을 돌리지 않고 스스로를 높이는 나르시시스트로 부르셨다. 그들을 정의와 긍휼을 무시하는 회칠한 무덤이요 위선자로 부르면서 그들이 무고한 피를 흘리고 그들의 종교가 거짓이며 그들의 헌신이 자신을 과시하기 위한 쇼에 불과하다고 비판하셨다. 설상가상으로, 예수님은 비종교적인 쓰레기들 취급을 받던 세리, 죄인, 탐식가, 주정뱅이들을 가까이 하며 함께 식사를 하시고 친구라 부르셨다. 그분은 그들의 이름과 사연을 아셨다. 그분은 그들을 내치지 않고 가까이 품어 주셨다. 그리고 독실한 교인들에게 죄인과 창기들, 특히 자신의 도덕적 영적 타락 상태를 절감한 죄인들과 창기들이 그들보다 먼저 하나님의 나라에 들어갈 것이라고 말씀하셨다.[3]

그렇다. 예수님은 어떤 이들은 인정해 주고 어떤 이들은 비판하셨다. 그런데 그 양상이 사람들의 예상과 전혀 달랐다. 어떤가? 우리도 그러한가?

모든 인간은
격려가 필요하다

상담자이자 저자인 댄 알렌더(Dan Allender)는 *How Children Raise Parents*(부모를 키우는 아이들)에서 생명을 주는 가정환경을 이루려면 부모가 자녀의 무의식적인 두 가지 질문을 의식해야만 한다고 말한다. 모든 아이들은 부모가 제시하는 자유와 경계들을 생각하면서 매일 두 가지 질문을 던진다. 첫 번째 질문은 "부모님이 나를 사랑하는가?"이다. 두 번째 질문은 "부모님이 내가 원하는 것을 모두 갖게 해 줄까?"이다. 교육을 잘 받은 아이들은 첫 번째 질문에 대한 답은 "그렇다", 두 번째 질문에 대한 답은 "아니다"라는 것을 알고 있다.[4]

두 딸의 아버지로서 나는 알렌더의 말에 전적으로 동의한다. 아이들은 세상에 나오자마자 자신이 할 수 있는 것과 할 수 없는 것, 자신이 가질 수 있는 것과 가질 수 없는 것을 확인하는 실험을 한다. 그리고 무엇보다도 아이들은 부모가 자신을 사랑한다는 사실을 알기를 원한다.

아내와 나는 우리 딸들이 항상 사랑받는다는 확신 속에서 살 수 있는 가정을 추구했다. 팀 켈러가 자주 말하듯이 우리는 "아이들이 잘하는 순간을 포착해서" 칭찬해 주려고 노력했다. 우리 딸들이 하나님의 형상을 품은 독특하고도 놀라운 존재로서 인정과 사랑을 받으며 자라기를 바랐다. 하지만 우리가 아무리 칭찬하고 인정해 주어도 우리의 무조건적인 사랑과 인정을 절대적으로 확신시켜 주기에는 부족하다는 점을 일찍부터 깨달았다. 예를 들어, 딸들은 벌을 받은 뒤에는 항상 "아

169

빠(혹은 엄마), 나를 사랑해요?"라고 물었다.

우리는 밤낮으로 딸들을 칭찬했다. 딸들의 작은 행동도 놓치지 않으려고 노력했다. 하지만 한 번의 지적과 징계만으로도 자신이 별로 특별하거나 사랑스럽지 않을지 모른다는 불안감이 딸들의 내면을 사정없이 뒤흔들었다. "아빠, 나를 사랑해요?"

당시 20대 후반의 나이에 엘비스 프레슬리(Elvis Presley)와 비틀스(Beatles)를 제외하고 가장 많은 히트곡을 기록했던 머라이어 캐리(Mariah Carey)의 인터뷰를 본 기억이 난다. 기자는 캐리에게 아직도 더 이룰 일이 남았냐고 물었다. 그러자 캐리는 잠시 생각에 잠겼다가 이렇게 대답했다. "행복이요." 기자는 충격의 표정을 지으며 어떻게 그럴 수 있냐고 물었다. 이토록 큰 성공과 재능, 수많은 히트송과 팬, 박수갈채, 돈을 한 몸에 지닌 사람이 어떻게 더 행복하기를 갈구하는가? 두 번째 질문에 관해서는 고민할 필요도 없다는 듯 캐리는 즉시 기자를 보며 대답했다. 그녀는 천 번의 칭찬을 받아도 단 한 번의 비판을 받으면 그 많은 칭찬이 키워 놓은 자존감이 단번에 무너져 내린다고 대답했다.

왜 인간의 마음은 비판에 그토록 민감한가? 우리는 왜 비판의 말 한마디에 그토록 쉽게 무너져 내리는가? 비판은 왜 그토록 우리를 심하게 뒤흔드는가? 왜 어린 소녀가 부모의 징계 한 번에 평정심을 잃고 세계적인 스타가 한 번의 비판에 자신이 얼마나 대단한 사람인지를 잊어버리는 것일까? "얘기 좀 할까요?"(우리 같은 목사의 경우, "오늘 설교에 관해서 얘기 좀 할 수 있을까요?")라는 문자나 이메일 한 통이 왜 그렇게 우리를 불안감으로 몰아가는 것일까? 왜 우리는 헬스클럽이나 거울 앞에서 혹은 SNS 프로필을 이리저리 편집하느라 그토록 많은 시간을 보내는 것일까? 우리를 세상에 소개하는 데 완벽한 '셀카'가 그토록 중요한 것인 이유는 무엇인가? 왜 우리는 우리에 관한 비판 한마디 한마디에 그토록 신경을 쓸 뿐만 아니라 곧 어떤 비판이 날아올지 모른다는 생각에 전전긍긍하는가?

도널드 밀러의 책에서 발췌한 다음 글에 관해 생각해 보라.

작년에 코미디언 톰 아놀드(Tom Arnold)가 자신의 책 *How I Lost Five Pounds in Six Years*(내가 6년 만에 몸무게가 5파운드가 빠진 사연)에 관한 인터뷰를 한 기사를 본 적이 있다. 기자가 아놀드에게 그 책을 쓴 이유를 물었는데, 그때 아놀드의 솔직한 대답에 신선한 충격을 받았다. 아놀드는 대부분의 연예인들이 인정을 갈구하는 망가진 사람들이기 때문에 연예계에서 활동하고 있다고 말했다. "제가 이 책을 쓴 이유는 많은 사람들에게 저를 좋아한다는 말을 듣고 싶어서입니다. 사실, 이것이 제가 하는 거의 모든 일의 진짜 이유죠." 나는 이 기사를 읽고 나서 톰 아놀드가 정말 좋아졌다.[5]

나도 이 기사를 읽고 나서 톰 아놀드가 정말 좋아졌다. 이런 솔직한 말은 용기 있는 행동이며 상대방의 경계심을 풀게 만든다는 사실에 다들 동의할 것이다. 뿐만 아니라 이런 말은 역시 인정에 목말라 있는 다른 사람들에게 위로가 되며, 그들도 자신의 마음을 솔직하게 인정할 수 있는 용기를 준다. 왜 우리는 그냥 인정하지 못할까? 두렵기 때문이다. 우리는 자신의 모습이 마음에 들지 않는다. 우리의 수많은 목표와 꿈, 노력이 용두사미로 끝났다. 그럼에도 여전히 우리는 인정을 갈망한다.

혹자는 이것을 우리의 빈곤한 상태로 부른다. 다른 이들은 이것을 하나님의 형상이라고 부른다. 우리는 하나님을 닮게 창조되었다. 그래서 칭찬의 욕구가 우리에게 깊이 내재해 있다.

하나님은 위대하시며 우리의 주된 목적은 그분을 영화롭게 하고 찬양하는 것이고 자연 세계도 같은 목적으로 존재한다(눅 19:37-40; 사 55:12). 그렇다면 이것이 하나님의 형상에 따라 창조되고 하나님이 늘 생각하시며 천사들보다 "조금 못하게 하시고 영화와 존귀로 관을 씌우"신 인간들, "주의 손으로 만드신 것을 다스리게 하시고 만물을 그의 발아래 두"신 인간들에 관해 무엇을 말해 주는가(시 8:5-6). 하나님이 백성들의 찬양과 인정을 (필요로 하시지는 않되)기뻐하신다면 그분의 형상을 품은 우리도 자신에 대한 칭찬과 인정을 기뻐하고 갈구하는 것이 정상이 아닐까?

이 인정의 욕구는 당연한 일이다. 존재론적으로나 성경적으로나 당연한 일이다. 이것이 우리 크리스천들이 인정의 말을 세상에서 가장 많이 하는 사람들이어야 하는 이유다. 우리는 흠을 찾기에 재빠르기보다는 남들이 잘하는 순간을 포착해서 인정하고 격려할 기회를 적극적으로 찾아야 한다. 예수님은 이 필요성을 이해하셨다. 그러니 우리도 그래야 마땅하다.

조건 없는
인정

예수님은 하나님의 율법을 극도로 중시하셨다. 그래서 산상수훈에서 십계명을 서기관들과 바리새인들보다도 더 엄격하게 해석하셨다. 모든 면에서 우리는 예수님의 삶과 가르침을 통해 정하신 기준에 턱없이 못 미친다. 우리의 가장 의로운 행위조차 거룩함에 대한 예수님의 기준에 비추어 보면 더러운 누더기와도 같다(사 64:6). 하지만 심지어 망가짐과 실패의 한복판에서도 우리는 예수님의 생명을 주는 인정을 발견할 수 있다.

예수님은 제자들을
인정해 주셨다

예를 들어, 베드로는 몇 번이나 인종주의와 비겁함을 드러냈을 뿐 아니라 충동을 억누르지 못하는 모습을 자주 보였다. 하지만 바로 이런 베드로에게 예수님은 "반석"이라는 이름을 주셨다. 그것은 예수님이 그리스도라는 고백이 교회의 기초가 될 것이기 때문이었다(마 16:13-19). 나중에 예수님이 곁에서 함께 기도해 줄 사람을 필요로 했을 때 베드로는 잠에 빠져 있었다. 예수님 인생에서 가장 어두운 순간에 함께해 줄 사람이 필요했을 때 베드로는 그분을 버리고 부인했다. 한 번만이 아니라 세 번씩이나 말이다. 그럼에도 여자들이 무덤에 나타났을 때 예수님은 이 몹쓸 배신자에게 가장 큰 힘이 되는 말씀을 전해 주게 하셨다. "가서 그의 제자들과 베드로에게 이르기를 예수께서 너희보다 먼저 갈릴리로 가시나니 전에 너희에게 말씀하신 대로 너희가 거기서 뵈오리라 하라"(막 16:7).

이런 예수님을 사랑하지 않고서는 배길 수가 없다. 제자들이 온갖 실수를 저질렀고 예수님은 이 모든 실수를 모르지 않으셨음에도 불구하고 그들을 친구요 동반자이며 협력자요 믿을 만한 사자로 부르셨다. 예수님은 그들을 인정하고 그들에게 큰 소망을 품고 있으며 하나님이 그들 속에서 시작하신 일을 완성하실 것이라고 말씀하셨다. 예수님은 그들을 '좋아하신다는' 사실을 그들이 알기를 바라셨다. 예수님은 그들을 기뻐하신다는 사실을 그들이 알기를 바라셨다.

예수님은 비신자들도
인정하셨다

나는 믿지 않는 사람들에 관해서도 좋게 말하려고 노력하는 편이다. 그래서 설교나 강연, 글을 통해 자주 카뮈(Camus)나 니체(Nietzsche) 같은 실존주의 철학자들의 글을 인용하고, 마크 로스코(Mark Rothko)나 잭슨 폴록(Jackson Pollock) 같은 화가들의 작품을 칭찬하고, 짐 콜린스(Jim Collins)나 스티브 잡스(Steve Jobs) 같은 비즈니스 리더들의 책을 언급하고, 아서 밀러(Arthur Miller)나 버지니아 울프(Virginia Woolf) 같은 작가들의 상상력을 빌리고, 레이 라몬테인(Ray LaMontagne)이나 카니예 웨스트(Kanye West),

인디고 걸스(Indigo Girls) 같은 가수들의 음악을 즐기고, 세속적인 주제가 포함된 영화나 텔레비전 드라마를 본다. 왜 목사가 세속적인 사람들과 개념들에 그토록 호의적인 입장을 취할까?

여기에는 두 가지 이유가 있다. 첫째, 비신자들도 칭찬받을 말과 행동을 많이 한다. 비신자들도 아름다운 것을 창출하고, 옳은 말을 하며, 공익을 위한 행동을 한다. 이런 것들에 대해서는 칭찬해야 마땅하다.

둘째, 예수님이 늘 비신자들을 인정하셨기 때문에 나도 그 본을 따르기를 원한다. 예수님은 신자들 혹은 믿음을 향해 한 걸음씩 나아가고 있는 사람들뿐 아니라 그분의 가르침과 도에서 벗어난 삶을 사는 사람들에 대해서도 인정할 것은 인정해 주셨다. 예수님은 하나님의 형상이 온전히 밖으로 드러날 수 있도록 사람들 속의 그 형상에 빛을 비추셨다. 그리고 예수님의 인정은 누군가를 구속하기 위한 과정의 '첫 단계'가 되곤 했다.

요한복음 4장은 예수님이 야곱의 우물에서 한 사마리아 여인을 만난 사건을 기록하고 있다. 이 여인은 성적으로 문란한 여자였다. 예수님은 그녀가 다섯 남자를 거쳤고 현재 함께 사는 남자는 남편이 아니라는 점을 드러내셨다. 그러면서 성과 결혼을 향한 하나님의 이상을 떠나면 망할 수밖에 없다는 점을 단도직입적으로 지적하셨다.

하지만 그녀의 삶의 방식에 대해서 비난하지는 않으셨다. 성경을 무기로 그녀를 공격하지도 않으셨다. 대신 그녀의 왜곡된 행동 이면에서 그 행동을 일으키는 빈곤함과 공허함을 보셨다. 예수님은 비난과 무시의 어조를 철저히 배제하신 채 그녀의 갈증을 영원히 해소시켜 줄 생수를 제시하셨다. 그 생수는 실제로 마시는 물을 의미하지 않았다. 예수님은 그녀가 오랫동안 남자들과 육체적 관계로 영혼의 갈증을 해소시키려고 했던 것을 알고 계셨다. 다섯 명의 남자들이 매번 주지 못했던 것은 오직 예수님만 주실 수 있는 것이었다. 오직 예수님만 변함없고 죽음보다도 강한 사랑으로 그녀 영혼의 갈증을 채워 주실 수 있었다.

예수님은 사마리아 여인에게 복음을 전해 주는 일을 통해 아무도, 심지어 그녀 자신도 기대하지 않았던 인정의 몸짓을 보여 주셨다. 사마리아 여인은 예수님께 이렇게 물었다. "당신은 유대인으로서 어찌하여 사마리아 여자인 나에게 물을 달라 하나이까"(유대인들은 사마리아인들과 상종하지 않았기 때문-요 4:9). 그러자 예수님은 갈증이라는 자신의 필요를 채워 달라는 요청을 통해 다시 한 번 그녀의 존엄성을 인정해 주셨다. 자신이 예수님께 도움이 될 것이 있다는 사실이 얼마나 큰 영광인가. 예수님은 이 여인을 경멸하지 않으셨다. 예수님은 그녀의 선물을 겸손히 받아들이셨고, 그 보답으로 훨씬 더 큰 선물을 제시하셨다.

이 사마리아 여인은 예수님이 그분의 가르침과 도에서 벗어난 자들을 인정해 주신 많은 사례 중 하나일 뿐이다. 예수님은 간음 현장에서 잡힌 여인에게 "나도 너를 정죄하지 아니하노니"라고 말씀하셨으며, 더없이 희한한 방식으로 애정을 표현한 매춘부를 칭찬하셨다. 이 매춘부는 자기 생업의 도구들(향수와 머리카락, 입술)로 예수님을 향한 사랑을 넘치도록 표현했으며, 이는 그녀가 많은 죄를 용서받았다는 증거가 되었다. 예수님은 이웃 사랑에 관한 비유로 믿지 않는 사마리아인을 영웅으로 만드셨다. 예수님은 평생 남의 것을 훔치며 살았던 삭개오에게 그의 집에서 식사를 하겠다고 말씀하셨다(통역 : "삭개오야, 네 친

구가 되고 싶구나").[6]

예수님이 받아 주신 사람들을
우리도 받아 주고 있는가?

이것이 우리에게 의미하는 바가 무엇인가? 예수님을 따르기 원한다면 그분을 따라 세상 속으로 들어가 우리처럼 생각하거나 행동하지 않는 사람들을 포함하여 최대한 많은 사람과 우정을 쌓아야 한다는 뜻이지 않을까? 누가복음 15장 1-2절에 따르면 심지어 "죄인들"도 매일 예수님께 몰려왔고, 예수님은 그들을 기꺼이 환영하며 함께 식사를 하고 그들이 모인 파티 장소에 가서 그들과 우정을 나누셨다. 세속적인 사람들이 그분께 가까이 다가와 말씀을 듣기를 원했다. 지극히 작은 자들과 길 잃은 자들, 배척당하는 자들, 부도덕한 자들, 협잡꾼과 매춘부, 나병환자들, 무시당하는 자들과 사회 밑바닥 계층들, 1세기 종교 집단의 샌드백들을 향해 애틋한 마음을 품으셨다. 그리고 그로 인한 오해와 조롱, 거부를 기꺼이 감수하셨다. 그렇다면 우리는 어떠한가?

만약 사람들이 우리의 행동을 보고 오해하면 어떻게 해야 할까? 사람들이 우리가 죄를 용인하는 것으로 생각하면 어떻게 해야 할까? 죄인들과 어울리다 덩달아 죄인 취급을 받게 되면 어떻게 해야 할까? 우리가 순결을 타협하고 하나님의 법에서 벗어났다는 오해를 받으면 어떻게 해야 할까? 사람들이 우리도 식탐가요 주정뱅이로 보면 어떻게 해야 할까? "인자는 와서 먹고 마시매 말하기를 보라 먹기를 탐하고 포도주를 즐기는 사람이요 세리와 죄인의 친구로다 하니"(마 11:19).

이미지를 중시하는 바리새인들과 같은 부류로 취급을 받느니 탐식과 죄인들과 같은 부류로 오해를 받는 편이 낫다. 예수님과 가까워지면 죄에서 멀어지는 동시에 죄인들에게 가까워진다. 우리가 죄인들과 너무 가까워서 바리새인 같은 부류가 우리를 죄인으로 볼 정도가 될 수 있다. "저런! 같은 죄인이군!"

예수님이 21세기를 사는 미국인이라면 상대방의 정치적 성향에 따라 친구로 삼을지 말지를 결정하시지 않을 것이다. 결혼하지 않고 동거만 하는 커플을 먼저 집으로 초대해서 우정을 쌓지 않고 죄를 지적만 하시지는 않을 것이다. 자신은 교회 만찬회에서 치킨을 마구 먹으면서 흡연과 음주가 하나님의 전을 망치는 짓이라고 손가락질하시지 않을 것이다. 자신은 십일조를 내지 않으면서 '탐욕스러운 월스트리트 작자들'이 합법적 도둑질을 하고 있다고 분통을 터뜨리지는 않으실 것이다. 간음이나 포르노 중독이 잘못된 동기로 성경을 연구하는 것보다 더 나쁜 죄라고 정죄하시지는 않을 것이다.

우리는 성경적 근거도 없는 '정결법'을 공개적으로 혹은 암묵적으로 정하고서 그에 따라 남들을 받아 주거나 배척하는 데 익숙해져버렸다. 우리는 자신이 매일 저지르는 죄에 대해서는 대충 넘어가면서 남들이 저지르는 특정한 죄는 물고 늘어지고 비난하는 데 익숙해져버렸다. 그보다는 우리가 G. K. 체스터턴과 같은 자세를 품으면 어떨까? "오늘날 세상의 문제는 무엇입니까?"라는 〈런던 타임스〉(London Times) 기자의 질문에 체스터턴은 이렇게 대답했다고 한다. "바로, 접니다."[7]

교인들에게 생활방식이 엉망이라고 꾸지람이나 비난을 받고 나서 정신을 차려 예수님을 따르게 된 사람이 몇 명이나 될까? 나는 27년간 크리스천으로 살고 17년간 목회를 했지만 그런 사람은 단 한 명도 만난 적이 없다.

비난의 마음이 없는
비판

그러면 우리가 잘못을 보고도 모른척 해야 할까? 가족이나 친구, 이웃이 자신이나 남들에게 해로운 신념이나 행동을 보이고 있는데도 그건 그의 삶이니 상관하지 말고 내 삶이나 살아야 할까? 물론 아니다.

당연한 말을 좀 해도 되겠는가? 중독에 빠져 있는 친구를 정말로 위한다면 도움을 구하라고 강권해야 한다. 불륜에 빠져 신실한 남편을 버리려는 누이나 딸을 정말로 위한다면 그 결정을 지지하지 않는다고 단호하게 말해 주어야 한다. 남자 친구가 사랑한다는 이유로 육체적인 관계를 요구할 때는 적정한 경계를 정하고, 어쩔 수 없는 경우에는 이를 악물고 관계를 끊어야 한다. 상사가 정보를 조작해서 주주를 속이려고 할 때는 단호하게 거부해야 한다. 장난감을 사 달라고 마구 떼를 쓰는 아이를 진정으로 위한다면 그 장난감을 사 주지 말아야 한다.

성경은 파괴적인 신념과 행동 앞에서 때로는 용기를 내야 한다고 분명히 말한다. 다시 말해, 인간의 번영을 위협하는 신념과 행동을 막아야 한다. 그러기 위해서는 때로 사랑하는 사람들을 비판해야 한다.

그리고 그들의 비판도 감수해야 한다. 잠언과 시편 기자는 각각 이렇게 말한다. "친구의 아픈 책망은 충직으로 말미암는 것이나 원수의 잦은 입맞춤은 거짓에서 난 것이니라"(잠 27:6). "의인이 나를 칠지라도 은혜로 여기며 책망할지라도 머리의 기름 같이 여겨서"(시 141:5).

오스카 와일드(Oscar Wilde)는 진정한 친구는 앞에서 찌른다는 말을 했다. '앞에서 찌르면' 상대방은 결국 감사하게 되어 있다. 왜냐하면 앞에서 찌르는 칼은 단검이 아니라 수술용 칼이기 때문이다. 이것은 파괴하거나 무너뜨리는 말이 아니라 치유하는 말이다. 왜일까? 긍정적인 '비판'은 해치고 무너뜨리려는 '비난'과 달리 언제나 회복시키고 세우려는 마음에서 비롯하기 때문이다. 바울은 "만일 무슨 범죄한 일이 드러나거든 신령한 너희는 온유한 심령으로 그러한 자를 바로잡고"라고 말했다(갈 6:1).

긍정적인 비판은 가혹하게 꾸짖거나 위협하거나 수치심을 심어 주지 않는다. 긍정적인 비판은 서로를 '공격하는' 것이 아니라 서로를 '위해 주는' 것이다. 서로를 경멸하는 것이 아니라 서로를 향해 소망을 품어 주는 것이다. 서로에게 적이 되는 것이 아니라 서로의 유익을 추구하는 굳은 동맹이 되는 것이다. 온유한 심령으로 바로잡기를 두려워하지 말라.

자신을
돌아보라

수년 전 예수님 외에 공통점이라곤 하나도 없는 한 목사와 관계를 만들기 시작했다. 우리는 성격 검사도 정반대였고 일하는 방식도 극과 극이었다. 다른 문화에서 자라 정치부터 교리의 세부적인 사항과 목회 철학까지 모든 것을 보는 시각이 달랐다. 그래서 우리는 아주 많이 부딪쳤다. 우리는 물과 기름이라는 표현으로도 모자라는 앙숙과도 같았다.

하루는 이 목사가 서로의 차이를 극복하기 위해 허심탄회하게 대화를 나누자고 했다. 우리는 꽤 긴 시간 동안 어린 시절과 가족에 관한 이야기를 나누었다. 어떻게 예수님을 영접하게 되었는지에 관해서도 나누었다. 목회를 하면서 가장 힘들고 가슴이 아팠던 순간도 서로에게 털어놓았다. 그렇게 밤이 깊어 갔다. 그런데 어느 순간, 대화의 장이 아수라장으로 돌변하고 말았다.

자세한 이야기를 하지는 않겠지만, 그날 밤 나와 그 목사는 인생 최악의 말싸움을 벌였다. 주먹다짐을 하지는 않았지만 지독히 독한 말이 오갔다. 말의 장인 두 사람이 자신의 목회 기술을 상대방을 찌르기 위한 무기로 사용하는 것은 정말 추한 일이다. 예수님의 제자, 특히 신학 학위를 지닌 목사라는 자들이 두 시간 남짓 말로 서로의 마음을 무참히 찔러댔다. "너희가 서로 사랑하면 이로써 모든 사람이 너희가 내 제자인 줄 알리라"(요 13:35).

목사들에게도 예수님이 필요하다. 그날 밤 나는 집에 돌아가는 내

내 수치심을 느꼈다. 내가 섬기던 교회에서 사임해야 하는가를 진지하게 고민할 정도였다. 이런 싸움을 하고서 어떻게 목사 노릇을 계속한단 말인가. 목사는 둘째 치고 어떻게 크리스천이라고 할 수 있는가. 나중에 그 목사도 집으로 돌아가는 내내 같은 생각을 했다는 것을 알게 되었다. 하지만 그날 밤 하나님이 특별한 목적을 위해 우리를 그런 상황으로 이끄신 것이라면 어떠할까?

집으로 걸어오는 길에 본회퍼의 《말씀 아래 더불어 삶》(*Life Together*)에 있는 글이 생각났다. "우리 우정의 진정한 상태는 오직 하나님만 아신다. … 우리에게 약하고 하찮게 보이는 것이 하나님께는 크고 영광스러운 것일 수 있다."[8]

이튿날 아침 내 사무실로 전날 만난 그 목사가 찾아왔다. 그는 잠깐 이야기를 할 수 있냐고 물었고, 자리에 앉아 내 평생 잊을 수 없는 세 가지를 말했다. 첫째, 그는 내 표현이 심하긴 했지만 내 비판 중 상당 부분이 옳다고 겸손히 인정했다. 그는 자신의 비판에 대해서도 그렇게 생각하는지 물었다. 나는 고개를 끄덕였다.

둘째, 그는 사포의 거친 면과도 같은 우리를 하나님이 일부러 함께 두신 것 같다고 말했다. 사포의 면은 거칠지만 두 조각을 맞대고 한동안 문지르면 마찰이 일어난 끝에 점점 부드러워진다. 그의 말은 예수님을 더 닮아가기 위해 서로가 필요하다는 뜻이었다. 이어서 우리는 서로에게 잘못한 점들을 고백하고 그것에 대해 용서를 구했다. 그 목사는 굳이 자신이 먼저 용서를 구하고자 했다.

이것이 옳은 마음을 가진 크리스천들이 하는 행동이다. 올바른 크리스천들은 먼저 자신에게서 시작한다. 먼저 자신의 흠부터 점검하고 고친 뒤에 남들의 흠을 살피고 다룬다. 그들은 판단을 받지 않으려고 먼저 판단하지 않는다. 그들은 남의 눈에 있는 티끌을 분명히 볼 수 있도록 먼저 자기 눈의 들보를 찾아 제거한다(고후 13:5; 눅 6:42). 그들도 필요할 때는 비판을 하지만 비난까지 나아가지 않도록 조심한다.

언젠가 상대방이
어떤 모습이 될 수 있는지를 상상하라

그 목사가 한 세 번째 말은 그 순간부터 자신과 나에 대해 빌립보서 1장 6절의 말씀을 믿기로 결심했다는 의미이었다. 그는 내 눈을 똑바로 보면서 말했다. "목사님, 하나님이 목사님 안에서 시작하신 선한 일을 예수 그리스도의 날에 완성하실 줄 분명히 믿습니다."

그는 내게서 애벌레를 보되 나비를 상상하기로 선택했다. 그는 내게서 작은 씨앗 하나를 보되 그 씨앗이 그리스도를 통해서 울창한 숲으로 변할 날을 상상하기로 선택했다. 그리고 그는 하나님이 나비만큼이나 애벌레를 사랑하신다는 사실을 늘 기억하기로 마음을 먹었다.

그 순간부터 그 목사는 내게 '그 목사'가 아니었다. 그 순간부터 그는 내 친구요 하나님의 은혜가 내게 흐르게 하는 도구가 되었다. 나는 새 하늘과 새 땅에서 그와 다시 마주할 날을 고대하고 있다. 물론 그 날은 말싸움이 없을 것이다. 나는 우리 모두에게 비판할 거리는 없고 칭찬하고 인정해 줄 것만 남을 날을 고대한다. 우리의 마찰이 어떻게 사포를 부드럽게 하여 그리스도 안에서 서로의 궁극적인 완성에 기여

했는지를 더없이 분명히 볼 수 있는 그리스도의 날을 고대한다.

나는 우리가 크리스천이 아닌 사람들에 대해서도 이렇게 생각하는 것이 하나님의 뜻이라고 믿는다. 가족이나 친구, 이웃이 자신이나 남들에게 해로운 길로 갈 때 그를 사랑한다면 방치하지 말고 다가가서 비판하지 말고 그 옛날 예수님이 야곱의 우물에서 사마리아 여인에게 던졌던 질문을 던져야 한다. "남편이 없다고 했죠? 맞는 말입니다. 지금 당신이 함께 사는 사람은 당신의 남편이 아닙니다. 어떻습니까? 행복한가요? 온전함을 경험하고 있나요? 영혼의 갈증이 풀리고 있습니까? 그렇지 않다면 생수에 관한 이야기 좀 들어보시겠습니까? 아직 마음의 준비가 되지 않았다면 나중에 하시죠. 관심이 생기면 언제든지 불러만 주세요."

영 라이프(Young Life)의 창립자 짐 레이번(Jim Rayburn)이 말했듯이 우리는 먼저 말할 자격을 얻은 뒤에야 진실을 말할 수 있다. 말할 자격을 얻는 방법 중 하나는 비신자들을 판단하는 것이 신자의 임무인 적이 없고 앞으로도 없을 것이라는 사실을 깨닫는 것이다. 바울은 "밖에 있는 사람들을 판단하는 것이야 내게 무슨 상관이 있으리요? …밖에 있는 사람들은 하나님이 심판하시려니와"라고 말했다(고전 5:12-13). 우리는 판단보다는 될 수 있는 대로 인정해 주고, 꼭 비판해야 할 때는 비난의 어조로 하지 말아야 한다. 비난하고 싶을 유혹이 들 때마다 예수님의 형제 야고보의 다음 말을 기억하기를 바란다.

이것(혀)으로 우리가 주 아버지를 찬송하고 또 이것으로 하나님의 형상대로 지음을 받은 사람을 저주하나니 한 입에서 찬송과 저주가 나오는

도다 내 형제들아 이것이 마땅하지 아니하니라(약 3:9-10).

꼭 필요할 때는 비판하라. 인간의 번영과 구속이 선한 비판에 달려 있다. 그러나 될 수 있는 한 인정하라. 모든 사람은 하나님을 닮았기 때문에 위대하다는 사실을 항상 기억하라. 미완성 작품이지만 완성될 날을 고대하는 모든 사람은 약하면서도 위대하다.

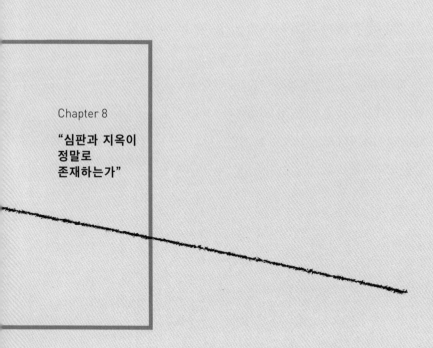

Chapter 8

**"심판과 지옥이
정말로
존재하는가"**

우리가 원하든 원치 않든
천국과 지옥은
실재한다

30대 초반에 참석했던 한 장례식을 평생 잊지 못할 것이다. 장례를 집례한 목사는 터무니없는 짓을 했다. 그는 유족들에게 위로의 말을 하는 대신 영원한 형벌에 관한 무시무시한 설교를 했다. 설교를 했다기보다는 유족들에게 설교를 큰소리로 '퍼부었다'고 하는 편이 더 정확하겠다. 목사의 말이 전부 기억나지는 않는다. 하지만 슬픔에 잠긴 유족과 친구들에게 그들이 예수님을 믿지 않기 때문에 언젠가 지옥 불에 떨어질 거라고 10분 내내 협박하는 소리에 화가 났던 것만큼은 생생하게 기억난다. 그 목사의 말이 틀리지 않다. 단지 그 말을 잘못된 시간과 장소에서 잘못된 어조로 했다는 것이 문제였다.

하나님이 이 목사의 접근법에 대한 나의 분노를 이해하셨을까? 나는 이해하셨을 것이라고 생각한다. 왜냐하면 예수님도 이런 상황에서는 분노하셨기 때문이다. 예수님은 웬만한 주제보다도 지옥에 관해 많은 말씀을 하셨지만 사람들이 영원한 고통에 신음하게 된다는 사실을 즐기는 듯한 사람들에게 불같이 노하셨다.

한번은 예수님의 제자들이 사마리아 마을에서 거부를 당한 뒤에 예수님께 하늘에서 불을 내려 그 사마리아인들을 쓸어버려 달라고 요청해도 되겠냐고 물었다. 그때 예수님은 어떻게 그토록 가혹한 짓을 생각할 수 있냐며 제자들을 꾸짖으셨다(눅 9:51-56). 예수님의 이 반응을 생각하면 지옥 같은 주제를 어떻게 다루어야 할지 헷갈린다. 한편으로 예수님은 지옥 불이 죄에 대한 합당한 형벌이라고 말씀하셨다(마 5:22). 그런데 다른 한편으로는, 누구든 다른 사람이 지옥에 가야 한다는 식으로 말하면 크게 노하는 모습을 보이셨다.

심판이라는 주제는 불편하고도 혼란스럽다. 나아가, 크리스천들이 설령 좋은 의도라 하더라도 심판에 관한 개념을 잘못 다루는 바람에 사람들로 하여금 이 주제에 대하여 이야기 자체를 꺼내기 힘들게 만든다면 큰 문제가 아닐 수 없다. 사마리아인들에 대한 복수를 원한 제자들, 장례식장 같은 민감한 장소에서 분노에 찬 지옥 설교를 퍼부은 목사, 911 테러에 대해 비신자들을 비난한 한 목사, 맞아 죽은 십대 동성애자의 장례식장에 "하나님은 호모들을 혐오하신다"라고 쓴 피켓을 들고 나타난 교회 교인들 등 '그리스도의 이름으로' 신자답지 못한 행동을 하면 더 사려 깊고 연민이 가득한 신자들이 심판이라는 주제 자체를 아예 꺼내기가 힘들어진다. 그렇다보니 최근 내가 사도신경에서 예수님이 "살아 있는 자와 죽은 자를 심판하러 오십니다"라는 대목으로 설교를 했더니 '평생' 교회를 다닌 몇몇 교인들이 그 주제에 관한 설교를 난생 처음 들었다고 했다.

이래서는 안 된다. 앞서 말했듯이 예수님은 천국과 사랑 같은 더 인기 있는 주제보다도 지옥에 대하여 많은 말씀을 하셨다. 영원한 고통, 영원한 유황 불, 슬퍼하며 이를 가는 자들, 이런 무시무시한 이미지들이 모두 그분의 가르침에 포함되어 있었다. 그분은 믿음을 통한 은혜로 인한 값없는 구원의 제시를 거부하는 모든 사람에게 이런 심판이 기다리고 있다고 계속해서 경고하셨다.

분명 지옥은 예수님께 중요한 주제였다. 따라서 이것은 우리에게도 중요한 주제여야만 한다. 그리고 이것은 선지자 에스겔의 경우처럼 "달기가 꿀" 같은 주제가 될 수 있다(겔 2:1-3). 이 주제를 더 사려 깊고 신중하고 성경적으로 고민하면 충분히 그렇게 될 수 있다.

심판이
말이 되는 이유

장 폴 사르트르(Jean-Paul Sartre)는 장편의 《존재와 무》(Being and Nothingness)에서 다른 누군가의 '시선 아래' 있는 것이 왜 두려운 일인지에 대하여 이야기한다. 사르트르는 이 점을 설명하기 위해 공원의 한 남자에 대한 가상의 이야기를 한다. 남자가 혼자인 줄 알고서 공원의 아름다운 풍경을 즐기고 있는데 저 멀리서 누군가가 보인다. 남자는 곧 이 사람이 자신을 응시하고 있다는 생각에 집착하기 시작한다. 이내 막연한 수치심과 불안감이 그를 뒤덮는다. 이제 그의 머릿속에는 어떻게 하면 자신을 훤히 꿰뚫어보는 것만 같은 타자의 시선을 피할까 하는 생각뿐이다. 그 시선에 자신이 완전히 발가벗겨진 기분에 사로잡힌다. 하지만 곧 멀리 있는 남자가 사람이 아니라 마네킹이라는 사실을 알고서 안도의 숨을 내쉰다. 이내 수치심이 물러가고, 남자는 다시 공원을 즐기기 시작한다.[1]

사르트르의 비유는 한 가지 진실을 말해 준다. 그것은 우리가 두려움에 빠진 공원의 남자라는 것이다. 우리는 진짜든 자신의 착각이든 남들의 감시 아래 있을 때 위협감을 느낀다. 누군가가 우리를 판단하고 있을지 모른다고 생각하면 불안해서 최대한 빨리 그 상황에서 벗어나고 싶어진다. 우리는 비판, 심지어 건설적인 비판이라도 피하려고 한다. 한마디의 비판이 천 마디의 칭찬이 만들어 낸 좋은 감정을 뒤엎을 만큼 강하다는 것을 알기 때문이다. 비판이 날아오는 순간, 두려움에 심장이 마구 쿵쾅거리기 시작한다. 내가 무엇을 잘못했는가?

내가 곤경에 빠진 것인가? 친구를 잃게 생겼는가? 곧 공격이나 비난이 날아올까?

우리가 이러는 이유는 무엇일까? 우리가 이렇게 노출되는 것을 두려워하는 것은 판단받는다는 생각 때문이다. 그런데 우리는 실제로 조사를 받고 있다. 공원의 다른 사람은 마네킹이 아니다. 우리는 실제로 판단을 받고 있다.

외부로부터의

심판

에이미 탄(Amy Tan)은 중국 이민자로서 미국에서 소수자로 살아온 경험에 관해 놀라운 책을 많이 쓴 소설가다. 탄의 〈뉴욕 타임스〉 인터뷰 기사를 읽은 적이 있다.[2] 인터뷰에서 탄은 어머니의 너무 큰 기대로 인하여 부담감을 안고 자랐던 어린 시절에 관해서 솔직히 이야기했다. 그녀는 커서 주중에는 신경외과의사로 일하고 주말에는 피아니스트로 활동하지 못하면 어머니에게 큰 실망을 안겨 줄 것이라는 압박 속에서 살았다고 고백했다. 그녀는 자신의 소설 The Joy Luck Club(조이 럭 클럽)이 〈뉴욕 타임스〉 베스트셀러 4위에 올랐을 때 어머니와 나눈 대화를 했다. 그녀의 어머니는 이렇게 좋은 소식을 듣고서도 시큰둥한 반응을 보였다. "도대체 어떻게 된 거야? 1, 2, 3위는 누구야?"

남들의 불가능한 기대에 짓눌려 상담 센터를 들락거리는 사람이 너무도 많다. 부모나 배우자, 선생, 감독, 이웃, 책이나 음악, 영화 비평가, 상사, 이사회, 교인들, 목사, 그리고 거울의 요구에 부응하기 위해 아무리 애를 써도 부응할 수 없어 답답한 사람들, 지켜보는 사람들의 눈에 만족을 주지 못해 고개 숙인 사람들, 기쁘게 해 주고 싶은 사람들에게 실망만 안겨 주는 사람들이 많다.

우리 모두에게는 비판자들이 있다. 그리고 솔직히 우리도 수시로 누군가의 비판자가 된다. 비판을 받는 사람들은 비판자가 지운 짐을 안고 살아간다. 한 번의 비판을 상쇄할 천 번의 칭찬이 없으면 우리는 늘 패배감에 젖어 살 수밖에 없다. 때로는 천 번의 칭찬도 충분하지 않다.

비판의 힘이 워낙 강력하다보니 우리는 갖가지 방법으로 자신을 보호하려고 애를 쓴다. 가장 절친한 친구들이 우리의 방어 기제가 되어 줄 수 있다. 방어적 자세, 분노, 거짓말, 책임 전가, 숨기기는 우리가 약한 자아를 보호하기 위해 자주 사용하는 전술들이다. 또 다른 자기방어 전술은 완벽주의를 추구하는 우리의 성향이다. 안타깝게도 완벽을 추구하면 남들을 기쁘게 할 수 없을 뿐 아니라 스스로도 만족을 경험할 수 없다.

내부로부터의
심판

인간은 자신의 기대에 부응하지 못한다. 자신의 가치에 대한 우리의 믿음은 매일같이 송두리째 흔들린다. 비판 한마디만 들려도, 하루만 일이 풀리지 않아도, 한 과목만 성적이 떨어져도, 한 번만 메시지의 답장이 오지 않아도 사랑과 인정을 받고 있다는 우리의 확신은 위태롭게 뒤흔들린다.

1991년 마돈나(Madonna)는 〈베니티 페어〉(Vanity Fair)지와의 인터뷰에서 인간의 이러한 보편적인 문제에 대해 말했다.

내 평생의 목표는 끔찍한 열등감을 극복하는 것이었다. 나는 항상 이런 두려움에 시달리고 있다. 한 번의 발작을 극복하고서 나를 특별한 인간으로 보다가도 이내 다음번 발작이 일어나 내가 평범하고 재미없는 인간이라는 생각에 빠져든다. 그러면 다시 이 구렁에서 빠져나오는 길을 찾아낸다. 이 과정이 계속해서 반복된다. 내 삶의 원동력은 평범함에 대한 이런 끔찍한 두려움에서 나온다. 이 두려움이 나를 계속해서 분발하게 만든다. 나는 대단한 사람이 되었지만 내가 대단한 사람이라는 사실을 증명해 보이는 일은 여전히 남아 있다. 내 두려움은 아직 사라지지 않았다. 아마도 평생 사라지지 않을 것만 같다.[3]

마돈나가 아무리 더 대단해지고, 지금보다 훨씬 더 "특별한 인간"이 되어도 충분하지 않다. "내 두려움은 아직 사라지지 않았다. 아마도 평생 사라지지 않을 것만 같다."

마돈나는 성공한 사람들이 특히 많이 느끼는 한 가지 현상을 보여준다. 그것은 성공할수록 더 크게 성공해야 한다는 압박감이 더 커진다는 것이다. 다른 누가 목표치를 높일 필요도 없다. 누가 시키지 않아도 스스로 계속해서 목표치를 높이기 때문이다. 성공은 중독과도 같다. 아무리 성공해도 자신이 가치 있는 존재라는 느낌, 마돈나의 말을 빌자면 자신이 '대단한 사람'이라는 느낌을 유지하기 위해서는 다시 더 높은 단계의 성공이 필요하다. 조금만 고삐를 늦추면 실패자라는 생각이 걷잡을 수 없이 밀려온다.

타인이 평가하지 않아도 스스로를 항상 평가하고 있다. 타인이 불가능한 요구를 하지 않으면 자신에게 불가능한 요구를 하는 것이 인간이다. 우리를 판단하지 않으면 자신을 판단하는 것이 우리 인간이다.

완벽을 위해

창조된 존재

우리 안에 손가락질 받을 만한 것이 하나도 없음을 세상과 스스로에게 증명해 보이려는 것이 인간 본성의 일부다. 물론 마음 깊은 곳에서는 자신이 완벽하지 않다는 사실을 알고 있다. 그럼에도 불구하고 우리는 늘 스스로 완벽하다고 '느끼고' 남들에게도 완벽하게 '보이기를' 원한다. 아니, 원하는 정도가 아니라 그렇게 되지 않고서는 견디지 못한다. 우리는 완벽에 가까워지기 위해 막대한 시간과 돈과 정력을 쏟아 붓는다. SNS에서의 완벽한 이미지, 완벽한 얼굴과 몸매, 완벽한 이력서, 완벽한 로맨스, 완벽한 영성을 원한다. 내면 깊은 곳에서 우리는 이상주의자들이다. 우리는 높은 기준, 심지어 불가능한 기준에 도달하기를 원한다. 하지만 왜 우리는 이런 식으로 남들과 자신을 못살게 구는 것일까? 우리가 완벽에 끌리는 어떤 합당한 이유가 있는 것

일까?

인간은 실수하기 마련이라고들 한다. 정말 인간이 실수하기 마련이라면 왜 우리는 마돈나처럼 자신의 불완전 앞에서 그토록 쉽게 무너지는 것일까? 왜 우리는 '보통'과 '평범한' 같은 단어에 그토록 반감을 가지는 것일까? 왜 에이미 탄의 어머니처럼 우리는 칭찬 한마디만 들을 수 있다면 무엇이든 할 사람에게 그토록 무리한 기대로 고통을 주는 것일까? 목사이자 남편, 아버지이자 친구로서 이런 질문이 자꾸만 머릿속에 떠오른다. '당신도 그렇지 않은가?'

철학자 블레즈 파스칼(Blaise Pascal)은 우리가 불완전을 견디지 못하는 것은 다른 세상에서 왔기 때문이라고 말했다. 그 다른 세상은 현재 우리가 사는 세상과 달리 완벽한 세상이다. 파스칼은 이렇게 말했다. "이 모든 불행은 인간의 위대함을 증명해 준다. 이것들은 위대한 군주이지만 폐위된 왕의 불행이다."[4]

파스칼은 어떤 세상을 말하고 있는 것인가? 그것은 남녀가 벌거벗고도 하나님, 서로, 자신에게 전혀 부끄럽지 않은 에덴동산에서 시작된 세상이다. 둘 다 하나님의 형상에 따라 창조되어 그분의 "존재, 지혜, 능력, 거룩함, 정의, 선함, 진리"[5]를 닮았기 때문에 '시선 아래' 있어도 전혀 두려움을 느끼지 않았다. 하나님으로부터 독립하기 전까지만 해도 에덴동산의 아담과 하와는 완벽한 세상에 사는 완벽한 사람들이었다. 비록 그 완벽한 세상이 잠시 잃어버린 세상이 되었지만, 예수님에 따르면 언젠가 새 하늘과 새 땅에서 회복될 것이다. 그 세상은 하나님의 영광이 온 땅을 비추고 사망이나 애통하는 것이나 곡하는 것이나 아픈 것이 없는 세상이다. 이전 것은 지나가고 모든 것이 새로워지기 때문에 더 이상 수치와 심판도 없을 것이다(창 1:24-26; 계 21:1-5). 구속된 인류는 다시 하나님의 형상을 온전히 드러내게 될 것이다. 우리는 다시 "하나님보다 조금 못"한 피조물의 왕이 될 것이다(시 8:5; 요일 3:2-3). 예수 그리스도를 닮아 다시 완벽해진 우리는 파스칼이 말한 위대함과 왕의 지위를 회복할 것이다.

인간은 실수하는 법이라는 말은 완전히 틀렸다. 인간이 실수하는 것은 비정상이다. 이것이 우리가 자신과 남들의 불완전을 참지 못하는 이유다. 우리가 판단을 당하는 느낌을 받고 계속해서 남들을 판단하는 이유다. 우리가 완벽하지 못한 것 혹은 완벽하지 않게 보이는 것을 참지 못하는 이유다. 우리가 완벽한 세상에서 왔기 때문이다. 파스칼의 말처럼 우리는 위대하게 창조되었기 때문에 불행함을 느끼는 폐위된 왕들이다.

감시와 비판, 판단에서 해방되려는 인간 욕구는 역사가 시작된 지점과 역사가 결국 끝날 지점을 가리킨다. 온 인류의 기원과 구속받은 인류의 목적지는 둘 다 완벽한 세상이다. 그 세상은 불완전이 존재하지 않기에 심판이 없는 세상이다.

양자택일의
법칙

성경의 마지막 장은 세상을 은혜로 영원히 통치할 왕으로 예수님을 그리고 있다. 왕이신 예수님은 "자기 두루마기를 빠는 자들" 그래

195

서 "생명나무에 나아가며 문들을 통하여 성에 들어갈 권세를" 얻은 모든 자들에게 영원한 기쁨, 그리고 감시와 심판의 종식을 약속하셨다 (계 22:14; 사 9:7).

두루마리를 어떻게 빨게 될까? 이 이야기는 잠시후 하기로 하고, 지금은 심판이라는 무시무시한 주제로 돌아가 보자. 왜냐하면 심판도 마지막 장의 내용 중 하나이기 때문이다.

> 개들과 점술가들과 음행하는 자들과 살인자들과 우상 숭배자들과 및 거짓말을 좋아하며 지어내는 자는 다 성 밖에 있으리라 … 내가 이 두루마리의 예언의 말씀을 듣는 모든 사람에게 증언하노니 만일 누구든지 이것들 외에 더하면 하나님이 이 두루마리에 기록된 재앙들을 그에게 더하실 것이요 만일 누구든지 이 두루마리의 예언의 말씀에서 제하여 버리면 하나님이 이 두루마리에 기록된 생명나무와 및 거룩한 성에 참여함을 제하여 버리시리라(계 22:15, 18-19).

어떤 이들에게는 영원한 낙원을 약속하신 예수님이 어떤 이들에게는 영원한 불행을 약속하셨다. 그렇다면 그 공원의 남자는 실제로 '응시'를 당하고 있는 것이다.

하나님은 가공의 존재가 아니다. 하나님은 공원의 힘없는 마네킹이 아니다. 하나님은 도덕적으로 완벽한 분이어서 악을 바라보는 그분의 눈은 너무도 순결하시다. 그래서 세상에서 가장 훌륭한 사람조차 그분 앞에 서는 것만으로도 무릎을 꿇지 않고는 배길 수 없다. 선지자 이사야는 하나님에 관한 환상을 보자마자 자신이 망하게 되었다고 말했다. 왜일까? 자신이 여태껏 해 온 모든 위대한 설교와 선행이 하나님 앞에 잠시 서 있을 자격조차 만들어 내지 못한다는 사실을 절실히 깨달았기 때문이다.

이사야만이 아니라 우리도 마찬가지다. 우리의 그럴듯한 겉모습 아래를 꿰뚫어보는 하나님의 눈은 우리를 분명히 본다. 그분의 눈은 "타자"의 눈이다. 그것은 마지막 날에 우리의 모든 잘못을 훤히 드러내고 심판할 눈이다. 그 마지막 날에 하나님이 우리를 어떻게 판단하느냐에 따라 우리가 영원을 어떻게 보낼지가 결정될 것이다. 우리는 상상을 초월할 만큼 좋은 곳으로 들어가거나 상상을 초월할 만큼 무시무시한 곳으로 던져질 것이다.

방금 전의 문장에 심기가 심히 불편해져서 당장 이 책을 덮을 것인가를 고민하는 사람이 많을 줄 안다. 심판의 무시무시한 측면에 관해서 찰스 다윈(Charles Darwin)처럼 말할 사람이 많을 것이다.

솔직히 어떻게 기독교가 참이기를 원하는 사람이 있는지 모르겠다. 성경대로라면 내 아버지와 형제, 나의 절친한 친구 대부분이 영원히 형벌을 받게 된다는 것인데, 이 얼마나 가증스러운 교리인가.[6]

천국에 관한 성경의 교리는 얼마든지 받아들일 수 있지만 영원한 형벌에 관한 성경의 교리는 모르고 싶은 것이 많은 사람들의 심정일 것이다. 하지만 우리가 진정으로 예수님 편에 서 있는지를 가늠할 수 있는 것은 바로 심판 같은 까다로운 성경의 가르침을 통해서다. 따라오라는 예수님의 초대는 전적으로 따라오거나 아예 따라오지 말거나 양단간에 결단을 내리라는 초대다. 예수님의 가르침에 무엇을 더하거나 빼는 사람은 예수님의 무리 밖에 있는 것이다. 예수님이 하신 말씀 중 하나라도 버리면 그 결과는 지옥이다.

오직 사랑만이
미움을 바꾼다

심판에 관한 성경의 가르침을 버리면 자신이 위험에 빠질 뿐 아니라 모든 불의와 폭력, 압제의 희생자들도 위험에 빠진다. 그것은 세상의 취약한 사람들을 더욱 취약하게 만드는 짓이다. 가해자들이 하나님께 심판은 없고 사랑만 있다고 주장하며 못된 짓을 계속할 빌미만 제공하는 꼴이다.

모든 사람이 천국에 가고 악에 대한 궁극적인 심판이 없다면 히틀러에 관해서 유대인들에게 뭐라고 말해야 하는가? 학대의 희생자들에게 어떤 말을 해야 하는가? 자신만 생각하는 무자비한 납치범들로 인해 성 노예로 팔려간 여자아이들에게 뭐라고 말해야 하는가? 압제자들의 경제적 이익을 위해 노예생활과 가난, 억압의 삶에 갇혀 있는 사람들에게 뭐라고 말해야 하는가?

사람들을 심판하는 하나님을 원치 않는다는 단순한 해명으로는 충분하지 않다. 우주에서 심판의 하나님을 제하면 문제를 해결하기보다는 더 많은 문제를 만들어 낼 뿐이다. 심판의 하나님이 존재하지 않는다면 우리는 강자가 약자를 먹어치워 오직 강자만 살아남는 다윈의 혼란스러운 세상 속에서 살 수밖에 없다. 이런 이유로 연민과 심판에 관한 토론을 할 때마다 우리는 불의에 희생된 사람들의 말에 유심히 귀를 기울여야 한다.

마틴 루터 킹 주니어 목사는 더 큰 미움으로 미움을 몰아내는 것이 불가능하다는 말을 했다. 오직 사랑만이 우리의 미움을 몰아낼 수 있다. 킹 박사는 추종들에게 폭력과 억압에 폭력과 억압으로 대응하지 말라는 유명한 말을 남겼다. 그 말이 약자를 억압한 자들이 천벌을 받는 것을 바라는 것이 잘못이라는 뜻일까? 그런 뜻이 아니다. 킹 박사는 단지 벌을 하나님의 손에 맡기라고 말한 것이다.

불의의 처참함을 누구보다도 잘 아는 크로아티아인 미로슬라브 볼프(Miroslav Volf)는 가해자들을 심판하기로 작정하신 하나님 없이는 킹 박사의 용기 있는 이상의 실현은 불가능하다고 믿는다. 볼프는 그의 역작 《배제와 포용》(Exclusion and Embrace)에서 희생자들의 용서와 비폭력이 하나님의 복수에 대한 믿음을 필요로 한다고 말한다.

"우리 힘으로 폭력에 의지하려는 모든 시도를 막을 유일한 길"은 폭력이 "하나님께만" 합당하다고 주장하는 것이다. 하나님이 불의와 기만에 분노하시지 않고 폭력을 최종적으로 종식시키지 않는다면 우리는 예배할 이유가 없다. … 폭력은 검을 휘두르기를 거부하는 하나님에 대한 믿음에서 은밀히 자양분을 받아 자라난다. 내 주장은 많은 크리스천들, 특히 서구 신학자들에게 인기가 없을 것이다. 당신이 교전 지역에서 강연을 한다고 상상해 보라. … 청중 중에는 약탈을 당한 뒤 불태워져 폐허가 된 도시와 마을의 주민들, 딸과 누이들이 강간당하는 광경을 하릴없이 지켜봐야만 했던 사람들, 아버지와 형제들의 목이 잘리는 비극을 겪은 사람들이 있다. … 하나님은 순전한 사랑이시기 때문에 우리는 복수하지 말아야 한다는 주장, 하나님이 심판하지 않는 분이니 우리가 비폭력을 실천해야 한다는 주장은 평온한 시골 마을에서나 탄생할 수 있다. 무고한 자들의 피로 물든 초토화된 땅에서 그런 주장은 금방 죽을 수밖에 없다.[7]

킹 박사의 선배 격인 미국 흑인 학자이자 목사 하워드 서먼(Howard Thurman)은 공민권 이전 시대인 1947년에 하버드대학교에서 강연을 했다. 그 강연에서 그는 이런 말을 했다. "노예가 이렇게 말하는 것을 상상할 수 있나요? 나와 내 모든 자녀와 손자는 끝없는 잔인함과 괴로운 가난의 삶을 살 수밖에 없었어요. 모든 악이 바로잡힐 심판의 날 따위는 없을 것이에요."[8]

볼프와 서먼은 결국 같은 말을 하고 있다. 최후의 심판이 없다면 노예, 강간 희생자, 학대를 당한 아이, 비방이나 강도질을 당하거나 존엄성을 빼앗긴 사람들에게 아무런 희망도 없다. '아무도' 폭력과 압제를 심판하지 않는다면 희생자들은 '영원히' 정의를 보지 못할 것이다. 그들은 홀로코스트로 인해 부모와 누이, 그리고 믿음을 잃은 엘리 비셀(Elie Wiesel)과 같은 결론을 내릴 수밖에 없을 것이다. "신 없는 세상 … 사랑이나 자비 따위는 없는 세상에서 나는 혼자, 철저히 혼자였다."[9] 악에 대한 최종적인 심판이 없는 우주를 고집한다면 이런 결론밖에 남지 않는다.

여기서 내가 하고 싶은 말은 우리에게는 분노하시는 하나님이 '필요하다는' 것이다. 자녀들을 보호하시는 하나님, 모든 악당과 가해자들을 이 세상에서 쓸어버리실 하나님이 필요하다. 이 점을 인정하지 않는 사람들은 온실과 같은 환경에서만 살아서 압제와 잔혹 행위, 불의의 아픔을 전혀 모르는 사람들이 분명하다. 하나님이 사랑이기만 하고 심판자는 아니라고 믿는 것은 일평생 안전한 환경에서 살아온 특권층만 누릴 수 있는 사치다.

심판에 대한

하나님의 반응 : 연민

예수님이 영원한 불과 유황, 슬퍼하며 이를 가는 것, 지옥의 영원한 불행에 관해 그토록 자주 말씀하신 이유가 우리를 사랑하기 때문이라면 어떠할까? 하나님조차도 그분의 심판하시는 속성을 안타까워하신다면 어떠할 것인가?

물론 그것은 그 속성이 잘못된 것이기 때문이 아니라 누구라도, 심지어 그분의 적이라 해도 심판을 받아야 한다는 사실이 그분의 가슴을 아프게 하기 때문이다. 하나님의 연민이 희생자들만이 아니라 가해자들에게도 향하고 있다면 당신은 어떤 마음일까? (살인자이자 간음자였던 다윗이 이런 연민에 관한 성경의 많은 사례 중 하나다) 인간의 모순, 불의, 유독성, 죄에 대한 하나님의 분노가 사실은 우리를 향한 '사랑'의 증거라면 어떠할 것인가? 이에 대한 레베카 피펏(Rebecca Pippert)의 말을 들어보자.

우리는 하나님이 화내실 수 있다는 사실에 당혹스러워하는 경향이 있다. … 우리는 남들의 도에 지나친 행위를 참아 주는 자신에 대해서는 자랑스러워한다. 그렇다면 하나님의 문제점은 무엇인가? … 하지만 사랑은 사랑하는 사람들을 파괴하는 것을 혐오한다. 진짜 사랑은 파괴적인 기만과 거짓말 죄에 맞선다. … E. H. 기포드(Gifford)는 이런 글을 썼다. "… 아들을 사랑하는 아비일수록 아들 속의 주정뱅이와 거짓말쟁이, 반역자를 더 미워한다."… 분노는 사랑의 반대가 아니다. 미움이 사랑의 반대이며, 최종적인 형태의 미움은 무관심이다.[10]

다시 말해, 예수님이 진노와 심판에 관해서 그토록 자주 말씀하신 것은 다름 아닌 진노의 대상들을 사랑하시기 때문이다. 성경에서 하나님이 누구의 죽음도, 심지어 '악인들'의 죽음도 기뻐하시지 않는다고 말한다는 사실을 아는가? 예루살렘 사람들에게 거부와 핍박을 당하셨던 예수님이 그들을 경멸하기는커녕 그들이 "목자 없는 양과 같이 고생하며 기진함"을 인하여 눈물을 흘리셨다는 사실을 아는가? 예수님이 다소의 사울이 '더 많은' 크리스천들을 체포하고 죽이는 것을 막고 나서 그를 용서하고 기독교 역사상 가장 위대한 사자인 바울로 변화시키셨다는 사실을 아는가?[11]

나는 예수님이 지옥과 심판에 관해 그토록 많은 말씀을 하신 이유가 크게 두 가지라고 생각한다. 첫째, 예수님은 하나님이 거룩하시며 우리 중에 가장 선한 자들도 그 거룩함에 미치지 못한다는 사실을 우리가 기억하기를 원하신다. "모든 사람이 죄를 범하였으매 하나님의 영광에 이르지 못하더니"(롬 3:23).

202

멸망하지 않으려면 자비가 필요하다. 심판에 관한 진리를 믿는 자만이 하나님이 값없이 제시하고 후히 베풀어 주시는 은혜와 용서를 받을 수 있다. 이사야 선지자가 긍휼의 제단에서 죄의 용서를 받고 심판을 면했던 것처럼(사 6:1-7) 예수님을 믿는 신자들도 그분의 십자가에서 구원을 받는다. 예수님을 믿는 자들에게 십자가는 미래의 심판 날을 과거로 옮겨 준다. 어떻게 그럴 수 있을까? 예수님은 그들이 당해야 마땅한 죽음을 이미 당하셨다. 예수님은 죄로 인해 그들이 당해야 마땅한 거부와 버림, 고통, 슬픔을 이미 겪으셨다. 예수님은 신자들이 그분이 완성하신 일을 통해 기쁨의 하늘로 오를 수 있도록 지옥의 어두운 심연으로 이미 끌려가셨다. 예수님 안에서 우리의 가장 추악한 생각과 말, 행위가 이미 처벌되었다. 예수님 덕분에 하나님 안에는 우리를 향한 진노가 티끌만큼도 남아 있지 않다. "그러므로 이제 그리스도 예수 안에 있는 자에게는 결코 정죄함이 없나니"(롬 8:1). 이 얼마나 감사한 일인가!

예수님이 지옥과 심판에 관해 그토록 많은 말씀을 하신 두 번째 이유는 우리를 그것들로부터 구하기 위함이었다. 예수님은 우리를 죽음이 아닌 생명, 파멸이 아닌 회복, 영원한 슬픔이 아닌 영원한 기쁨으로 인도하기를 간절히 원하신다. 그러기 위해 탈출구로서 자신을 제시하신다. 예수님이 하나님의 진노에 관해 그토록 많은 말씀을 하신 것은 우리가 그 진노를 맛보기를 바라서가 아니었다. 그것은 우리가 믿음을 통해 그분과 연합함으로 스스로 그 진노를 맛볼 필요가 없게 만들기 위함이다. 차도를 향해 달려가는 아이에게 날카롭게 소리를 지르는 좋은 부모처럼, 연민 많으신 예수님은 우리가 "임박한 진노를 피"

해(마 3:7) 그분의 자비로운 품으로 도망치도록 심판에 관해 날카롭게 소리를 지르신다.

어렵지만
필요한 주제

남들에게 하나님의 심판에 관해서 이야기하는 것이 적절할 뿐 아니라 옳을 때가 있을까? 그 이야기를 해 주는 것은 크리스천으로서 할 수 있는 가장 무례한 행위가 아니라 가장 큰 사랑의 행위다. 레베카 피펏의 말처럼 진짜 사랑은 사랑하는 사람들을 파괴하는 것들에 맞서기 때문이다.

그렇다면 왜 우리는 예수님을 믿지 않는 친구나 가족들 앞에서 심판이라는 주제를 꺼내기 어려워하는 것일까? 왜 평생 예수님을 믿은 신자들이 지옥에 관한 설교를 '한 번도' 들어본 적이 없다고 말하는 것일까? 그것은 우리가 심판을 믿지 않기 때문일까? 비신자들이 믿는 사람들에게 약속된 안전하고 기쁜 곳에 들어오는 것을 원하지 않기 때문일까? 아니면 지나친 배려심 때문일까? 그러니까 불편한 주제를 꺼내서 분위기를 싸늘하게 만들기 싫어서일까?

만약 환자의 상태가 심각할수록 좋은 의사는 공격적인 치료법을 단행한다. 중독이 심할수록 가족들은 더 무시무시한 말로 경각심을 일으킨다. 아이가 독약을 마시려고 하면 사랑 많은 부모는 더욱 절박하게 소리를 지른다. "멈춰!" 친구가 하나님께로부터 멀어져 있을수록 그를 진정으로 사랑하는 크리스천이라면 영원한 현실에 관해서 더 직접적으로 알려 주어야 한다.

〈디 애틀랜틱〉(The Atlantic)에 인용된 마술사이자 코미디언인 무신론자 펜 질렛(Penn Jillette)의 다음 발췌문은 많은 것을 말해 준다.

> 나는 개종한 사람들을 존중하지 않는다. 아니, 개종 자체를 존중하지 않는다. 천국과 지옥이 있고 사람들이 지옥에 가거나 영생을 얻을 수 있다고 믿으면서 겨우 분위기를 어색하게 만든다는 이유로 그것을 말하지 않는다면 … 영생이 가능하다고 믿으면서 말해 주지 않는 것이 상대방을 얼마나 미워하는 것인가.[12]

예수님에 따르면, 우리가 원하든 원치 않든 천국은 실재한다. 그리고 그 반대인 지옥도 실재한다. 부담스러운 소식은, 사랑의 하나님을 진정으로 믿는다면 이 진리를 받아들여야만 한다는 것이다. 하나님을 믿는다면 주변 사람들에게 심판에 관해서 이야기해 주어야 한다. 물론 기분 나쁘게 말하지 말고, 우정과 겸손, 배려, 사랑 안에서, 그리고 필요하다면 눈물을 흘리며 말해야 한다. 좋은 소식은, 하나님을 두려워하는 사람들은 하나님을 무서워할 이유가 전혀 없다는 것이다.

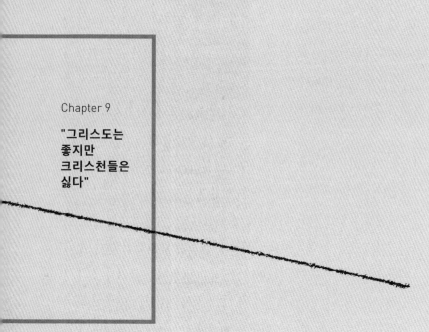

Chapter 9

**"그리스도는
좋지만
크리스천들은
싫다"**

위선자가 아니라
미완성 작품임을
인정하라

"그리스도는 좋지만 크리스천들은 싫다. 크리스천들은 그리스도와 달라도 너무 다르다."

마하트마 간디(Mahatma Gandhi)가 했다고 하는 이 유명한 말은 그가 기독교 대신 힌두교를 선택한 주된 이유를 말해 준다. 그는 예수님에 대해서는 좋게 생각했지만, 기독교에 대해서는 반대 '편'에 섰다. 간디의 시각에서 기독교는 추종자들의 삶에 의미 있는 변화를 일으키지 못했기 때문에 올바른 종교라고 말할 수 없었다. 그는 기독교를 힌두교와 비교하면서 다음과 같이 말했다.

> 다른 종교인들의 삶이 내게 주지 못한 것을 신앙심 깊은 크리스천들의 삶도 역시 주지 못했다. 나는 크리스천들에게 들은 것과 똑같은 개혁을 다른 종교인들의 삶에서도 보았다. 철학적으로 기독교 원칙에 특별한 점은 없었다. 희생의 관점에서 내게는 힌두교도들이 크리스천들을 훨씬 앞지르는 것으로 보였다. 그래서 나로서는 기독교를 완벽한 종교 혹은 가장 위대한 종교로 보는 것이 불가능했다.[1]

크리스천들로서는 고개를 갸우뚱하게 하는 말이 아닐 수 없다. 우리가 볼 때 기독교의 진리를 그토록 매력적이고 아름답고 독특하게 만드는 것은 '짝을 찾아볼 수 없을 만큼 특별한 개념'(우리가 하나님을 위해 희생했기 때문이 아니라 예수님이 우리를 위해 희생하셨기 때문에 사랑으로 우리에게 다가오시는 하나님) 때문이다. 힌두교도인 간디가 예수 그리스도의 인간애를 남다른 수준까지 실천했다는 점을 생각해도 기독교를 반대하는 그의 말은 우리에게 의문을 남긴다.

왕들과 귀족들의 고문이며 무수히 많은 유명인들과 어울렸던 간디는 자신을 무엇보다도 가장 낮은 계급의 친구로 여겼다. 힌두교 카스트 제도에서 '불가촉천민'(untouchable)으로 불리던 자들은 간디에게 새 이름을 받았다. 바로 "하나님의 사람들." 농부와 가축들이 타는 삼등칸 열차를 타는 이유를 묻는 질문에 간디는 사등칸이 없기 때문이라고 대답했다. 그는 전염이 무서워 나병환자를 피하지 않고 직접 찾아가 그들을 씻기고 붕대를 감아 주었다. 그는 연필을 만든 사람에 대한 존중으로 심 부분이 끝나기 전까지는 연필을 버리지 않았다. 원수를 어느 정도까지 사랑할 것이냐는 질문에 그는 인도에 원자폭탄이 떨어지면 고개를 들어 원자폭탄을 떨어뜨린 비행기를 두려움 없이 바라보며 조종사를 위해 기도하는 사람이 되고 싶다고 말했다.[2] 간디에 따르면 그의 삶은 무엇보다도 예수님의 삶과 가르침에 영향을 받았다.[3] 하지만 그는 크리스천이 될지를 한 번도 진지하게 고민해 본 적이 없었다.

그리스도 때문이 아니라 크리스천들 때문이다. 간디는 유럽의 크리스천들에게서 사랑 대신 인종주의와 자기 의를 보았다. 간디는 한번은 백인이 아니라는 이유로 교회에서 나가 달라는 말을 들었고, 힌두교도라는 이유로 크리스천 소유의 호텔과 레스토랑에서 숱한 거부를 당했다. 간디는 크리스천들의 삶에서 그리스도를 거의 보지 못했다.[4]

안타깝게도 예수님의 사람들을 좋아하지 않는 사람은 간디만이 아니다. 소설가 워커 퍼시(Walker Percy)도 자기의 소설 *The Second Coming*(재림)에서 한 등장인물을 통해 간디와 같은 불평을 토로했다.

내 주변에는 크리스천들이 가득해. 그들은 대체로 기분 좋게 말하지. 다른 사람들과 특별히 다르지 않아. 다만 … 최근 몇 세기 동안 그들은 다른 모든 사람이 죽인 사람들의 숫자를 다 합친 것보다도 더 많은 사람을 죽였지. 그래도 그들이 진리를 갖고 있지 않다고 말하지는 못하겠어. 하지만 그들이 진리를 갖고 있다면 진리를 갖고 선전하는 만큼 더 꼴 보기 싫어. 주변에 크리스천들이 있더라도 거의 없어야 크리스천이 되겠다는 사람이 한 명이라도 나타날 것 같아.[5]

이것은 예수님이 크리스천들에 관해서 꿈꾸신 산 위의 동네가 전혀 아니다. 모두가 하늘 아버지를 보고 영광을 돌릴 수 있도록 환히 빛나는 도시와는 거리가 멀어도 너무 멀다. 어떻게 해야 한단 말인가.

기독교와 위선이 물과 기름처럼 서로 섞이지 않는다는 증거를 댈 수 있으면 좋을 것이다. 하지만 역사, 심지어 성경도 기독교와 위선이 자주 결합되는 모습을 보여 준다. 성경은 우리 모두가 부족해서 내면 깊은 곳에서 원치 않는 일을 하며 심지어 우리의 가장 훌륭한 행위조차 하나님의 선하심에 비하면 더러운 옷과 같다고 말한다(롬 3:23, 7:15-21; 사 64:6).

안타깝게도 크리스천들이 그리스도를 제대로 보여 주지 못한다. 이런 긴장 속에서 덜 꼴 보기 싫고 덜 불쾌한 유형의 '크리스천 위선자'가 있을 수 있을까? 우리가 추구할 수 있는 좀 더 '완전한 불완전'이 있을까? 간디가 지금 살아 있다면 "그리스도도 좋고 당신도 좋소"라고 말할 만한 크리스천이 될 수 있을까? 나는 성경과 역사가 그것이 가능함을 보여 준다고 믿는다.

크리스천들은 위선자들이다 - 정말로 그렇다!

이십대 초반에 예수님을 영접하고 기쁨과 감격으로 어쩔 줄 몰랐다. 예수님은 내 인생에 진정한 의미와 목적을 더해 주셨다. 갑자기 나는 새로운 지위를 얻게 되었다. 용서받은 죄인이요 하나님의 자녀이며 소망과 놀라운 미래로 가득한 우주의 상속자, 이런 선물을 받는 것 외에도 내 인생이 중요하다는 확신을 얻었다. 그리고 세상을 변화시킬 수 있다는 열정이 전에 없이 불타올랐다.

또한 내 성장에 관한 낙관론이 나를 온통 감쌌다. 내가 덜 이기적이고 더 사랑이 많은 사람, 덜 탐욕스럽고 더 많이 나누어 주는 사람, 덜 욕심을 부리고 더 만족하는 사람, 덜 게으르고 더 절제하는 사람, 덜 충동적이고 더 책임감 있는 사람, 덜 공격적이고 더 온유한 사람이 될 수 있다고 믿어 의심치 않았다. 사랑, 희락, 화평, 오래 참음, 자비, 양선, 충성, 온유, 절제 같은 성령의 열매(갈 5:22-23)가 내 안에 충만해서 사람들이 예수님과 나의 차이점을 발견하지 못할 수준이 이를 수 있다고 굳게 믿었다. 정말인가? 제정신인가?

나는
위선자다

예수님을 영접한 뒤로 나는 많은 면에서 성장했다. 전보다 참을성

210

도 늘고 연민도 많아졌다. 회복력이 좋아져서 나쁜 소식을 잘 받아들이고 힘든 일도 소망으로 잘 견딜 수 있게 되었다. 돈에 대한 사랑도 몰라보게 줄어들었다. 예전보다 사람들도 훨씬 더 사랑하게 되었다. 교만이나 율법주의, 불의를 보면 과감히 맞서는 용기도 눈에 띄게 자랐다. 이 모두는 하나님이 내 안에서 꾸준히 역사하셨음을 보여 주는 긍정적인 증거들이다.

하지만 아직도 나는 믿어야 할 것을 온전히 믿고, 갖추어야 할 모습을 온전히 갖추지 못하고 있다. 그다지 성장하지 못한 영역들도 있다. 솔직히, 크리스천이 되기 전보다 '더 나빠졌다고' 인정할 수밖에 없는 영역들도 있다.

목회 초기에는 내 안에 만족이 별로 없고 미래에 대한 불안만 가득하며 사람들의 이목에만 신경을 쓰고 내 목회의 '성공'을 남들의 목회와 비교하는 모습이 싫어 목회를 아예 그만둘까 하는 생각마저 했었다. 하나님이나 사람들에게 진저리가 난 것이 아니었다. 바로 '나 자신'에게 진저리가 났다. '지금도 예수님보다 내 "옛 자아"를 닮은 점이 더 많다면 과연 목회를 할 자격이 있는가? 이토록 오래 크리스천으로 살아오고서도 여전히 이런 문제를 안고 있다면 하나님 나라의 일에 도움이 되기는커녕 오히려 방해가 되는 것 아닌가? 나 같은 자가 목사 노릇을 계속해야 할까?' 이런 생각에 한숨만 나왔다.

그러다 키 라이프 미니스트리(Key Life Ministries)의 스티브 브라운(Steve Brown)이 목사와 설교에 관해서 강연하는 것을 듣게 되었다. 다른 내용은 하나도 기억이 나지 않는데 내가 그 뒤로 지금까지 가슴에 품고 살아가는 한 가지 내용만큼은 똑똑히 기억난다. 경험 많은 목사인 브라

211

운은 목사가 완벽히 믿고 실천하는 것만 전할 수 있다면 전할 것이 하나도 없다고 말했다.

성경은
위선자로 가득하다

믿는 대로 살지 못하는 사람들은 현대인만이 아니다. 성경은 위선이라는 시대를 초월한 인류의 문제점을 계속해서 보여 주고 있다.

이스라엘의 선지자 모세는 하나님을 의심하고 그분의 부르심을 거부했다. 이스라엘의 위대한 세 족장 중 두 명인 아브라함과 이삭은 둘 다 자신의 안위를 위해 아내를 위험에 빠뜨렸다. 위대한 세 족장 중 세 번째인 야곱은 거짓말쟁이였다. 나중에 이스라엘을 몰락에서 구한 요셉은 형들을 교만하게 조롱했다. 하나님의 마음에 합당한 사람이라는 칭호를 듣고 시편의 대부분을 쓴 다윗은 간음과 살인을 저질렀다. 다윗의 아들이자 당대에 가장 지혜로운 왕이었던 솔로몬은 바람둥이였다. 이스라엘 정탐꾼들을 숨겨 준 믿음의 영웅 라합은 매춘부였다. "여호와께서 보시기에 정직하게 행"한(왕상 15:11; 왕하 18:3) 아사와 히스기야 같은 위대한 왕들 중에도 우상숭배에 빠져 결국 인생을 안타깝게 마무리한 왕이 많았다.

아직 끝이 아니다. 이제 겨우 구약을 간단히 훑었을 뿐이다. 신약에도 위선자들이 수두룩하다. 도마는 처음에는 예수님의 부활을 믿지 않았다. 바울은 자기 안에 가득한 "온갖 탐심"을 인정했다(롬 7:8). 베드로는 툭하면 남들과 충돌을 일으키는 거친 성격의 소유자였다. 베드로와 바나바는 엘리트주의와 배척이라는 낡은 패턴에 빠져 이방인 형제자매들에게 다가가지 않았다. 고린도교회는 바울에게 성도요 하늘아버지의 아들딸이라는 칭찬을 받았지만 적지 않은 썩은 열매도 보여 주었다. 즉 고린도교회 안에는 서로를 판단하고, 사소한 교리로 큰 분열을 일으키며, 간음을 저지르고, 서로에게 소송을 걸며, 건강한 가정보다 이혼한 가정이 많았으며, 양심이 민감한 형제들 앞에서 '크리스천의 자유'를 과시하며, 가난하고 불우하고 몸이 불편한 교인들을 얕보는 모습이 있었다.

그래서 그리스도는 좋지만 크리스천들은 싫다. 그런데 이상하게 들릴지 모르지만, 성경 속 크리스천들의 위선은 때로 내게 그 무엇보다도 큰 용기를 준다. 그들의 위선은 내가 하나님께로부터 떨어져나가지 않고 있는 것이 그분이 나를 끈덕지게 붙잡고 있기 때문이라는 사실을 상기시켜 준다. 그들의 위선은 매춘부와 거짓말쟁이, 간음자, 인종주의자, 엘리트주의자, 살인자, 못난 남편, 욕심꾸러기에게 희망이 있다면 나 같은 자에게도 희망이 있다는 사실을 기억하게 해 준다.

내게 기독교의 또 다른 좋은 점은 내 죄와 흠, 모순된 구석을 솔직히 드러낼 자유가 있다는 것이다. 예수 그리스도의 죽음을 통해 과거와 현재, 미래의 내 모든 죄를 용서받았기 때문에 나의 부족한 면이 드러나는 것은 내게 전혀 위협이 되지 않는다. 단지 나 스스로 위협으로 여기는 것이 문제일 뿐이다. 예수님으로 인해 내가 하나님의 심판을 받을 필요가 없다는 사실을 더 깊이 깨달을수록 내 위선을 하나님과 남들 앞에 더 솔직히 드러낼 수 있다. 또한 하나님과 남들에게 내 위선을 용서하고 내가 하나님이 뜻하신 사람으로 성숙해지도록 도와달라고 거리낌 없이 요청할 수 있다.

가장 순수하고 성경적인 정의에서의 기독교는 우리 모두의 안에 있는 위선자에게 평안과 소망, 목적을 주는 종교다. 마하트마 간디가 이 점을 보았다면 좋았을 것이라는 아쉬움이 있다.

핵심은
예수님이다

간디에게는 비판할 점보다 인정할 점이 훨씬 더 많다. 그는 모범적이고 희생적인 인물이고 세상을 정의와 평화로 이끄는 탁월한 리더였다. 그는 "지극히 작은 자들"의 존엄성과 명예를 되찾겠다는 평생의 사명에서 한 번도 눈을 뗀 적이 없었다. 그분은 나를 비롯해서 웬만한 크리스천들보다 훨씬 더 그리스도처럼 행동했다.

하지만 간디가 기독교를 거부한 이유를 곰곰이 생각할 때마다 크리스천들의 위선 때문에 그리스도의 복음을 완전히 거부하는 것이 과연 합당한가라는 질문을 던지게 된다. 그리스도가 기독교의 핵심이라면 왜 그리스도가 아닌 주변적인 것, 즉 그 제자들의 일관되지 못한 모습으로 인해 그리스도의 메시지 전체를 거부하는가?

물론 추종자들의 삶 속에 의미 있는 변화를 낳지 못하는 믿음 체계에 대해 의구심을 품는 것은 지극히 합당하다. 솔직히 내 삶에 그리 매력적이지 않은 요소들이 많다는 점은 인정할 수밖에 없다. 하지만 나

나 다른 크리스천들의 위선이 그리스도를 따르지 않는 주된 이유, 아니 이유 자체가 되어야 할까? 그리스도를 따를지 말지 결정하려면 그 제자들의 흠이 아닌 그분의 훌륭함을 보고 판단해야 하는 것 아닌가?

예수님이 스스로 말씀하신 분이신가? 그분이 정말로 우주를 창조하셨는가? 그분이 자신을 믿는 자들이 용서를 받고 하나님의 자녀가 될 수 있도록 자발적으로 목숨을 내놓으셨는가? 그분이 죽은 자 가운데서 살아난 뒤 하늘에 올라 전능하신 아버지 하나님의 우편에 앉아 계신가? 그분이 병든 사람들과 가난한 사람들, 후회스러운 도덕적 실패를 안고 살아가는 사람들을 왕과 왕비를 대할 때와 똑같은 존엄으로 대해 주셨는가? 그분의 은혜가 그 어떤 죄나 실패보다도 큰가? 그분이 하나님이신가? 그분이 우주의 구세주이신가? 그분이 살아 있는 자와 죽은 자를 심판하기 위해 돌아오실까? 그분이 만물을 새롭게 하실까? 그분이 정말로 스스로 말씀하신 분이 맞는가? 그분이 길과 진리, 생명이시며 그분을 통하지 않고서는 누구도 하나님께로 올 수 없다는 말이 참인가?

이것들이 크리스천들이 위선자인지 아닌지보다 더 큰 질문들이다. 오해하지는 말라. 우리가 위선자인지도 중요한 질문이다. 하지만 과연 그것이 '핵심적인' 질문인가?

러시아 소설가 레오 톨스토이(Leo Tolstoy)는 자신을 비롯해서 많은 사람이 위선적인 크리스천이라고 여겼다. 톨스토이의 역작 대부분의 밑바탕에는 기독교 진리가 흐르고 있지만, 그 스스로도 인정했듯이 그는 스스로 믿는다고 말한 것을 실천하지 못할 때가 많았다. 그는 자신의 실패로 인해 기독교를 비판하는 사람들에게 한 편지에서 다음과 같이 항변했다.

"당신은 설교는 아주 잘하지만 과연 설교한 대로 행하고 있소?" 이것은
너무도 당연한 질문이고, 실제로 내가 늘 받는 질문이다. 그리고 대개
사람들은 내 입을 다물게 만들 수 있다는 듯 의기양양하게 이 질문을 던
진다. … 그러면 나는 내가 설교하는 것이 아니고, 설교하고 싶어도 설
교할 수 없다고 대답한다. 다만 내 행동을 통해 설교할 수는 있고, 내 행
동은 혐오스럽다. … 나는 악하고 혐오스럽다. 실천하지 못해서 경멸을
받을 만하다. … 내가 (기독교의 가르침을) 실천하지 못한 것은 그리고 싶지
않아서가 아니라 그럴 능력이 없어서다. 나를 에워싼 시험의 그물망을
벗어날 방법을 가르쳐 달라. … 내가 따르고, 또 누구든 묻는 사람들에
게 알려 주는 길이 아니라 '나'를 공격하라. 내가 집으로 돌아가는 길을
알고 술에 취해 그 길로 가고 있다면 내가 비틀거리며 걷는다고 해서 그
길이 조금이라도 덜 옳은 길이 되는 것인가? 이 길이 옳은 길이 아니라
면 내게 다른 길을 보여 달라.[6]

'창피한 가족들'에 대해서는 솔직히 인정했다. 하지만 예수님께 썩
괜찮은 가족들도 있었다는 것을 아는가?

불완전하지만
분명 예수님을 비추는 크리스천들

비록 우리가 하나님의 영광에 미치지 못하지만, 그럼에도 예수님의 사람들을 통해 세상으로 흘러나오는 아름다움이 많다. 누구도 예수님을 완벽히 비추지는 못하지만 많은 크리스천들이 부족하나마 그분을 비추고 있다.

예를 들어, 다윗은 다른 남자의 아내와 잠자리를 가진 것도 모자라 그 남자가 전쟁터에서 죽을 수밖에 없는 상황을 만들었다. 하지만 다윗의 이야기는 여기서 끝이 아니다. 나단 선지자가 찾아와 죄를 묻자 다윗은 뼈저리게 후회하며 자신의 죄를 공개적으로 고백했고 죄의 대가를 겸허하게 받아들이고 전적으로 책임지는 모습을 보였다. 이 죄를 짓기 전후의 다윗은 충성스럽고 신실하고 용감하고 겸손하고 자비로운 사람이었다. 무엇보다도 그는 대부분의 시편을 썼다.

다윗 외에도, 특정 영역과 인생의 특정 시기에 일관되지 못하고 위선적인 모습에 빠지기도 했지만 그리스도의 은혜와 사랑에 대한 보답으로 세상에 더없이 큰 선을 끼친 크리스천이 수없이 많다.

저널리스트 니콜라스 크리스토프(Nicholas Kristof)는 〈뉴욕 타임스〉의 한 기명 논평에서 복음주의 크리스천들을 다음과 같이 평했다.

어떤 이들(자칭 복음주의 리더들)은 동성애자들을 혐오하고, '낙태 반대'를 외치는 자들 중에는 자궁 밖에 있는 인간 생명에 별로 관심이 없어 보이는 자들이 많다. 하지만 빈곤과 질병, 압제에 관해서 말하자면, 전혀 다른 사람들을 수없이 봤다. 소득의 10퍼센트를 자선을 위해 기부하는 복음주의자들이 정말 많다. … 무엇보다도, 국내외에서 기아, 말라리아, 교도소 내 강간, 인신매매, 대량 학살과 싸우는 최전선에 가보면 거기서 만날 수 있는 가장 용감한 사람들 중 상당수가 복음주의 크리스천들이다. … 그들은 진정 믿음대로 살고 있다. 나는 특별히 종교적이지는 않지만 이런 식으로 목숨을 거는 사람들을 보면 경외감에 입을 다물 수 없다. 그리고 그런 믿음이 뉴욕의 칵테일파티에서 조롱을 당하는 모습을 보면 구역질이 난다.[7]

아브라함, 이삭, 야곱, 베드로, 바울, 톨스토이의 일관되지 못한 모습들에도 불구하고 기독교보다 세상의 자기희생적인 사랑과 섬김에 큰 영향을 미친 종교나 철학은 없다. 예수 그리스도, 그리고 그분의 죽음과 부활의 능력에 대한 진실한 믿음의 삶은 그야말로 세상을 변화시켰다. 불완전한 크리스천들의 생명을 주는 기여 덕분에 세상은 더 나빠진 것이 아니라 더 좋아졌다. 심지어 간디도 기독교의 이런 모습에 영향을 받았을 것이다.

하나님의 피조 세계가 보이는 놀라운 질서와 위대함에 감동한 수많은 크리스천들이 과학과 수학의 세계에서 판도를 바꿔 놓는 기여를 했다. 믿음에도 불구하고가 아니라 믿음 때문에 과학적 탐구를 했던 위인을 몇 명만 소개하면 프란시스 콜린스(게놈 프로젝트), 블레즈 파스칼(통계학), 코페르니쿠스(지동설), 아이작 뉴턴(계산법) 등이 있다.

예수님의 치유와 회복 사역에 감동을 받아 의료 부문에서 놀라운 발전을 이룬 크리스천들도 있다. "세인트"라는 명칭이 앞에 붙은 병원이 정말 많다는 것을 아는가? 그것은 예수님의 제자들이 그 병원을 세우고 자금을 지원했기 때문이다. 에이즈가 동성애자들 사이에서 처음 발생했을 당시 미국 공중위생국 장관이었던 C. 에베레트 쿠프(Everett Koop)는 독실한 크리스천으로서 이 끔찍한 질병과의 싸움에 누구보다도 앞장섰다.

하나님의 아름다움과 창조성에 감동한 크리스천들은 세기의 예술 작품들을 만들어 냈다. 자신의 천재적인 창의성을 예수님의 공로로 돌린 예술가를 몇 명만 소개하면 세계적인 화가 렘브란트(Rembrandt), 베토벤(Beethoven)과 하이든(Haydn), 조니 캐시(Johnny Cash), 보노(Bono) 같은 세계적인 음악가, 도스토옙스키(Dostoevsky)와 T. S. 엘리엇(Eliot) 같은 세계적인 작가들이 있다. 이 외에도 예를 들자면 끝이 없다.

대체로 크리스천들은 미디어와 코미디, 영화에서 조롱조로 묘사하는 부정적인 모습과 많이 다르다. 대부분의 크리스천은 예수님의 삶과 가르침, 사명에서 벗어난 삶을 살 때 뼈저리게 후회하고 슬퍼한다. 톨스토이처럼 우리들 대부분도 위선자로 살지 않고 지금보다 더 나아지기를 원한다. 또한 자신의 가장 신랄한 비판자다. 물론 때로 우리는 무례하고 불쾌하게 굴기도 한다. 예수님께 명예훼손 소송을 당해도 할 말이 없을 때가 많다. 하지만 대부분은 예수님을 제대로 보여주는 삶을 '원하고' 있다. 그리고 예수님을 세상에 꽤 잘 보여줄 때도 많다. 이것이 크리스천들의 불쾌한 모습만 지적하는 것이 아니라 예수님이 그분의 백성을 통해 행하시는 아름답고도 선한 일들을 칭찬하는 〈뉴욕 타임스〉의 니콜라스 크리스토프 같은 비신자들이 계속해서 나타나는 이유다. 〈미국의 삶〉(This American Life)의 프로듀서이자 진행자인 이라 글래스(Ira Glass)도 기독교를 균형 잡힌 시각, 호의적인 시각으로 바라보는 비신자들 중 한 명이다. 그의 말을 들어보자.

> 언론은 크리스천들의 '진짜 모습'을 보여 주지 않는다. ··· 미디어가 크리스천들을 정말 끔찍하게 다루고 있는 것 같다. ··· 이 쇼를 진행하고 얼마 되지 않아서 영화와 텔레비전에서 크리스천들을 거의 항상 미친 사람들로 묘사한다는 것을 알아챘다. ··· 내 주변의 크리스천들은 하나같이 놀랍고 사려 깊은 사람들이었고, 자신의 신념을 늘 다시 돌아보는 사람들이었다. 그들은 더없이 관대한 마음으로 주변 모든 종류의 사람들에게 철저히 열린 모습을 보였다.[8]

진실한
위선자

내 비신자 친구들이 위선자들에게서도 그리스도를 통해서 오는 소망과 아름다움이 있음을 보게 되기를 간절히 원한다. 우리는 때로 믿음과 불일치하게 살 수밖에 없다. 그리고 우리는 죽거나 예수님이 돌아오셔서 만물을 다시 새롭게 하실 때까지 원치는 않지만 계속해서 그런 실수를 할 수 밖에 없다. 비신자 친구들이 이런 현실을 알고 이해해 주기를 간절히 바란다. 아울러 크리스천들이 자신의 실수를 솔직히 인정할 수 있게 되기를 간절히 바란다.

우리 크리스천들이 위선을 완전히 벗어던져서가 아니라 내면이 점점 아름다워지고 자신의 위선에 대해 솔직히 인정하고 안타까워하는 모습을 보여서 간디의 추종자들이 "그리스도도 좋고 크리스천들도 좋다"라고 말할 날, 그런 날이 곧 오기를 소망한다. 자신이 완전히 선하고 옳은 체하며 남들을 손가락질하던 사람들이 자신을 대수롭지 않게 여기고 자신의 잘못을 솔직하게 인정하기 시작하면 그렇게 아름답고 매력적으로 보일 수가 없다.

크리스천들의 이야기가 성경 이야기처럼 예수님이 겸손한 위선자들을 정말 좋아하시고 그들을 자기 자신에게서 구해 주신다는 사실을 보여 주기를 간절히 원한다.

하지만 여기서 끝이 아니다. 톨스토이는 반만 맞고 반은 틀렸다. 사람들이 주목해야 할 것은 자신이 술 취해 휘청거리며 걷고 있다는 사실이 아니라 자신이 따르는 길이 옳다는 사실이라는 말은 맞는 말이다. 하지만 자신을 에워싼 시험의 그물망에서 탈출할 방법을 찾을 수 없다는 말은 틀렸다. 이것이 바울이 위선자들로 가득한 교회에 다음과 같이 말한 이유다.

사람이 감당할 시험 밖에는 너희가 당한 것이 없나니 오직 하나님은 미쁘사 너희가 감당하지 못할 시험당함을 허락하지 아니하시고 시험 당할 즈음에 또한 피할 길을 내사 너희로 능히 감당하게 하시느니라 그런즉 내 사랑하는 자들아 우상숭배하는 일을 피하라 … 그런즉 너희가 먹든지 마시든지 무엇을 하든지 다 하나님의 영광을 위하여 하라 … 내가 그리스도를 본받는 자가 된 것 같이 너희는 나를 본받는 자가 되라(고전

10:13-14, 31, 11:1).

위선에 진저리가 난
사람들을 위한 탈출구

물론 모든 사람은 위선자들이다. 하지만 그리스도를 통해, 그리스도와 함께, 그리스도로 인해 더 이상 위선의 늪에 절망적으로 갇혀 있지 않아도 된다. 예수님의 비전의 핵심은 우리를 죄에서 구원하시는 것이다. 하지만 여기서 끝이 아니다. 예수님은 우리를 자신으로부터 구원하여 점점 그분을 닮게 하신다.

훌륭한 사람도 다 그러니 우리가 형편없이 망가진 사람이라고 인정해도 괜찮다는 앤 라모트의 말[9]은 생각할 때마다 기분이 좋다. 그렇게 자신의 망가짐을 깨닫고 인정할 때, 자기 개조 프로젝트가 철저히 실패했다고 인정하고 백기를 들 때, 우리가 철저히 '그리스도와 다르다'는 사실을 절감할 때, 그때 그리스도는 우리 안에서 변화의 역사를 시작하신다. 자기 자신에게 진저리가 나고 자신을 변화시키려는 노력의 끝없는 실패에 지친 순간, 그 지점에서 예수님은 소망이란 선물을 들고 우리를 만나 주신다.

그렇다면 예수님이 우리를 어떤 식으로 만나 주시는가? 우리가 실제로 어떻게 변화되는가? 예수님은 어떻게 우리의 이기주의를 섬김으로, 우리의 탐욕을 나눔으로, 우리의 거짓을 진실함으로, 우리의 추함을 아름다움으로, 우리의 위선을 거룩함으로 변화시키시는가?

나아가, 어떻게 남들이 우리 안에 있는 예수님의 사랑스러움을 '알아볼' 수 있게 될까? 어떻게 우리가 위선 가운데서도 '예수님을 닮은' 진리와 아름다움, 사랑을 점점 더 분명히 드러내고, 그로 말미암아 우리 가족과 친구, 이웃, 동료들이 예수님께 더 관심을 갖게 될까? 어떻게 우리 모두 안의 톨스토이가 우리를 "에워싼 시험의 그물망을 벗어날 방법"을 찾아 예수님이 꿈꾸신 산 위의 동네, 어두운 곳의 빛, 땅의 소금으로 변해 갈 수 있을까? 우리의 많은 모순과 흠에도 불구하고 어떻게 사람들이 우리를 보며 예수님에 관해 더 알기를 원하게 될 수 있을까?

성경에서 그 방법을 찾을 수 있다. 위선자들을 사랑스럽게 만드는 것은 예수님의 사랑스러움뿐이다. 오직 예수님의 사랑스러움을 통해서만 우리는 사랑스러워질 수 있다. 바울은 엘리트주의에 빠진 갈라디아의 심술궂은 크리스천들에게 다음과 같이 말했다.

> 오직 성령의 열매는 사랑과 희락과 화평과 오래 참음과 자비와 양선과 충성과 온유와 절제니 … 그리스도 예수의 (그리스도 예수께 속한) 사람들은 육체와 함께 그 정욕과 탐심을 십자가에 못 박았느니라(갈 5:22-24).

부도덕하고 분열적인 고린도교회의 위선자들에게는 다음과 같이 말했다.

> 불의한 자가 하나님의 나라를 유업으로 받지 못할 줄을 알지 못하느냐

미혹을 받지 말라 음행하는 자나 우상숭배 하는 자나 간음하는 자나 탐색하는 자나 남색하는 자나 도적이나 탐욕을 부리는 자나 술 취하는 자나 모욕하는 자나 속여 빼앗는 자들은 하나님의 나라를 유업으로 받지 못하리라 너희 중에 이와 같은 자들이 있더니 주 예수 그리스도의 이름과 우리 하나님의 성령 안에서 씻음과 거룩함과 의롭다 하심을 받았느니라(고전 6:9-11).

전도자 누가는 베드로와 요한 속에서 일어난 변화를 언급하며 다음과 같이 말했다.

그들 (통치자와 서기관, 종교 지도자들)이 베드로와 요한이 담대하게 말함을 보고 그들을 본래 학문 없는 범인으로 알았다가 이상히 여기며 또 전에 예수와 함께 있던 줄도 알고(행 4:13).

어떻게 위선자들이 예수님을 닮을 수 있는가? 변화의 출발점은 예수님께 속하는 것, 예수님께 씻음과 거룩함, 의롭다 하심을 받는 것, 예수님과 함께 있는 것이다.

목회를 하면서 가장 흐뭇했던 순간 중 하나는 어느 토요일 저녁 결혼식 피로연에 참석했던 일이다. 신랑의 동생인 신랑 들러리가 축하의 말을 하기 위해서 자리에서 일어섰다. 숟가락들이 유리잔에 부딪히는 소리가 진동을 하고 모두의 눈이 앞으로 쏠린 가운데 동생의 말이 시작되었다.

여기 계신 모든 분께 솔직히 말하는데, 저는 원래 형을 좋아하지 않았습니다. 저희는 평생 물과 기름처럼 어울리지 못하고 하루가 멀다 하고 싸웠죠. 지금도 저희는 여러 모로 정말 다릅니다. 하지만 형이 형수님을 만난 날부터 형이 좋아지기 시작했습니다. 형이 형수님과 함께할 수록 점점 형과 함께하고 싶어졌습니다. 형이 형수님과 함께할 수록 형에게서 좋은 모습이 나타나기 시작했습니다.

이 말에 형은 어색한 미소를 지었고 나머지 모든 사람의 얼굴에는 흐뭇한 미소가 피어올랐다. 예수님이 그분의 사람들을 변화시키는 방식이 떠올라 나도 흐뭇한 미소를 지었다. 신부와 함께 있기만 해도 신랑에게서 최상의 모습이 나오는 것처럼, 예수님과 함께 있기만 해도 우리 안에서 최상의 모습이 나온다. 우리가 그분과 함께하면 '우리와 사이가 안 좋은 동생들'을 포함한 주변 모든 사람이 우리의 변화를 느끼기 시작한다.

예수님께 속할 때, 예수님께 씻음과 거룩함, 의롭다 하심을 받을 때, 예수님과 함께 있을 때, 위선자들이 그분을 '닮아가기' 시작한다. 남들을 괴롭히는 사람이 온유해지고, 엘리트주의자가 누구나 쉽게 다가갈 수 있는 편안한 사람이 되고, 간음자가 순결해지고, 받기만 하는 사람이 주는 사람이 되고, 자기애에 빠진 사람이 섬기는 사람이 되고, 미움에 불타는 사람이 사랑에 불타게 되고, 적이 지지자가 되고, 죄인이 성도가 되고, 위선자가 여전히 일관되지 못한 삶과 씨름하는데도 왠지 매력적인 사람으로 변한다.

우리는 자신의 위선 앞에서 겸손해진 뒤 예수님의 사랑스러움을 통해 변화되어야 한다. 그러기 위해 예수님을 닮아가려고 노력하기보다는 예수님과 함께하려고 노력해야 한다. 예수님께 가까이 있을수록 그분의 영을 통해 우리는 빛에 더 기꺼이 항복함으로 이기주의와 죄에서 더 멀어질 수 있기 때문이다. 그분의 발치 아래 앉아서 그분의 사랑스러움을 곱씹고, 그분의 진리를 받아 들이고, 그분의 숨을 들이마시고, 그분의 사람들과 공동체를 이루어 살아가고, 성만찬에 참여하고, 그분의 사명에 동참할수록 우리에게서 그분의 향기가 더 진하게 풍기게 된다.

위에서 말한 신랑의 경우처럼, 사랑스러움 혹은 거룩함 혹은 성령의 열매는 우리가 그것을 직접적으로 추구할 때 자라나는 것이 아니다. 우리가 추구해야 할 것은 열매가 아니라 예수님이다. 사랑스러움과 거룩함, 열매는 우리가 그것을 키우려고 '노력할' 때 자라나지 않는다. 우리를 사랑하고 우리에게 자신을 내어 주신 분, 위선이라곤 눈곱만큼도 없는 분의 곁에서 그분의 위대하심을 곱씹고 그분의 진리와 아름다움에 푹 빠져들 때 비로소 이 열매가 자라난다.

그러니 이제부터는 "그리스도는 좋지만 크리스천들은 싫다. 크리스천들은 그리스도를 너무도 닮지 않았다"라는 말을 들으면 먼저 인정하라. 우리는 아직 완성에 이르지 못했다. 우리는 완성을 향해 가는 미완성 작품이다.

하지만 하나님의 은혜로 계속해서 발전해 가자. 바울이 고린도 교인들에게 촉구한 것처럼 그리스도의 본을 따른 바울의 본을 따르기 위해 노력하자(고전 11:1).

단, 그분의 본을 따를 유일한 방법, 우리의 위선에서 벗어나 그분께로 다가가기 위한 유일한 방법은 그분이 이미 우리를 향해 달려오셨다는 사실을 깨닫고 음미하는 것이다. 그럴 때 주변 사람들이 우리를 보며 "당신이 '그분'을 만난 날부터 당신이 점점 좋아지기 시작했소"라고 말하게 될 것이다.

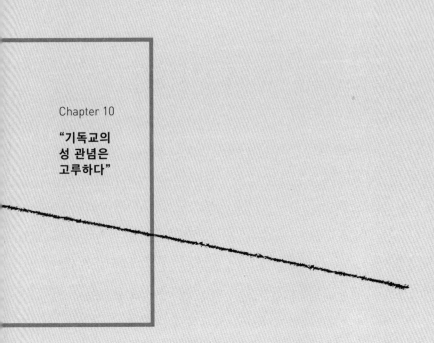

Chapter 10

**"기독교의
성 관념은
고루하다"**

모든 충동과
본성과 욕구를
그분 아래에 내려놓으라

어느 주일예배 후, 한 여성이 나를 찾아와 그날 우리 교회에 처음 온 사람이라고 밝혔다. "만나서 반갑습니다. 저희 교회에 관해서는 어떻게 알고 오셨습니까?"와 같은 통상적인 대화가 오간 뒤 여성은 한 가지 직접적인 질문을 해도 좋겠냐고 물었다. 나는 "물론이죠, 편하게 말씀해 보세요"라고 대답했다.

여성은 질문을 던지기 전에 짧은 연설을 했다. 그녀는 미혼이며 성에 대하여 구시대적인 크리스천들을 볼 때마다 너무 답답하다고 말했다. "더 이상 흑백텔레비전 시대가 아니란 말입니다. 제겐 동성을 좋아하는 친구도 있고 이성을 좋아하는 친구도 있는데, 결혼하지 않고도 거리낌 없이 성을 즐기는 친구들이 많습니다. 요즘 세상에는 이런 사람이 많아요. 교회가 시대에 뒤처지지 않고 현대인들에게 다가가려면 세상의 성 트렌드에 발을 맞추어야 합니다."

그 여성은 결국 질문은 하지 않았다. 이 대화를 나눈 지 몇 주 지나지 않아서 〈뉴욕 타임스〉는 "순결한 학생들"이란 제목으로 하버드대학의 섹스 파트너 문화에 관한 기사를 실었다. 기사에서 등장한 다양한 상대와 다양한 방식으로 성을 즐기는 한 학생이 다음과 같이 자신의 생각을 정리했다.

강한 여성은 섹스를 좋아하는 것을 창피해하지 않는 여성이다. … 성관계를 맺는 모든 사람에게 마음을 주라는 건 비이성적인 요구다. 섹스는 기분이 좋다! 단순히 기분이 좋다![1]

이 두 사례는 서구 문화의 성 트렌드가 변했음을 단적으로 보여 준다. 가끔 욕구를 느낀다고 고백하는 지미 카터(Jimmy Carter)를 조롱하는 텔레비전 풍자 프로그램, 십대 양딸 성추행에 관한 기사가 터지고 나서 아무렇지도 않게 "마음 가는 대로 하는 거죠"라고 말한 우디 앨런(Woody Allen), 일부일처제가 너무 가혹하다는 이유로 개방혼(open marriage)을 지지하는 성 상담 칼럼니스트 댄 새비지(Dan Savage)², 이 모든 사례는 지금이 정말로 흑백 텔레비전 시대가 아님을 실감하게 만든다.

기독교와 유대교, 이슬람교를 비롯한 세계 주요 종교들은 하나 같이 하나님이 두 가지 이유로 성을 주셨다고 믿어 왔다. 첫째, 성은 생식을 위한 것이다. 새생명이 형성되는 유일한 방법은 정자와 난자의 결합을 통해서다. 둘째, 성은 남녀, 특별히 남편과 아내가 육체의 연합을 통해 즐거움을 주고받는 수단이다. 한 육체로의 연합은 결혼 서약을 완성시킨다. 성적 연합을 통해 남편과 아내는 자신들이 더 이상 별개의 존재가 아니라 육체적으로나 영적으로나 서로에게 속했음을 기억하게 된다. 벌거벗은 두 육체의 연합은 서로 다른 모든 면에서(인격적으로, 감정적, 영적) 서로에 대해 벌거벗었음을 확증하는 행위다.

하지만 현대 서구 사회에서는 성에 대한 성경적인 비전을 거부하는 몸짓이 거세다. 블로그를 비롯한 공개적인 대화 창구에서 결혼과 성에 관해 분분하다. 심지어 교회 안에서도 이 하나의 이슈를 둘러싸고 극심한 논쟁과 분열이 나타나고 있다. "성은 한 남자와 한 여자 사이의 결혼 안에서만 누려야 하는 것이다"라는 입장이 너무 제한적인가? 이 입장은 서로를 사랑하는 성인들(동성애자인지 동성애자가 아닌지, 일부일처제를 지지하는지 일부다처제를 지지하는지 상관없이 모든 미혼자들)이 남편과 아내가 누리는 것과 똑같은 자유를 누리지 못하게 하니 너무 비인간적이고 억압적인가?

앞서 '흑백 텔레비전' 얘기를 꺼냈던 그 여성이 가고 난 뒤에 과연 그녀가 성에 관한 성경의 비전을 제대로 아는가 하는 의구심이 일었다. 사실, 현대의 섹스 파트너 문화나 흑백 텔레비전 시대의 문화는 모두 성경의 성 관념을 제대로 반영하고 있지 못하다. 성경은 성에 관해 순결과 자유 모두를 추구한다.

하나님은
순결을 지지하신다

두 사람(혹은 그 이상)이 서로 원하면 성에 대한 개방적인 혹은 '모험적인' 접근법이 아무런 문제가 되지 않는다는 것이 요즘 현대인들의 생각이다. 그렇다면 왜 하나님은 성에 관해 그렇게 유난을 떠시는가? 왜 하나님은 성을 딱 한 남자와 여자 사이의 결혼 내에서만으로 제한하셔서 성적인 다양성과 실험성(experimentation-새롭고도 다양한 방식의 성을 추구하는 것)의 즐거움을 방해하는가? 서로 합의하기만 하면 아무도 다치지 않을 것인데 말이다. 기분만 좋으면 그만이지 않은가!

따스한 불도 기분이 좋다. 하지만 그 불이 우리를 해칠 수 있다는 사실을 망각하면 얘기가 달라진다. 불처럼 성은 주의 깊게 다루면 큰 위로와 치유가 될 것이다. 성은 모든 인간 활동 중에서 가장 즐거운 것 중 하나다. 하지만 동시에 가장 위험한 것 중 하나이기도 하다. 불처럼 성은 적절한 경계 밖으로 나오면 파괴적으로 변해 주변을 태우고

상처를 남긴다. 이것이 하나님이 결혼하지 않은 사람들에게 순결 혹은 금욕을 명령하시는 이유다.[3]

　포르노의 영향에 관해 생각해 보라. 〈뉴욕 타임스〉의 프랭크 리치 (Frank Rich)에 따르면, 2001년 당시 미국인들은 매년 포르노에 1백억에서 1백 40억 달러를 사용하고 있었다. 현재 통계들도 미국인들이 한 해에 포르노에 소비하는 돈이 여전히 1백 40억 달러를 웃도는 것을 보여 준다. 전 세계적으로는 매년 무려 9백 7십억 달러가 포르노에 소비되고 있다. 포르노 산업의 연간 매출액이 세계 최대 테크놀로지 기업들인 마이크로소프트, 구글, 아마존, 이베이, 야후, 애플 넷플릭스 (Netflix), 어스링크(Earthlink)의 매출을 모두 합친 것보다도 많다는 뜻이다.[4] 또한 프랭크 리치는 포르노 산업이 모든 메이저리그 스포츠, 심지어 할리우드 영화 산업까지도 제쳤다고 주장한다. 리치는 포르노가 "더 이상 주류의 곁가지가 아니다. 그것은 당당한 주류다"라고 말한다.[5] 포르노의 심리적 육체적 폐해가 실로 막심하다.

　〈뉴욕 매거진〉의 특집 기사에서 나오미 울프(Naomi Wolf)는 다음과 같이 말했다.

　　포르노는 뇌에 가장 기본적인 방식으로 작용한다. 오르가슴을 아내, 키스, 냄새, 육체와 연관시키면 점점 그것에 흥분하게 된다. 하지만 점점 더 지저분해지는 사이버섹스 노예들의 끝없는 이미지에 눈이 멀면 그것에 흥분하게 된다. 야한 이미지들의 편재는 성욕을 해방시키기는커녕 약화시킨다.[6]

게리 브룩스(Gary Brooks)는 '소프트코어' 포르노에 관해서 다음과 같이 말했다.

소프트코어 포르노는 매우 부정적인 영향을 미친다. … 관음증은 남성들에게 인간으로서 여성들과 관계를 맺기보다 여성들을 물건으로 보라고 가르친다. 포르노는 남성들에게 성과 즐거움이 관계가 전혀 상관이 없다는 인상을 심어 준다. 포르노는 본질적으로 자기중심적이다. 즉 포르노는 남자가 여성들을 쾌락을 위한 수단으로, 소비해야 할 상품의 하나로 사용하여 자기 혼자서 자신을 위해서 하는 것이다.[7]

포르노 소비자들만 악영향을 받는 것이 아니다. 남녀 모두의 사물화는 사람들이 자신의 매력을 판단하는 방식을 바꿔 놓았다. 예를 들어, 요즘은 충분히 아름다운 여성이 스스로를 전혀 아름답지 않게 생각하는 경우가 흔하다. 많은 여성이 잡지에 나타난 후처리된 이미지들을 기준으로 삼아 자신의 미를 판단한다. 그래서 자신이 스몰사이즈에 맞지 않는다는 사실로 인한 수치심에 사로잡혀 극단적인 다이어트와 운동으로 몸을 혹사한다. 유료 사이트나 유선 방송, 빅토리아 시크릿 카탈로그의 여신 같은 사람들과 어떻게 경쟁한단 말인가. 커스티 앨리(Kirstie Alley)가 자신의 사진을 보고 한 말이 지금도 잊히질 않는다. 그녀는 자신의 모습이 "끔찍하고 구역질"이 난다며 뚱뚱하면 "자신을 혐오하게" 된다고 말했다.[8] 이것은 비극이요 지독한 기만이다.

우리에게 필요한 것은 빼빼 마르고 섹시한 소수만이 아니라 '모든'

여성의 존엄성과 아름다움을 인정해 주는 진정한 진보주의 문화다. 빅토리아 시크릿과 GQ잡지의 육체들에 대한 신격화를 멈추고 '섹시'의 의미를 재고해야만 한다.

성경적으로 가장 매력적인 남녀는 하나님의 사랑을 분명히 알고서 마음의 안정을 얻은 사람들이다. 그들의 아름다움은 내면에서 나온다. 그들은 외적인 아름다움에 집착하지 않고 본질적인 인격에 초점을 맞추며, 하나님 사랑에 대한 보답으로 이웃을 사랑하는 자들이다.

하룻밤 섹스와 인간의 사물화(특정한 한 사람에게 자신을 내어 주는 사랑이 아닌 불특정다수를 향한 자기중심적인 정욕)가 유례없는 이혼율, 성병, 원치 않는 임신, 자기 몸에 관한 비관에서 오는 우울증, 십대 자살률, 낙태, 인신매매와 성매매의 주된 원인 중 하나라는 분명한 증거들이 수두룩하다. 가벼운 만남의 문화는 전혀 가볍지 않은 결과를 낳고 있다. 사람이 사용하고 버리는 '물건'이 아니라 사랑해 주어야 할 '사람'이라는 사실을 깨닫기 전까지 성은 점점 더 큰 혼란과 타락을 향할 것이다.

하나님은 성적 자유를 지지하신다

좋은 부모가 자녀를 보호하기 위해 적정한 경계를 설정하는 것처럼 하나님도 우리를 보호하기 위해 성에 관해 적정한 경계를 정하셨다. 하늘 아버지는 우리가 스스로를 해치는 것을 원치 않으신다. 그렇다고 해서 반대편 극단으로 치우치는 것도 바람직하지 않다. 부부가 대학교 룸메이트처럼 각방을 쓰는 드라마 속 부부처럼 되어서도 곤란하다.

성경이 성적 쾌락을 권장하고 심지어 명령하기까지 한다고 말하면 의외라는 표정을 지을 사람들이 적지 않을 것이다. 분명 하나님은 성적 자유를 지지하신다. 단, 앞서 살폈듯이 결혼이라는 울타리 안에서만 그렇다. 창세기의 앞부분에서 우리는 성을 창조하고 아담과 이브에게 서로의 벗은 몸을 온전히 즐기라고 '명령하시는' 하나님을 발견할 수 있다. "남자가 부모를 떠나 그의 아내와 합하여 둘이 한 몸을 이룰지로다. 아담과 그의 아내 두 사람이 벌거벗었으나 부끄러워하지 아니하니라"(창 2:24-25).

잠언도 같은 맥락에서 남편들에게 이렇게 말한다 "너는 네 우물에서 물을 마시며 … 네가 젊어서 취한 아내를 즐거워하라 … 너는 그의 품을 항상 족하게 여기며 그의 사랑을 항상 연모하라"(잠 5:15, 18-19).

아가는 남편과 아내가 서로의 벗은 몸에 관한 노래와 시를 즐기면서 서로를 어떻게 황홀하게 할지 장난스럽게 탐색하는 여덟 개의 에로틱한 장으로 이루어져 있다. 아가의 저술에 영감을 주신 하나님이 이 모습을 보며 하늘에서 웃고 계셨으리라. 성령의 영감을 받은 글에서 바울은 부부에게 서로에게 기꺼이 그리고 자주 몸을 주라고 권장, 아니 명령하고 있다(고전 7:1-5). 설마, 하나님이 이런 명령을 하셨을까? 하나님은 분명 그렇게 명령하셨다. 성경이 성에 관해 꽉 막혀 있다고 생각하는 사람은 성경을 읽어 본 적이 없거나 집중해서 읽지 않은 사람이다.

성에 관한 성경의 비전을 이해하는 사람들은 남녀의 육체적 연합이 목적이라기보다는 상징에 가깝다는 점을 이해한다. 성 자체가 목적이 아니다. 성은 실질적인 만큼이나 상징적이다. 성은 벌거벗음에 대한 전체론적인 접근법을 가리킨다. 즉 성은 남녀가 서로를 적나라하게 보고도 거부하지 않고 서로를 온전히 알고도 완벽하게 포용해주는 완전한 투명성을 가리킨다.

또한 성은 하나님 앞에서 우리의 벌거벗음을 상징한다. 그리스도와 연합한 신자들은 하나님이 흠과 상처까지 전부를 알고도 여전히 우리를 사랑하신다는 경외감 속에서 산다. 하나님은 우리의 비밀, 우리가 지하실에 숨겨둔 해골들, 우리가 가장 수치스러워하는 것들을 훤히 아신다. 하나님은 우리의 가장 악한 특성들을 훤히 알면서도 자상하게 말씀하신다. "내가 네게 장가들어 영원히 살되"(호 2:19) "신랑이 신부를 기뻐함 같이 네 하나님이 너를 기뻐하시리라"(사 62:5).

하나님은 그리스도를 통해 우리를 에덴동산으로 다시 데려가신다. 벌거벗고도 창피하지 않은 곳, 결혼식 날 남편을 위해 아름답게 치장한 신부처럼 받아들여지고 소중히 여김을 받는 곳, 부부 사이의 성은 이런 궁극적인 연합을 가리킨다. 바로, 그리스도와 신부인 교회 사이의 연합을 이루어야 한다. 또한 성은 신자들에게 약속된 새 하늘과 새 땅에서의 혼인잔치와 신랑이신 예수님과 영원히 함께할 삶을 가리킨다(계 19:9; 21:1-5).

동성애-괜찮다?
안 된다? 글쎄?

최근 서구에서 동성 결혼을 지지하는 목소리가 높아지고 있다. 심지어 기독교 내에서도 결혼과 성이 한 남자와 한 여자 사이만을 위한 것이라는 오랜 기독교(뿐 아니라 유대교, 이슬람교, 힌두교)의 믿음을 재고해야 한다는 목소리가 나타나고 있다. 오직 이성 커플만 성적 친밀함과 평생의 관계라는 하나님의 선물을 누릴 수 있다는 것이 과연 공평한가? 우리가 이 문제에 관해서 내내 성경을 잘못 읽어 온 것은 아닌가?

옛날 사람들은 성경이 노예 제도를 인정하고 여성들에게 억압적이라고 생각했다. 하지만 이런 문제에 관해 성경을 좀 더 깊이 연구해 보면 오히려 정반대라는 것을 알 수 있다. 동성애도 그런 문제인가? 개혁이 필요한 시점이 아닐까? '동성애를 인정하는 복음주의자'를 자처하는 제이 배커(Jay Bakker), 저스틴 리(Justin Lee), 레이첼 헬드 에반스(Rachel Held Evans), 매튜 바인스(Matthew Vines) 같은 이들은 자신의 책과 블로그, 트위터를 통해 그렇다고 말하고 있다. 그리고 많은 사람이 그들의 말에 귀를 기울이고 설득당하고 있다.

물론 성경 전체를 신중하게 읽고서 교회 내 동성애 인정 분위기에 반대 입장을 고수하는 이들도 있다. 최근 나는 크리스천 동성애자 친구에게 안타깝지만 그가 "평생의 사랑"으로 부르는 남자와의 연애 관계를 지지할 수 없다고 말했다. 그런 말을 하는 것이 나로서는 참으로 고통스러운 일이었다. 하지만 친구가 직접적으로 묻는다면 우리는 솔직히 대답해 주어야 한다. 나는 내 친구가 진정한 사랑과 친밀함을 경험하기를 바라기 때문에 안타까운 심정으로 진실을 말해 주었다.

감사하게도 내 친구는 내 말에 귀를 기울일 만큼 마음이 열린 사람이었다. 대화하는 내내 우리는 연신 눈물을 훔쳤다. 그 친구가 내 말에 관해 깊이 고민해 보고 있으리라 믿는다. 그 친구에게 내가 한 말은 다음과 같다.

내가 그가 그 평생의 사랑과 사귀는 것을 인정해 주면 내 평생의 사랑을 부인해야만 한다. 독일의 목사이자 신학자로 히틀러 체제에서 순교를 당한 디트리히 본회퍼는 "그리스도의 부름은 와서 죽으라는 부름이다"라는 말을 했다.[9] 내 평생의 사랑이신 그리스도는 내게 와서 죽으라고 부르신다. 예수님은 다른 모두를 버리고 좋을 때나 나쁠 때나 아플 때나 건강할 때나 기쁠 때나 슬플 때나 변함없이 그분을 따르라고 말씀하신다.

예수님은 "누구든지 자기의 모든 소유를 버리지 아니하면 능히 내 제자가 되지 못하리라"(눅 14:33)라고 말씀하신다. 나는 그분께 거부할 수 없는 끌림을 느낀다. 나는 그분의 제자가 되어야만 한다. 그래서 그분께 반하는 모든 것, 그분의 분명한 말씀에 반하는 모든 것을 버려야만 한다. 하지만 이것은 보통 힘든 일이 아니다. 때로는 극도의 슬픔을 감수해야 한다.

내 친구가 다른 사람과 친밀히 사귀며 평생을 함께하기를 누구보다도 '원하기' 때문에 슬프다. 내 친구가 홀로 외로움에 떨기를 추호도 바라지 않는다. 하지만 크리스천으로서 나는 이런 개인적인 감정과 바람을 예수님의 신성한 말씀 앞에 내려놓아야만 한다. 예수님은 태초에 하나님이 남녀를 창조하셨고 남자가 여자와 연합하여 둘이 한 몸을 이루었다고 분명히 말씀하셨다(창 1:27, 5:2; 마 19:4-5).

잠언은 이렇게 말한다. "어떤 길은 사람이 보기에 바르나 필경은 사망의 길이니라"(잠 16:25). 구약과 신약 모두에서 동성애를 직접적으로 언급한 구절들은 이 잠언과 마찬가지로 인정의 뉘앙스는 전혀 없이 처음부터 끝까지 엄한 경고의 어조를 띤다(레 18:22; 롬 1:26-27; 고전 6:9-10; 딤전 1:8-11).

동성애와 동일한 사례로 자주 언급되는 노예 제도 문제는 사실 동성애와 조금도 비슷한 예가 아니다. 오히려 성경 자체가 노예 제도 폐지의 주된 동력이었다. 갈라디아서 3장 28절과 바울이 빌레몬(1세기의 노예주인)에게 쓴 편지 같은 성경 구절들은 수세기 동안 성경을 이기적인 목적으로 잘못 해석해 왔던 행태에 빛을 비추어 준다. 빌레몬서에서 바울은 크리스천인 빌레몬이 종인 오네시모를 더 이상 노예가 아닌 동등한 형제로 정중히 대해야 한다고 말한다(몬 1:15-17).

성경학자 F. F. 브루스(Bruce)에 따르면, 바울의 신약 서간문들은 "그 제도(노예 제도)가 시들어 사라질 수밖에 없는 환경을 만든다."[10] 역사를 돌아보면 브루스의 말이 옳다. 윌리엄 윌버포스(William Wilberforce), 에이브러햄 링컨(Abraham Lincoln), 마틴 루터 킹 주니어 같은 노예 폐지론자와 공민권 운동가들은 성경에 대한 믿음에도 불구하고가 아니라 바로 그 믿음 때문에 인종주의와 노예 제도를 반대했다.

물론 아직 갈 길이 꽤 남았기는 하지만 여성 평등의 영역에서도 성경으로 인해 큰 발전이 나타났다. 예수님이 여성들을 대한 모습이나 여성의 존엄성을 강조하는 구약과 신약의 많은 구절을 보면 누구도 성경이 여성을 남성보다 열등하게 본다고 주장할 수 없다.

많은 선진국에서 노예 제도와 여성 억압 같은 불의를 반대하는 운동이 크게 일어난 것은 무엇보다도 잘못된 성경 해석을 잠재우는 성경 속의 강한 반대 목소리 때문이다. 하지만 성경 어디에도 동성애를 지지하는 목소리는 발견되지 않는다.

동성애 친구들이 있는 나 같은 사람들과 동성애자 자신들에게 이는 참으로 안타깝고 슬픈 일이다. 하지만 모든 위로의 하나님은 이 슬픔의 한복판에서 우리를 만나 주시고 함께해 주겠다고 약속하신다. 하나님은 우리를 그분이 하신 말씀의 검열관으로 삼지 않으셨다. 하나님은 우리가 이해할 수 없어도 그분의 말씀은 다 선하니 믿고 따르라고 말씀하신다. 물론 이는 쉽지 않다.

어떤 이들은 동성애자들에게 무정하게 말한다. "누구는 성경 말씀을 다 좋아서 따르는 줄 아는가? 그냥 당신들이 져야 할 십자가로 받아들이고 독신으로 살아갈 수는 없는가? 금욕을 하나님이 당신들에게 주신 독특한 소명으로 받아들일 수는 없는가?" 이런 말은 동성애자 크리스천들의 깊은 고통을 제대로 이해하지 못한 말이다.

총각 때 나는 여자와 연합하고 싶었지만 예수님께 항복하기 위해 금욕을 했다. 하지만 그래봐야 그 금욕은 한시적이었다. 금욕과 순결이 아무리 힘들어도 언젠가 평생의 동반자와 연합할 '가능성'은 항상 있었다. 하지만 극단적인 동성애자들에게는 그럴 가능성이 아예 존재하지 않는다. 그들에게 예수님에 대한 항복은 일종의 죽음처럼 느껴질 수밖에 없다. 심하게 말하면 겟세마네 동산에서 하나님께 항복한 예수님과 같은 심정일 것이다. 내가 이 대화에 조금이라도 의미 있는 기여를 하려면 먼저 일시적인 독신이 평생 성적 충동과 애틋한 감정을 억눌러야 하는 종신형과 같은 상황에 비할 바가 아님을 알고 인정해야만 한다. 동성애자가 아닌 사람들은 연민으로 이 대화를 시작하고 그 연민을 계속해서 잃지 말아야 한다. 겪어 보지도 않았고 겪어 볼 일도 없는 상황을 이해하는 것처럼 굴지 말아야 한다.

하지만 성경은 그대로 있고, 그 진리도 변함이 없다. 예수님은 하나님의 모든 자녀가 매일 자신을 부인하고 자기 십자가를 지고 그분을 따라야 한다고 말씀하셨다(마 16:24; 눅 9:23). 어떤 이들의 십자가는 보통 사람들의 십자가보다 훨씬 무거울 수 있다. 그러나 상관없이 모두가 자기 십자가를 져야 한다. 내가 짊어진 작은 십자가는 근심 걱정과 거기서 비롯한 불면증이다. 둘 다 하나님에 대한 믿음에 반하는 것이다. 내 탐욕도 내 모든 필요를 채워 주시겠다는 하나님의 약속에 반하는 것이다. 사람의 인정을 갈구하는 내 성향(이 글을 쓰는 지금도 내 동성애자 친구들이 이 글을 어떻게 받아들일지 신경 쓰고 있다)도 하나님이 그리스도 안에서 값없이 주신 은혜에 반하는 것이다.

하지만 하나님은 내가 이런 식으로 살도록 창조하시지 않았다. 하나님은 내가 이런 혼란스럽고 망가진 충동과 본성, 욕구의 초대에 응하도록 창조하시지 않았다. 대신 하나님은 내게 다른 초대를 하신다. 바로, 내 모든 충동과 본성, 욕구를 그분의 주되심 아래에 내려놓으라는 초대와 하나님은 두려움이나 탐욕, 감정적인 빈곤함에서 벗어나 그분을 믿으라고 말씀하신다. 그분의 생각이 내 생각보다 높고, 그분의 길이 내 길보다 높으며, 그분의 지혜가 내 욕구와 갈망보다 높다는 사실을 믿으라고 말씀하신다. 하나님은 언젠가 이 항복의 이유를 분명히 알게 될 것이니 그냥 믿으라고 말씀하신다. 하나님은 언젠가 예수님이 돌아오셔서 만물을 새롭게 하시고 내 혼란스럽고 망가진 욕구를 비롯해서 혼란스럽고 망가진 모든 것을 구속하실 때 눈앞이 훤해질 것이라고 말씀하신다.

내 모든 짐은 모든 성적 욕구를 예수님 앞에 내려놓아야 하는 동성애자들의 짐에 비할 바가 못 된다. 나는 그런 항복을 한 몇몇 동성애자들과 친구로 지내고 있다. 또한 이성과 결혼해서 가정에 충실한 몇몇 동성애자들도 알고 있다. 그들에게 이런 삶은 고귀한 십자가다. 이들 중 일부는 현재 우리 교회에 다니고 있다. 그들 중 많은 이들에게 그런 항복은 자식을 잃은 부모의 아픔이었다. 하지만 그들 모두는 예수님이 사랑의 걸림돌이 아니라 사랑 자체이시기 때문에 그런 항복을 가치 있게 여겼다.

내 주변에는 비슷한 이유로 결혼하고서도 '욕구'를 억누르고 사는 이들이 있다. 그들은 관계적으로 힘든 배우자, 뇌수술로 전신불수나 반신불수가 된 배우자, 치매를 앓는 배우자, 성기능을 상실한 배우자의 곁을 지키기로 결심했다. 이들 중에는 나이가 아주 젊은 사람들도 있다. 그들이 남은 평생 안고 살아야 할 감정적, 관계적, 성적인 짐은 실로 막대하다. 하지만 그들은 예수님이 사랑의 걸림돌이 아니라 사랑 자체이시기 때문에 기꺼이 이 짐을 받아들이고 있다. 그들의 간증에 따르면 그들은 예수님에게서 세상의 그 어떤 사랑과도 비교할 수 없는 진정으로 변함없고 안전하고 오래 가는 사랑을 찾았다.

혼자 사는 것은
좋지 않다

우리는 믿음의 형제자매들에게 결혼은 한 남자와 한 여자 사이에서만 하고 결혼하지 않는다면 금욕하라고 가르쳐야 하지만, 거기서 멈춰서는 안 된다. 나아가, 예수님의 성윤리를 따르면 성공할 뿐 아니라 번영한다는 사실로 그들에게 용기를 주어야 한다. 예수님을 따르려는 자들에게 혼외정사가 잘못이고 동성애가 도를 벗어난 것이라고 알려 주는 것만으로는 충분하지 않다.

"성경이 이렇게 말하고 있으니 더 이상 잔말하지 마시오!"라는 말은 동반자를 원하지만 원치 않는 독신과 금욕의 짐을 지고 있는 사람들의 등을 돌리게 하는 게으르고 부주의한 접근법이다. 예수님은 이렇게 말씀하셨다.

"서기관들과 바리새인들이 모세의 자리에 앉았으니 … 그들은 말만 하고 행하지 아니하며 또 무거운 짐을 묶어 사람의 어깨에 지우되 자기는 이것을 한 손가락으로도 움직이려 하지 아니하며"(마 23:2-4).

진정으로 예수님을 따르고 싶다면 손가락질을 해서 형제자매의 외로움을 가중시키는 일 따위는 하지 말아야 한다. 결혼했든 결혼하지 않았든 모든 사람은 다른 누군가의 지원과 동반, 친밀함, 인간적인 터치를 필요로 한다. 따라서 우리는 어떻게 하면 결혼하지 않은 사람들이 결혼만큼 깊고 섹스만큼 의미 있는 우정을 누릴 수 있을지를 고민

243

해야 한다. 그들에게 바로 이런 우정의 선물을 주기 위해 우리 믿음의 공동체들이 나서야 한다. 정말로 섹스만큼 의미 있는 우정이 가능하다. 다윗과 요나단의 이야기를 읽어 보았는가?

결혼만큼 깊은 우정, 가족만큼 깊은 공동체

예수님과 바울 시대보다 수세기 전 다윗과 요나단은 다윗이 "내 형 요나단이여 내가 그대를 애통함은 그대는 내게 심히 아름다움이라. 그대가 나를 사랑함이 기이하여 여인의 사랑보다 더하였도다"라고 말할 정도로 깊은 우정을 나누었다(삼하 1:26).

동성애를 옹호하는 사람들 중에는 다윗의 이 말 하나만 따로 떼어내어 다윗과 요나단이 동성애자였다고 주장하는 이들이 있다. 하지만 성경 어디에도 두 사람의 동성애를 의심케 하는 증거는 없다. 단지 부부보다도 더 깊고 헌신적인 우정을 보여 주는 증거만 있을 뿐이다.

성경은 요나단과 다윗의 영혼이 "하나가 되어" 서로가 서로를 자기 영혼처럼 사랑했다고 말한다(삼상 18:1). 두 사람은 항상 서로의 편이 되어 주고 심지어 상대방의 신상에 문제가 생기면 상대방의 자식까지 키워 주기로 평생의 언약을 맺었다. 룻이 나오미의 곁을 떠나기를 거부하고 요한이 예수님의 품에 푹 안기고 예수님이 우리를 절대 버리거나 떠나지 않겠다고 약속하신 것처럼, 다윗과 요나단의 우정은 더

없이 친밀하고 변함없는 것이었다. 서로를 향한 그들의 사랑은 남녀 간의 사랑이 아니었다. 그들은 벗은 육체가 아닌 벗은 영혼을 나누었다.[11]

'영혼이 하나가 되는' 이런 우정은 비록 성적 쾌락을 동반하지는 않지만 결혼하지 않은 남녀, 동성애자와 이성애자, 이혼한 사람이나 과부 모두에게 힘과 위로, 변함없는 친밀함을 제공해 준다. 예수님에 대한 순종으로 결혼하지 않고 금욕을 실천했던 동성애자 W. H. 오든(Auden)은 한 친구에게 쓴 편지에서 이를 말하고 있다.

집이라 부를 곳, 한 몸을 이룰 사람이 없다는 사실이 견딜 수 없을 것만 같은 순간들이 있네. 자네, 그리고 비록 많지는 않지만 자네와 같은 친구들이 아니었다면 지금까지 견디지 못했을 걸세.[12]

교회가 사람들이 이런 우정을 찾는 마지막 장소가 아니라 첫 번째 장소가 된다면 얼마나 좋을까? 결혼한 교인들과 결혼하지 않은 교인들이 서로 가족이나 다름없이 지내서 교회 안에 결혼하지 않은 사람은 있어도 '싱글'은 단 한 명도 없게 되면 얼마나 좋을까? 교인들이 서로에게 형제와 자매, 아버지와 어머니, 아들과 딸이 되어 주면 어떨까? 교회가 독신이 감옥이 아니라 예수님과 교제하고 하나님 나라의 일을 섬길 기회라는 사실을 발견할 수 있는 곳이 되면 얼마나 좋을까? 교회가 결혼하지 않는 사람들을 받아 줄 뿐 아니라 독신을 예수님과 바울의 경우처럼 고귀한 소명으로 여기면 얼마나 좋을까?

하나님은 고독한 자들을 가족 안에 두신다고 말씀하셨다. 예수님은 "나와 복음을 위하여 집이나 형제나 자매나 어머니나 아버지나 자식이나 전토를 버린 자는 현세에 있어 집과 형제와 자매와 어머니와 자식과 전토를 백배나 … 받지 못할 자가 없느니라"라고 말씀하셨다.[13] 현대 교회를 통해 이 말씀이 이루어진다면 얼마나 좋을까? 교회가 혼자 사는 것이 좋지 않다는 말을 아무도 듣지 않는 곳이 되면 얼마나 좋을까?

바로 이것이 하나님이 의도하신 교회의 모습이다.

예수 그리스도와
결혼의 진짜 의미

하나님이 결혼과 성을 창조하신 주된 이유가 우리가 결혼해서 성을 누리는 것이 아니라면 무엇일까? 하나님이 더 크고 궁극적인 무엇인가를 염두에 두고 계신다면? 결혼 여부와 상관없이 모든 사람이 누릴 수 있는 훨씬 더 큰 무엇이 존재할 수도 있다.

예수님이 왜 독신을 선택하셨는지 궁금한 적이 있는가? 혹시 우리를 위해서 순결을 지키신 것이 아닐까? 성경 전체를 더 깊이 들여다보면 결혼 자체보다 더 큰 결혼에 관한 이야기가 발견된다. 바울에 따르면, 결혼은 그 자체로 목적이 아니라 더 큰 무엇인가를 가리키는 상징이다.

"(결혼의) 이 비밀이 크도다 나는 그리스도와 교회에 대하여 말하노라"(엡

5:32).

바울의 이 말은 하나님이 결혼을 예비적이고 일시적인 것으로 설계하셨다는 뜻이다. 결혼의 첫 번째요 가장 근본적인 목표는 남편과 아내가 예수님과의 영원한 결혼을 위해 서로를 준비시키는 것이다(엡 5:22-33). 새하늘과 새땅에서 유지될 유일한 결혼은 예수님과 그분의 신부인 교회 사이의 결혼이다(마 22:30; 계 19:6-8).

이것이 무슨 의미인가? 기혼이든 미혼이든 이혼했든 배우자를 먼저 떠나 보냈든 상관없이 모든 신자는 '진정한' 결혼을 통해 예수님과 영원히 연합되었다는 뜻이다. 이 결혼을 통해 동반과 사랑, 친밀함에 관한 충족되지 않은 모든 갈망이 온전히 이루어질 것이다.

바울의 말처럼 이 모두는 큰 비밀이요 신비다. 하지만 한 가지 확실한 사실은 이생의 결혼생활에서 가장 좋은 날조차 새하늘과 새땅에서 펼쳐질 예수님과의 결혼생활에서 가장 나쁜 날에 비할 바가 못 된다는 것이다(물론 그곳에는 나쁜 날이 존재하지 않겠지만). 이생에서 최고의 섹스도 예수님과의 사이에서 매일 누릴 친밀함에 비하면 지루하기 짝이 없을 뿐이다. 여기서 끝이 아니다. 예수님이 신부를 들어 그 영원하신 품에 안으실 날, 우리의 가장 깊은 아픔과 갈망, 외로움은 눈 녹듯이 사라질 것이다.

그런데 지금 이곳에서는 예수님만으로 충분할까? 서로 벌거벗고 부끄러움 없이 서로의 품에 안길 날을 고대하며 결혼식 날까지 순결을 지키는 약혼 남녀처럼, 우리도 예수님이 우리의 가장 깊은 필요와 욕구를 궁극적으로 채워 주실 날까지 기다릴 수 있을까?

내 친구 페이지 브라운(Paige Brown)이 결혼하기 몇 년 전에 쓴 다음 글은 우리에게 큰 힘과 위로를 준다.

모든 문제는 신학적 문제다. 미혼자들의 잦은 불만족도 예외는 아니다. … 나는 결혼하고 싶다. 여동생은 두 달 전에 시집을 갔다. … 하나님이 여동생에게보다 내게 덜 선하신 걸까? 답은 "절대 아니다"이다. 하나님은 내게 덜 선하시지 않다. 왜냐하면 하나님은 절대 내게 덜 선하실 수 없기 때문이다. 하나님이 어느 한 자녀라도 신경 쓰시지 않는다는 것은 절대 있을 수 없는 일이다. … 지금 내가 혼자 있는 것이 최선이 아닐 가능성은 절대 없다. … 아는지 모르겠지만 미혼자들은 만성 건망증 환자들이다. 우리는 자신이 누구인지를 자주 잊어버린다. 우리는 자신이 누구의 것인지를 자꾸만 잊어버린다. 나는 미혼 크리스천이다. 내 정체성은 결혼 여부가 아니라 구속된 상태에 있다. … 내게 너무 선하신 하나님 덕분에 내가 몇 년 안에 누군가를 만나서 결혼식을 올릴지도 모른다. 내게 너무 선하신 하나님 덕분에 내가 남자를 못 만나 늙은 독신녀로 죽을지도 모른다. 내 뜻이 아니라 그분의 뜻이 이루어지길 간절히 기도한다.[14]

동성애자든 이성애자든 미혼이든 이혼했든 고통스러운 결혼생활을 이어가고 있든 화목한 가정을 일구고 있든, 하나님이 궁극적으로 예수님과의 영원한 결혼을 위해 우리를 창조하셨음을 기억하며 힘과 용기를 얻기를 바란다. 이 결혼은 지금도 우리의 것이지만 다가올 세상에서 우리는 부부의 침실에서보다 더 깊은 친밀함을 경험하게 될 것이다. 성경의 비전이 사실이라면 예수님은 섹스보다 낫다. 그분의 사랑은 가장 강한 자보다 강하고 인간의 가장 깊은 사랑보다 더 깊다.

예수,
우리의 상황 속으로
들어오시다

고통과 고난의 문제는 사람들이 하나님께 등을 돌리는 가장 큰 이유 중 하나다. 이 문제는 역사만큼이나 오래된 문제이며, 세상의 모든 철학과 신학이 여태껏 만족스럽게 풀어내지 못하였다.

크리스천들의 말처럼 하나님이 계신다면, 그리고 그 하나님이 선하고 사랑이 많으시며 만물을 항상 다스리고 계신다면 왜 어린아이들이 꽃도 피워 보지 못하고 안타까운 생을 마감하는가? 왜 결혼이 가슴 아픈 이혼으로 끝나고 마는가? 왜 사람들이 암에 걸리는가? 토네이도와 허리케인, 홀로코스트는 뭔가? 왜 가난과 학대, 경제적 불평등, 인종주의, 계급주의, 압제, 대량 학살, 인신매매와 성매매 같은 불의가 뿌리 뽑히기는커녕 점점 더 심해지고 있는가?

우리는 이해할 수 없어서 머리를 긁적이고 있다. 세상을 가만히 살펴보면 사랑 많은 주권적인 하나님이라는 개념보다 결국 인생은 "백치가 떠드는 이야기에 불과해. 아무런 의미도 없고 소음과 분노만 가득하지"라는 셰익스피어(Shakespeare)의 맥베스(Macbeth)의 말에 더 공감이 간다.

고통이 찾아오면 대개 사람들은 세 가지 중 하나의 반응을 보인다. 어떤 이들은 허황된 낙관론에 사로잡혀 있다. 그들은 "하나님은 항상 선하시다"라는 말만 앵무새처럼 되풀이한다. 물론 이것은 맞는 말이지만, 그들은 성경 속에서 생생하게 표현된 하나님께 배신당한 심정을 전혀 인정하지 않는다. 그들은 "여호와여 어느 때까지니이까 나를 영원히 잊으시나이까"(시 13:1)나 "내 하나님이여 내 하나님이여 어찌 나를 버리셨나이까"(시 22:1)와 같은 성경 속의 솔직한 기도를 무시하는 경향이 있다. 그런가 하면 선하고 전능하신 분이 끔찍한 일들을 허락하셨다는 사실을 도저히 믿을 수 없어 냉소적으로 변하고 심지어 하나님께 등을 돌리는 이들도 있다.

반면, 현실을 직시하면서도 여전히 희망을 버리지 않는 사람들도 있다. 그들은 고통 중에도 계속해서 하나님의 선하심을 믿고 고통스러운 현실이 인내와 인격, 소망을 길러 준다는 점에 주목한다(롬 5:4). 동시에 그들은 인생의 어려움에 관해서 철저히 솔직한 모습을 보인다. 그들은 하나님이 항상 선하시다고 믿으면서도 세상의 정말 많은 것이 망가져 있다는 사실도 분명히 직시한다.

학자들이 성경에서 가장 오래된 책으로 보는 욥기는 고통에 관한 질문과 씨름한다. 욥에 대한 하나님의 평가는 그분을 경외하고 악을 미워하는, 땅에서 가장 의로운 사람이었다. 그럼에도 불구하고 욥은 전 재산을 잃은 것도 모자라서 열 명의 자녀와 자신의 건강까지 송두리째 잃었다. 이에 대한 욥의 첫 반응은 하나님 앞에 무릎을 꿇고 예배하는 것이었다(욥 1:1-20). 욥의 입에서 역사상 가장 충격적인 항복의 고백이 나왔다. "내가 모태에서 알몸으로 나왔사온즉 또한 알몸이 그리로 돌아가올지라 주신 이도 여호와시요 거두신 이도 여호와시오니 여호와의 이름이 찬송을 받으실지니이다"(욥 1:21).

이야기는 계속되고, 이제 욥의 친구들이 나타나 진정한 친구다운 모습을 보여 준다. 처음 욥을 찾아온 친구들은 그의 옆에 앉아 아무 말 없이 함께 눈물을 흘려준다. 설교 대신 우정을 보여 준다. 답을 주는 대신 자신들을 준다. 하지만 오래지 않아 그들은 욥의 고통에 관한 이론을 세우기 시작한다. 욥의 상황을 어떤 범주로 분류해야 할지 알수 없었기 때문에 자신들의 편의에 맞게 새로운 범주를 만들어 낸다.

하나님의 선하심을 변호하고 싶었던 그들은 맹목적인 비판자로 돌변해, 하나님이 욥에게 엄한 교훈을 주고자 이런 고통을 주신 것이라고 주장하기 시작한다. 그러면서 이렇게 말한다. "어서 하나님께 죄를 고백하고 용서를 빌게. 그러면 하나님이 다시 복을 주실 거야."

이번에는 욥의 아내가 나선다. 그녀는 욥이 친구들의 말처럼 형편없는 사람이 아니라는 것을 잘 알고 있다. 욥은 평소처럼 믿음 있는 모습을 유지하고 있다. 하지만 아내는 선하신 하나님이 어떻게 이런 고난을 허락하실 수 있는지 이해할 수 없어 비난 대열에 합류한다. "당신이 그래도 자기의 온전함을 굳게 지키느냐 하나님을 욕하고 죽으라"(욥 2:9).

결국 욥도 무너져 내린다. 하나님께 주먹을 휘두르며 해명을 요구한다. 하나님의 침묵을 더 이상 참을 수 없어 마구 퍼붓는다. "나는 온전하다마는 내가 나를 돌아보지 아니하고 내 생명을 천히 여기는구나 … 그러므로 나는 말하기를 하나님이 온전한 자나 악한 자나 멸망시키신다 하나니 … 무죄한 자의 절망도 그가 비웃으시리라"(욥 9:21-23).

욥의 이야기 앞에서 우리는 묻지 않을 수 없다. "왜 선하신 하나님이 그분의 세상에서 고통을 허락하시는지에 관해 확실한 답을 얻을 수 있을까?" 욥의 친구들처럼 모든 일에는 원인과 결과가 있고 하나님이 아닌 우리가 원인이라는 답에 만족해야 할까? 아니면 욥의 아내처럼 선한 사람들을 고통받게 놓아 두시는 하나님은 전혀 선하지 않고, 따라서 우리의 충성과 사랑을 받을 자격이 없다는 결론을 내려야 할까?

아니면 우리가 붙잡을 수 있는 어떤 희망이 존재하는가? 고통과 고난의 문제에 관한 우리의 합당한 슬픔, 심지어 분노 속에서도 희망을 발견할 수 있을까?

고통 앞에서
솔직한 반응

기독교가 고통과 악의 문제와 관련해서 큰 기여를 한 것이 있다면 그것은 세상의 망가짐에 관해 더없이 솔직하게 말하고 있다는 것이다. 성경은 우리의 이야기를 고통 없이 완벽한 두 세상 사이에 있는 중간 시대에 배치하고 있다. 두 세상은 바로 에덴동산과 새예루살렘이다.

태초에 하나님이 천지를 창조하셨다. 창조 역사를 마친 뒤 하나님은 창조하신 모든 것을 보며 '심히' 좋다고 선포하셨다. 물, 땅, 하늘이 완벽한 조화를 이루어 동식물과 우리의 첫 부모에게 완벽한 환경을 만들어 냈다. 세상은 영적으로도 완벽했다. 즉 첫 남녀는 매일 밤낮으로 하나님과 아무런 방해 없는 완벽한 교제를 누렸다. 하나님은 그들의 하나님이셨고, 그들은 하나님의 백성들이었다. 사회적으로도 남녀는 서로 완벽한 교제를 누렸다. 싸움도 없었고 사과도 없었다. 하나님의 동산에서 아담과 하와는 일하고 놀고 먹고 마시고 사랑하고 푹 잤다. 둘 다 벌거벗었지만 부끄러움 따위는 없었다. 문화적으로, 남녀는 다른 피조물과 완벽한 조화를 이루었다. 하나님은 그들에게 동물의 이름을 붙이고 땅을 가꾸라는 임무를 주셨는데, 그 일은 더없이 만족스럽고 의미가 있었다. 그곳은 그야말로 진정한 낙원이었다.

그런데 우리를 대표하는 아담과 하와는 그만 하나님으로부터 독립하는 것을 원하게 되었다. 그리하여 그들이 금단의 열매를 먹는 순간, 모든 조화가 틀어졌다. 그들은 하나님을 피해 도망쳤다. 자신이 저지른 일에 대해서 상대방과 뱀에게 책임을 전가했다. 땅도 덩달아 저주를 받아 일이 고되어졌다. 관계도 저주를 받아 골치 아픈 일이 잇따랐다. 그 뒤로 고통과 고난, 약함과 수치, 실망스러운 일과 용두사미가 인간 세상의 일상적인 풍경이 되었다.

회복을
갈망하다

낙원은 타락한 인류의 과거일 뿐 아니라 구속된 인류의 미래이기도 하다. 성경의 첫 장과 마찬가지로 마지막 장도 목가적인 세상을 묘사하고 있다. 요한계시록에 기록된 요한의 환상은 망가진 모든 것이 회복되고 아픈 모든 것이 치유되며 슬픈 모든 것이 영광으로 변할 새 하늘과 새 땅에 관한 환상이다. 이전 것은 지나가고 모든 것이 새로워지기 때문에 그곳에는 더 이상 사망이나 애통하는 것이나 곡하는 것이나 아픈 것이 없을 것이다(계 21:1-5). 하나님의 얼굴 앞에 다시 서서 그분의 임재를 마음껏 누릴 것이다. 관계가 꽃을 피우고, 일은 의욕과 즐거움으로 가득할 것이다.

에덴과 새예루살렘은 창조 의도대로의 삶을 의미한다. 우리가 이런 세상을 위해 창조되었다면 우리가 고통과 고난 앞에서 분노하는 것이 이상한 일인가? 세상이 망가진 모습을 보일 때 염세적이고 냉소적으로 흐르고 분노와 슬픔에 빠지는 것이 이상한 일인가? 고통 앞에서 우리의 평정심은 뿌리째 흔들린다. 혼란에 빠지고 불안해하며 회복과 쇄신을 절실히 갈망하게 된다.

따라서 고통과 슬픔 앞에서 분노하는 것은 지극히 자연스러운 반응이다. 우리는 완벽하도록 창조되었고, 우리의 마음이 그런 완벽한 삶을 갈망하기 때문이다. 고통 가운데 그 이유를 알아내려고 몸부림치는 것 또한 고통이다.

C. S. 루이스는 아내 조이(Joy)를 암으로 먼저 떠나보낸 뒤에 다음과 같은 글을 썼다.

행복할 때, 너무 행복해서 (하나님이) 필요함을 전혀 느끼지 못할 때, 너무 행복해서 하나님의 붙드심이 마치 간섭처럼 느껴질 때, 그분을 기억하고 감사와 찬송으로 그분께 나아가면 두 팔을 벌려 환영해 주실 것이다. 혹은 그런 느낌을 받을 것이다. 하지만 다른 모든 도움이 소용이 없어서 그분의 도움이 절박할 때 찾아가면 어떻게 될까? 면전에서 문이 쾅 닫히고 안에서 빗장을 지르고 또 한 번 지르는 소리가 날 것이다. 그 후에는 침묵만 흐를 것이다.[1]

이런 솔직함이 귀에 거슬리고, 심지어 불경스러운 말처럼 느껴질 수도 있다. 하지만 고통과 슬픔 앞에서 이런 종류의 반응을 보인 사람은 루이스만이 아니다. 심지어 하나님의 마음에 합당한 사람이라는 평을 들었던 다윗도 고통 앞에서 비슷한 반응을 보인 적이 있었다. 그리고 하나님은 그 반응을 시편으로 고스란히 옮기셨다.

> 내 하나님이여 내 하나님이여 어찌 나를 버리셨나이까 어찌 나를 멀리 하여 돕지 아니하시오며 내 신음 소리를 듣지 아니하시나이까 내 하나님이여 내가 낮에도 부르짖고 밤에도 잠잠하지 아니하오나 응답하지 아니하시나이다(시 22:1-2).

> 여호와여 어느 때까지니이까 나를 영원히 잊으시나이까 주의 얼굴을 나에게서 어느 때까지 숨기시겠나이까 나의 영혼이 번민하고 종일토록 마음에 근심하기를 어느 때까지 하오며 내 원수가 나를 치며 자랑하기를 어느 때까지 하리이까(시 13:1-2).

이런 기도를 해 본 적이 있는가? 그렇다면 기도한 후 기분이 찝찝했는가? 하지만 이것이 당신이 지금까지 드린 기도 중에 가장 깨끗하고도 순수하고 가장 크리스천다운 기도 중 하나라면? 하나님이 우리가 고통 앞에서 고통이 없는 척 스스로를 속이기보다는 현실을 직시하고 솔직해지라고 말씀하고 계신다면 어떠한가?

예수님의 절친한 친구였던 나사로의 두 여동생인 마리아와 마르다에 관해 생각해 보자. 예수님은 나사로를 '사랑'하셨다. 그럼에도 나사로가 죽게 두셨을 뿐 아니라 그의 장례식에도 참석하지 않으셨다.

예수님은 나사로가 죽은 지 나흘이나 지나서야 겨우 찾아오셨다. 자매 중 성격이 더 급한 마르다는 당장 예수님께 불만을 토로했다.

"주께서 여기 계셨더라면 내 오라버니가 죽지 아니하였겠나이다"(요 11:21).

"예수님, 도대체 어디 계시다가 이제야 오신 겁니까? 저희 오빠가 죽어가는 동안 어디서 뭘 하고 계신 겁니까? 당신은 숨으로 은하계들을 창조하셨습니다. 당신은 말씀 한마디로 바다를 가르셨습니다. 당신은 눈먼 사람을 보게 하셨습니다. 당신은 빵 한 광주리와 생선 조금으로 수천 명을 배불리 먹이셨습니다. 당신은 물을 포도주로 바꾸셨습니다. 하지만 당신이 친구라고 부르신 저희가 두려움과 절망, 비통 속에서 부르짖는데도 왜 침묵으로 일관하셨습니까? 왜 멀리 계셨습니까? 왜 빨리 오시지 않았습니까? 왜 도와주시지 않았습니까?"

마리아는 마르다처럼 씩씩거리지는 않았지만 서운하기는 마찬가지였다. 마리아는 예수님의 면전에 따지는 대신 삐쳐서 집에서 나오지 않았다. '오빠가 이미 죽은 마당에 예수님께 따져봐야 무슨 소용인가. 아무래도 예수님은 우리가 생각했던 그분이 아닌가봐. 아니면 그분이 맞기는 하지만 우리 같은 자들은 거들떠보지 않는 분인지도 모르지.' 예수님이 직접 부르신 뒤에야 비로소 마리아는 그분을 보러 나갔다. 그리고 그녀의 말도 언니와 똑같았다. "주께서 여기 계셨더라면 내 오라버니가 죽지 아니하였겠나이다"(요 11:32).

두 자매는 두 가지 인격이지만 한 가지 결론에 이르렀다. "하나님이 우리를 실망시키셨다."

분노와 슬픔은
크리스천의 미덕

하지만 상황이 겉보기와 같지 않다면 어떠할까? 수백만 광년 멀리 계신 것처럼 보이는 하나님이 사실은 오히려 전보다 더 가까이 계신다면? 우리를 미워하는 것처럼 보이는 하나님이 사실은 우리의 상상보다 더 훨씬 우리를 위하고 계신다면 어떠할까?

욥의 경우도 그랬고 마리아와 마르다의 경우도 그랬다. 두 경우 모두, 이면의 이야기가 있었다. 하나님과 사탄, 천사들, 귀신들의 세상에서 보이지 않는 전투가 벌어지고 있었다. 그 순간에는 숨겨진 진리가 있었다. 그 진리가 드러날 때 고통받는 자들의 시각이 180도로 변하게 된다. 하나님의 세상에는 우리가 이해하지 못하는 일이 많다.

"감추어진 일은 우리 하나님 여호와께 속하였거니와"(신 29:29).

"우리가 지금은 거울로 보는 것 같이 희미하나"(고전 13:12).

하나님이 아시는 모든 것을 우리가 다 알 수 있다면, 하나님이 보시는 모든 것을 우리가 다 볼 수 있다면, 유한하고 일시적인 육체가 무한과 영원을 엿볼 수 있다면, 고통과 슬픔을 바라보는 우리의 시각이 완전히 달라질 것이다. 하나님의 부재처럼 보이는 것이 사실은 전혀 그렇지 않다는 것을 분명히 알게 될 것이다. 하나님의 계획이 우리의 파멸이 아닌 번영을 위한 것임을 확실히 알게 될 것이다. 이 점을 어떻게 알 수 있는가? 이 이야기의 나머지 부분을 통해서 알 수 있다.

마르다와 마리아를 둘러싼 조문객들은 정상적인 사람이라면 누구나 품을 법한 의문을 제기하기 시작했다. "맹인의 눈을 뜨게 한 이 사람이 그 사람은 죽지 않게 할 수 없었더냐"(요 11:37).

이에 예수님은 두 가지로 반응하셨다. 첫째, 짧은 설교를 하셨다.

예수께서 (마르다에게) 이르시되 나는 부활이요 생명이니 나를 믿는 자는 죽어도 살겠고 무릇 살아서 나를 믿는 자는 영원히 죽지 아니하리니 이 것을 네가 믿느냐(요 11:25-26).

이 순간, 마르다의 머릿속에는 어떤 생각이 있었을까? 아마 다음과 같은 생각을 하지 않았을까? '외람된 말씀이지만, 예수님, 제 오빠는 그걸 믿었죠. 하지만 지금 오빠가 어디에 있나요? 지금은 설교하실 때가 아니지 않을까요? 장례식장 예절에 관해 검색해보지도 않으셨나요? 슬픔의 다섯 단계라고 들어보신 적이 없나요? 상황 파악과 배려라곤 눈곱만큼도 없던 욥의 황당한 "위로자들"을 기억하시나요? 그렇지 않아도 힘들어하던 욥을 아예 미치게 만들었던 욥 아내의 "설교"가 기억나시지 않나요? 당신이 하나님이시라는 건 알겠지만 인간의 상황은 너무 모르시는군요. 때로는 설교가 상처를 더욱 후벼 파는 칼질이 될 수 있다는 걸 모르시는군요. 설교가 도움은커녕 모욕이 될 수도 있다고요!'

하지만 예수님의 별난 행동은 인간의 상황을 전혀 몰라서 나온 행동이 아니었다. 오히려 인간의 상황을 너무 잘 알기 때문에 나온 행동이었다. 예수님은 곧 모든 것을 바로잡을 참이셨다. 그 옛날 말씀으로 우주를 창조할 때 사용했던 능력으로 죽은 나사로를 되살리실 참이었다. 하지만 그러기 전에 예수님은 슬퍼하셨다(요 11:35). 예수님은 망가진 상황을 바로잡기 전에 그 상황 속으로 들어가 고통을 함께 나누셨다. 예수님은 현실을 직시하지 않은 채 싱글벙글하고 계시지 않았다. 예수님은 마리아와 마르다가 고통 앞에서 불경하고 영적이지 못한 모습을 보이고 있다며 꾸짖지도 않으셨다. 대신 그분은 그들의 상황 속으로 들어가 고통에 대한 그들의 부정적인 반응을 솔직한 반응으로 인정해 주셨다. 그렇다. 이런 반응은 망가진 세상에 대한 좋고 옳고 솔직하고 인간적인 반응인 '동시에' 하나님의 반응이기도 하다. 예수님은 그들의 상황 속으로 들어가셨다. 예수님은 그들의 상황을 고치기 전에 슬픔을 직접 겪으셨다. 그리고 그분은 우리에게도 똑같이 해 주신다.

> … 그는 간고를 많이 겪었으며 질고를 아는 자라 그는 실로 우리의 질고를 지고 우리의 슬픔을 당하였거늘 그가 채찍에 맞으므로 우리는 나음을 받았도다 … 그는 강포를 행하지 아니하였고 그의 입에 거짓이 없었으나 여호와께서 그에게 상함을 받게 하시기를 원하사 질고를 당하게 하셨은즉 그가 자기 영혼의 수고한 것을 보고 만족하게 여길 것이라 그가 자기 영혼을 버려 사망에 이르게 하며 범죄자를 위하여 기도하였느니라(사 53:3-5, 9-12).

마리아와 유대인 조문객들이 슬퍼 우는 것을 보신 예수님은 "심령에 비통히 여기"셨다. 그리고 나사로의 무덤에 이르러서도 다시 예수님은 "비통히 여기"셨다(요 11:33, 38). 여기서 역본들은 헬라어 원문을 제대로 담지 못하고 있다. 헬라어 원문에 따르면 '분개'하셨다. 분노하셨다. 격분하셨다. 침을 쏘기 직전의 벌, 공격하기 직전의 황소, 물어뜯기 직전의 사자처럼 성이 나셨다.

예수님은 그분께 의문을 제기한 마르다나 마리아, 조문객들에게 분노하신 것이 아니었다. 오히려 정반대였다. 예수님은 그들을 '위해' 분노하셨다. 그분은 그들에게 상처를 준 악당, 그들의 가슴을 찢어 놓고 그들의 가족을 이별시킨 불청객, 그들을 공격해서 울게 만든 짐승을 향해 분노하신 것이다. 다시 말해, 예수님은 죽음에 대해 분노하셨다.

진노하시는 하나님을 믿지 못하는 사람들을 보면 이해할 수가 없다. "우리 하나님은 사랑의 하나님이셔. 진노의 하나님이 아니시라고." 하지만 우리는 사랑하는 사람들이 악당에게 괴롭힘을 당하면 분노하지 않는가? 정말로 우주 최악의 악당인 죽음을 향해 분노하시지 않는 하나님을 원하는가?

최근 인터넷에서 한 초등학교가 학생들을 위해 제작했다는 소책자를 발견했다. 소책자는 학교에서 괴롭힘을 당하는 학생들을 위한 지침이었다. 그 지침은 이러했다. 괴롭힘을 당해도 화를 내지 말고 가해자가 자신을 도와주려는 사람인 것처럼 대하라. 두려워하지 말라. 말로 자신을 변호하려고 하지 말라. 공격하지도 말라. 육체적으로 당해도 화를 내지 말라. 아무런 말도 하지 말라. 비참한 패배자처럼 굴지 말고 그냥 웃어넘기는 법을 배우라.

이것이 하나님이 우리에게 압제와 불의, 학대, 고통, 죽음을 다루기 위한 지침으로 주신 안내서가 아니어서 얼마나 감사한지 모른다. 고난과 죽음이라는 불청객이 침입해 올 때 예수님은 현실을 솔직히 인정하며 분노하셨다. 예수님은 성전 탁자들을 뒤엎고, 곧 전투에 돌입할 황소처럼 콧김을 뿜으셨다. 예수님은 죽음이라는 악당을 반드시 없애고야 말겠다는 굳은 의지로 공격 자세를 취하셨다. 예수님은 죽음을 보셨다. 눈물을 보셨다. 그리고 불같이 노하셨다. 또한 예수님은 슬퍼하셨다. 특히, 불만을 소심하게 표현한 마리아를 보고 슬픔을 참지 못하셨다. 마리아 일행에게 이끌려 나사로의 무덤으로 가실 때 예수님의 분노에 슬픔이 더해졌다.

예수님은 우리의 분노와 슬픔에 개인적으로 반응하신다. 다혈질의 마르다는 예수님이 죽음에 분노하는 모습을 보았다. 반면, 온유한 마리아는 예수님의 눈물을 보았다. 각기 다른 두 여인은 주님이자 친구이신 분께 다른 반응을 보았다. 하나님의 온전한 형상이신 예수님은 그들에게 공감하셨을 뿐 아니라 '각자의 독특성에 따라' 그 공감을 표현하셨다. 예수님은 마르다를 위해서는 죽음이라는 적을 공격하셨다. 그러나 마리아를 위해서는 눈물을 흘리셨다. 니콜라스 월터스토프가 아들의 이른 죽음을 돌아보며 다음 글을 쓸 때 예수님의 눈물을 떠올리지 않았을까?

(슬픔 가운데 하나님의 답을 듣기 위해) 우리는 귀를 종그린다. 하지만 답을 듣는 대신 하나님 자신이 깨지고 찢어지신 모습을 본다. 우리의 눈을 통해 하나님의 눈물을 본다. … 그분의 슬픔이야말로 영광이 아닐까?[2]

예수님은 부활이요 생명이시다. 그분을 믿는 자들은 죽어도 살 것이다(요 11:25). 그분은 나사로의 죽음에 분노하고 슬퍼하신 지 불과 몇 분 만에 그를 무덤에서 불러내신 것처럼 그들을 무덤에서 불러내실 것이다.

예수님은 우리의 모든 망가진 구석과 우리 주변의 망가진 모든 것을 고치길 원하신다. 하지만 그러기 전에 먼저, 그 망가짐의 한복판에서도 그분이 우리와 함께하시며 우리의 편이시라는 점을 우리가 알기를 원하신다. 그분은 우리의 상황을 함께 겪고 계신다. 그분은 우리의 적을 물리치는 용사이지만, 거기서 끝이 아니다. 그분은 형제보다도 가까운 친구이자 연약한 병아리들을 날개 아래로 모으는 어미닭이며 우리의 슬픔과 눈물에 동참하시는 변호자이시다. 아이러니하게도, 가장 멀게 느껴질 때일수록 그분은 오히려 더욱 가까이서 우리의 아픔에 공감해 주신다. 예수님은 모든 것이 망가졌다고 현실을 솔직히 인정하면서 우리의 아픔에 공감해 주신다.

최소한 지금은 망가진 것이 우리의 현실이다.

미래의 소망을
얻다

그리스도께 소망을 둔 사람들에게는 고통이 이야기의 끝이 아니다. 플래너리 오코너(Flannery O'Connor)는 동정녀 탄생, 성육신, 부활, 고통 없는 삶 같은 것들이 "진짜 법들"이고 죽음과 부패, 파괴는 궁극적인 현실이 아니라 이런 법들이 한동안 중단된 상태라고 말했다.³ 신음과 부패, 죽음, 슬픔, 애곡, 고통이 가득한 현재 우리의 삶은 낙원에서 시작해서 낙원에서 끝나는 거대한 이야기의 중간쯤에 낀 장이다. 죄로 인해 이런 것들이 풀려났다. 죄의 삯은 죽음이기 때문에 어떤 형태든 금단의 열매를 먹으면 필연코 죽게 된다(롬 6:23; 창 2:17). 하지만 긍휼이 많으신 하나님은 우리가 멸망하기를 원치 않기 때문에 우리가 자초한 혼란을 바로잡고 만물을 새롭게 하겠다고 약속하셨다.

예수께서 (마르다에게) 이르시되 네 오라비가 다시 살아나리라 예수께서 이르시되 나는 부활이요 생명이니 나를 믿는 자는 죽어도 살겠고 무릇 살아서 나를 믿는 자는 영원히 죽지 아니하리니 이것을 네가 믿느냐(요 11:23, 25-26).

또 내가 새 하늘과 새 땅을 보니 처음 하늘과 처음 땅이 없어졌고 바다도 다시 있지 않더라 또 내가 보매 거룩한 성 새 예루살렘이 하나님께로부터 하늘에서 내려오니 그 준비한 것이 신부가 남편을 위하여 단장한 것 같더라 내가 들으니 보좌에서 큰 음성이 나서 이르되 보라 하나님의 장막이 사람들과 함께 있으매 하나님이 그들과 함께 계시리니 그들은 하나님의 백성이 되고 하나님은 친히 그들과 함께 계셔서 모든 눈물을 그 눈에서 닦아 주시니 다시는 사망이 없고 애통하는 것이나 곡하는 것이나 아픈 것이 다시 있지 아니하리니 처음 것들이 다 지나갔음이러라 보좌에 앉으신 이가 이르시되 보라 내가 만물을 새롭게 하노라 하시고 또 이르시되 이 말은 신실하고 참되니 기록하라 하시고(계 21:1-5).

N. T. 라이트는 소망이 현재에 하나님의 미래를 상상하는 것이라는 말을 했다. 팀 켈러도 언젠가 모든 슬픈 일이 꿈이 될 거라는 톨킨 소설 속 인물 샘와이즈 갬지(Samwise Gamgee)의 말과 하늘이 상황을 뒤집어 고뇌조차 영광으로 바꿀 것이라는 C. S. 루이스의 말을 인용하여 비슷한 말을 했다.[4]

이 사람들은 예수님이 마르다에게 말씀하셨던 것, 그리고 예수님께 사랑받은 제자 요한이 새 예루살렘에 관한 환상에서 보았던 것을 말한 것이다. 이생에서 고난을 겪으면서도 내세에 단단히 소망의 닻을 내린 사람들은 훗날 죽음과 슬픔, 애통, 고통이 단순히 악몽의 일부인 것처럼 담담하게 돌아보게 될 것이다. 그 모든 고난이 진짜 현실이 아니라 진짜 현실이 한동안 멈춘 상황에 불과함을 똑똑히 보게 될 것이다. 모든 슬픈 일이 한낱 꿈이 될 것이다. 악몽을 꾼 덕분에 그들은 영생을 훨씬 더 기쁘게 즐기게 될 것이다.

내가 여섯 살 때 부모님이 멀리 휴가를 다녀오신 적이 있다. 두 분이 돌아오기로 한 날 밤, 베이비시터는 나를 깨워 나쁜 소식이 있다고 말했다. 항공기 한 대가 추락해서 탑승자가 전원 사망했는데 아무래도 그 항공기가 우리 부모님이 탄 항공기 같다는 것이었다.

세상의 베이비시터들에게,
먼저 사실을 확인하기 전에 여섯 살 꼬마에게 끔찍한 소식을 전하지 말아 주세요.
-세상 모든 여섯 살 꼬마들이.

당시 우리 집은 예수님을 믿지 않았다. 하지만, 그날 밤 나는 하나님께 기도를 드렸다. 본능처럼 내 입에서 기도가 나왔다. "하나님, 저 위에 계시다면 저희 부모님을 무사히 보내 주세요. 부모님이 죽지 않게 해 주세요. 부모님이 죽지 않게 해 주세요."

두 시간 뒤 부모님이 집안으로 걸어 들어오셨다. 부모님이 곁에 있다는 것이 그날처럼 좋았던 적은 없다.

악몽에서 깨었을 때 그 모든 상황이 꿈이었다는 것을 알고 가슴을 쓸어내렸던 적이 있는가? 의사에게서 병의 근원이 깨끗이 사라졌다는 말을 듣거나 경찰서에서 실종된 자녀를 찾았다는 전화를 받을 때의 기분도 이와 같다. 끔찍한 상황이 지나갔다는 안도감을 느낄 뿐 아니라 돌아온 일상을 전보다 훨씬 더 기쁘게 즐기게 된다.

바로 이것이 하나님이 부활이요 생명이신 예수님께 소망을 둔 이들에게 약속해 주신 것이다. 우리는 죽어도 살 것이다. 악몽이 깨고 진짜 현실이 완전히 회복될 것이다. 그때는 하나님의 미래를 더 이상 '상상할' 필요가 없다. 왜냐하면 하나님의 미래가 이제 현재가 되었기 때문이다. 지금은 하나님을 희미하게 볼 뿐이지만 그때는 그분을 실제로 대면하게 될 것이다(고전 13:12).

하나님이 아시는 모든 것을 우리가 다 안다면, 하나님이 보시는 모든 것을 우리가 다 본다면 … 예수님이 죽음에 대해 분노하고 슬퍼하신 지 얼마 되지 않아 마르다와 마리아는 하나님의 미래를 살짝이나마 엿보았다. 예수님은 하늘 아버지께 기도하고 나서 친구의 무덤을 향해 큰소리로 명령하셨다. "나사로야, 나오너라!" 그러자 죽었던 사람이 제 발로 걸어서 무덤을 나왔다(요 11:41-44).

고통과
싸워야 할 이유

가끔 예수님이 왜 나사로를 죽음에서 살려내셨는지 의아한 생각이 들곤 한다. 물론 그 사건이 나사로와 그 여동생들, 마을 사람들에게는 뜻밖의 반가운 일이었을 것이다. 또한 그것은 예수님이 자연보다, 심지어 죽음보다도 강함을 증명해 보인 사건이었다. 하지만 나사로는 결국 다시 죽었다. 결국은 장례식을 다시 치러야 했다. 모두가 또 한 번의 슬픔을 겪게 만들 필요가 있을까?

같은 맥락에서, 우리는 왜 굳이 고난이나 불의, 악과 싸우는가? 인간의 사망률은 항상 한 사람 당 한 번의 죽음인데 암 같은 질병과 싸워서 무엇하는가? 예수님이 가난한 사람들은 항상 우리와 함께 있을 것이라 말씀하셨는데 굳이 가난과 싸울 필요가 있을까? 포기할 관계는 빨리 포기하고 그냥 새 출발을 하는 편이 훨씬 더 쉽고 덜 고통스러울 텐데 굳이 망가진 부부 관계나 친구 관계를 회복시키기 위해 노력할 필요가 있을까?

왜 예수님은 나사로를 되살리셨을까? 예수님은 하늘에서처럼 이 땅에서 하나님 나라를 이루기 위해 오셨다. 예수님은 우리가 하나님의 미래를 상상만 하는 것이 아니라 지금 그 미래를 미리 엿보고 맛볼 수 있도록 하기 위해 이 땅에 오셨다. 하나님의 현실이 한동안 중지된 세상에서 예수님은 죽음과 슬픔, 애통, 고통이 주된 줄거리가 되는 것을 한사코 거부하셨다. 아마도 이것이 예수님이 그 어떤 주제보다도 하나님의 나라에 관해 자주 가르치신 이유가 아닐까 싶다.

예수님은 우리에게도 그분의 시각을 품으라고 초대하신다. 보이지 않는 현실이 보이는 현실보다 더 참이라는 사실을 믿으라고 말씀하신다. 생명이 죽음을 이기며 그분이 만물을 새롭게 하는 회복 프로젝트를 이미 시작하셨다는 사실을 알고 기억하라고 말씀하신다.

이제 우리도 하나님이 창조하신 사람들과 세상의 번영을 방해하는 상황들과 맞서 싸워야 한다. "나라가 임하시오며 뜻이 하늘에서 이루어진 것 같이 땅에서도 이루어지이다."

예수님이 이렇게 기도하라고 가르치신 것은 그분과 함께 이 싸움에 동참하라는 뜻이다. 우리도 무덤들을 향해 "나오라!"라고 담대히 외쳐야 한다. C. S. 루이스의 말처럼 기독교는 싸우는 종교이기 때문이다.

암이나 빈민가를 보며 범신론자는 "신의 시각에서 보면 이것도 신이라는 것을 알 것이다"라고 말한다. 그러면 크리스천은 "망할 헛소리 따위는 하지 말라"라고 대답한다. 기독교는 싸우는 종교이기 때문이다. 기독교는 하나님이 세상을 창조하셨다고 믿는다. 시공간, 더위와 추위, 모든 색과 맛, 모든 동식물은 인간이 이야기를 지어내듯 하나님이 "머릿속으로부터 지어내신" 것들이다. 또한 기독교는 하나님이 창조하신 세상의 많은 훌륭한 것들이 망가졌고, 하나님이 우리에게 그것들을 다시 바로잡으라고 아주 강력하게 명령하고 계신다고 믿는다.[5]

소망을
잃지 말아야 하는 이유

때로 암은 끝까지 치유되지 않는다. 때로 빈민가는 계속해서 빈민가로 남는다. 때로 가정이 무너지고 우정이 깨진다. 때로는 가슴 찢어지는 비극이 발생한다. 인생은 고통과 상처, 상실의 연속이다. 인생은 말 그대로 전쟁이다. 이 전쟁의 한복판에서 예수님은 우리와 함께 슬퍼하면서도 언젠가 소망이 이길 것이라고 말씀하신다. 결국 생명이 죽음을 이기고 기쁨이 슬픔을 이기며 자유가 속박을 이기고 승리가 패배를 이길 것이다.

하지만 우리는 머뭇거린다. "나는 부활이요 생명이다"라는 말씀은 단순히 미래에 관한 예측이 아니었다. 이것은 예수님의 정체성 선언이기도 했다. 예수님은 "나는 - 이다"(I am)라는 표현을 사용할 때마다 자신이 하나님이라고 주장하셨다. 그 표현은 마리아와 마르다 같은 유대인들이 그 의미를 분명히 이해했던 구약의 언어다. 그 표현을 듣자마자 그들은 모세와 불타는 떨기나무를 떠올렸다. 그 떨기나무에서 창조주의 음성이 흘러나왔다. "너는 이스라엘 자손에게 이같이 이르기를 스스로 있는 자(I am)가 나를 너희에게 보내셨다 하라"(출 3:14).

숨 한 번으로 우주를 창조하셨던 하나님, 말씀으로 바다를 가르고 죽은 자를 무덤에서 불러내신 분, 이 하나님이 만물을 새롭게 할 것이며 그분의 말씀은 절대적으로 참이다. 하지만 이 망가진 세상에 있는 우리는 여전히 이 현실을 받아들이기 힘들어 한다.

성인이 되어서 가끔 불면증에 시달리곤 했다. 그때마다 불면증의

270

원인은 미래에 대한 불안감이었다. 나의 불안감은 크게 세 가지 종류다. 첫째, 내가 혼자가 되지 않을까? 둘째, 내가 불치병에 걸리지는 않을까? 셋째, 나만 바라보는 가족들을 계속해서 먹여 살릴 수 있을까?

내 불안 대처법 중 하나는 전문 상담자를 찾아가는 것이었다. 오래전, 특히 근심 걱정에 시달리던 시기에 상담자는 내게 자꾸 최악의 시나리오만 상상하는 버릇이 있다고 지적했다. 하지만 그는 내 두려움이 실제로 일어나지 않을 일에 대한 비합리적인 두려움인 이유들을 제시하는 대신, 내 두려움이 진짜일 경우 내 궁극적인 운명이 어떻게 될지 생각해 보라고 권했다. 내가 혼자가 되거나 아프거나 사랑하는 사람들을 먹여 살릴 수 없게 되면 그로 인한 최종 목적지는 무엇일까? "일단, 목사님의 두려움들이 다 사실이라고 해 봅시다. 자 이제 시계를 빨리 감아 1백 년 뒤로 가 봅시다. 최악의 시나리오대로 된다면 백 년 뒤 목사님은 어떻게 될까요? 목사님은 이 질문에 대한 답을 매주 남들에게 설교하고 계십니다. 자 오늘만큼은 목사님 자신에게 설교를 해 보세요."

내가 혼자가 되어도 예수님이 부활이요 생명이며 그분을 믿는 자들은 죽어도 산다는 진리는 변함이 없다. 하나님은 예수님의 혼인잔치에서 내 자리를 마련해 놓으셨다. 나는 그분의 신부인 교회에 영원히 속할 것이다. 하나님은 외로운 자들을 영원한 가족으로 삼아주신다. 하나님은 나를 떠나지도 버리지도 않으실 것이다. 최악의 시나리오대로 된다 해도 궁극적으로 나는 혼자가 아니다. 하나님이 늘 나를 알고 사랑하고 받아 주신다.

내가 불치병에 걸려도 예수님이 부활이요 생명이며 그분을 믿는 자들은 죽어도 산다는 진리는 변함이 없다. 예수님이 썩지 않는 육체로 부활하신 것처럼 우리도 그렇게 될 것이다. 예수님이 내 모든 죄를 용서하고 내 모든 병을 고치며 사랑과 연민으로 내게 관을 씌우고 모든 구덩이에서 내 생명을 건져 주실 것이다. 최악의 시나리오대로 된다 해도 궁극적으로 나는 날마다 끝없이 더 행복하고 강건하고 온전해질 것이다.

내가 가족을 먹여 살릴 수 없다 해도 예수님이 부활이요 생명이며 그분을 믿는 자들은 죽어도 산다는 진리는 변함이 없다. 예수님은 부요하시다. 하늘과 땅의 모든 것이 그분의 것이며, 모든 땅과 돈이 다 그분께 속했다. 하지만 그분은 단순히 부요하신 정도가 아니다. 그분은 진정한 부 자체시다. 가난하든 부유하든 상관없이 나는 항상 빵 한 조각과 물 한 잔만 남은 청교도처럼 고백할 수 있다. "이렇게나 많이? 이것들에다가 예수 그리스도까지 있다고?" 최악의 시나리오대로 된다 해도 궁극적으로 나는 썩지 않고 더럽지 않고 쇠하지 아니하는 유업을 이을 것이다. 그 유업은 바로 예수님 자신이다. 이 유업은 나만을 위한 것이 아니라, 지금은 나를 의지하고 있지만 내가 아닌 '그분의' 공급하심에 소망을 둔 이들을 위한 것이기도 하다.

성경에서 가장 많이 반복되는 명령이 "두려워하지 말라"인 것도 무리가 아니다. 미래에 관한 하나님의 약속은 현재의 망가진 현실보다 무한히 더 실질적이다. 이런 진리를 보고 감정적으로, 영적으로, 관계적으로, 아니 모든 면에서 이 진리에 따라 살려면 하나님이 주신 믿음이 필요하다. 이 믿음만 있으면 고통을 직시하면서도 소망 가운데 살 수 있다. 우리가 살아가는 이 망가진 현실은 궁극적인 현실이 아니기 때문이다. 고통과 슬픔, 죽음은 진짜 삶의 일부가 아니다. 우리의 상상 속에만 있는 것이든 진짜든 모든 악몽은 결국 끝날 것이다. 이 모든 말은 절대적인 사실이다.

그리스도는 죽었다가 살아나셨으며 다시 돌아오실 것이다. 이 얼마나 감사한가!

Chapter 12

**"크리스천들은
너무 우리와
그들을 구분한다"**

하나님 눈에는
하찮은 이가
없다

나는 그리스 신화의 나르시스 이야기를 자주 생각한다. 물론 이 이야기는 허구일 뿐이지만 그 내용만큼은 사실적이다. 나르시스는 아름다운 용모로 널리 알려진 젊은이였다. 하루는 숲속을 거니는 그를 에코라는 님프가 보게 되었다. 그 즉시 그의 아름다움에 반한 에코는 사랑에 빠져 그를 따라다니기 시작했다. 결국 에코는 그에게 사랑의 감정을 고백했지만 그 자리에서 퇴짜를 맞고 말았다. 상심한 에코는 남은 평생을 홀로 외롭게 살았다. 그러다 결국 희미한 메아리만 남게 되었다. 복수의 여신 네메시스는 자신을 숭배하던 에코가 그런 운명을 맞자 나르시스에게 분노하게 된다. 네메시스는 나르시스를 한 연못으로 유인했다. 나르시스는 그 연못에 비친 자신의 모습을 보고 다른 사람이라고 생각해서 자기 자신과 사랑에 빠지고 말았다. 하지만 아무리 해도 연못 속의 얼굴에 가까이 갈 수 없자 결국 나르시스는 이루어질 수 없는 자기애로 죽고 만다.

좀 더 유쾌한 방식의 교훈을 원한다면, 누구나 공감하는 그루초 막스의 영화 속 대사를 소개한다. 한 여성에게 끊임없이 자기 이야기를 늘어 놓던 막스는 잠시 말을 멈추더니 이렇게 말한다. "내 이야기는 이만하면 됐으니 이제 당신 이야기를 들어볼까요? 당신은 나에 대하여 어떻게 생각하나요?"

신화 속 인물이나 실존 인물이든 자신에게만 몰두하는 사람과 어울리길 좋아하는 사람은 아무도 없다. 하지만 많은 면에서 우리가 바로 그런 사람이라는 점을 인정해야만 한다. 인정에 목마른 우리는 자신의 모습을 관찰하는 데 많은 시간을 사용한다. 남들에게 좋게 보이기 위해 막대한 시간과 자원, 에너지를 투자한다. 자신의 좋은 면은 최대한 부각시키고 나쁜 면은 최대한 감춘다. 남들에게 잘 보일 전략을 짜고, 자신을 선전하고, 비판으로부터 자신을 보호하고, 체면을 세우려고 하고, 이기려고 하고, 승자처럼 보이려고 한다. 이것이 우리가 이 책에서 다룬 영역들을 비롯한 수많은 영역에서 편을 가르고 선택하는 이유이지 않은가?

5학년 때 나는 또래 중에서 가장 빠른 아이였다. 덕분에 운동회 날 우리 반 대표로 50미터 달리기 시합에 출전하게 되었다. 그때 내가 우승을 위한 열망으로 얼마나 불타올랐는지 지금도 생생하다. 우승하기 위해 우리 집 뒷마당을 수없이 뛰고, 스파게티를 많이 먹고, 충분한 휴식을 취했다. 전학생인 내게는 50미터 달리기 시합이 새 친구들의 인기를 얻을 수 있는 절호의 찬스였다. 홀리(Holly)라는 여자 친구도 중요한 동기유발 요인이었다. 그 아이는 너무 예뻐서 보기만 해도 내 머릿속에서 자동으로 사랑 노래가 들리는 듯 했다. 5학년 전체에서 가장 빠른 아이만 되면 홀리는 내 여자친구가 될 것이라고 확신했다.

당시 내가 몰랐던 사실은 역시 5학년 50미터 달리기 시합에 출전하는 더그(Doug)란 아이가 나와 똑같이, 정확히 똑같이 빠르다는 것이었다. 결론만 이야기하면, 결승전에서 더그와 나는 동시에 결승선을 통과했다. 그리하여 10명의 주자는 우리 둘로 좁혀졌다. 확실한 우승자를 가리기 위해(1등 리본은 하나뿐이었다) 선생님들은 더그와 나만으로 두 번째, 그리고 세 번째, 다시 네 번째 시합을 벌였다. 하지만 네 번 모두 우리는 정확히 동시에 결승선을 통과했다. 결국 학교 버스가 올 시간이 다가오자 선생님들은 다섯 번째 시합에서 더그와 나를 공동 우승자로 선정했다(선생님들이 그 긴 1등 리본을 어떻게 했는지는 전혀 모르겠다. 내가 일부러 기억에서 지워버린 게 분명하다).

그때부터 나는 더그를 공동 챔피언이 아닌 라이벌, 아니 철천지원수로 보았다. 그날 결판을 내지 못한 것이 너무도 분했다. 설상가상으로 흘리는 내게 눈길도 주지 않았다. 대신 그 아이는 5학년 멀리뛰기 '단독' 우승자인 빌리(Billy)에게 마음을 주었다. 그때 나는 뼈아픈 교훈을 얻었다. 누구도 '공동' 우승자와는 손을 잡고 걸어가길 원치 않는다는 사실이다!

5학년 이후로 더그와 나는 각자의 길을 갔고 서로 다른 중학교에 진학했다. 그 뒤로 우리는 서로를 다시는 보지 못했다. 아니, 정확히 말하면 '녀석' 따위가 다시는 나를 볼 수 없었다.

더그와 내가 공동 우승을 한 지 약 10년 뒤 텔레비전에서 올림픽을 중계했다. 주방에서 저녁 식사를 준비하던 나는 국가 연주가 시작되자 마지막 미국 금메달리스트를 축하하기 위해 거실로 달려갔다. 곧 국가가 울려 퍼지고, 훤칠한 키에 완벽한 체격, 당당한 태도를 한 몸에 지닌 남자가 텔레비전 화면을 통해 나를 보고 있었다. 바로 더그였다. 도저히 녀석의 승리를 축하해 줄 수 없었던 나는 슬그머니 주방으로 돌아갔다. 마카로니와 치즈 앞에 서서 나는 방금 본 장면을 재빨리 기억에서 지워버렸다.

하지만 이야기는 여기서 끝이 아니다. 다시 8년 뒤, 이번에는 아내와 함께 올림픽 중계 방송을 보는데 더그의 시상식 장면이 다시 방송되었다. 그때 나는 두 가지 행동을 했다. 먼저 나는 아내를 보며 "멋지지? 내가 5학년 때 달리기 시합 결승전에서 저 친구랑 공동 우승을 했다는 이야기를 했던가?"라고 말했다. 그리고 아내에게 이렇게 자랑하

면서 내 영혼을 향해서는 이렇게 말했다. '그깟 금메달? 내겐 석사 학위가 있다고!'

정말 인정하기 싫지만 나르시스의 그리스 신화가 내게는 전혀 신화가 아니다. 그것은 내 현실이다. 당신도 그렇지 않은가? 자, 내 이야기는 이만하면 됐으니 이제 당신 이야기를 들어보자. 자, '당신'은 저에 대해 어떻게 생각하는가?

경쟁의식으로서의
교만

C. S. 루이스는 역작 《순전한 기독교》(Mere Christianity)에서 교만에 관해 다음과 같이 말했다.

세상 누구도 자유로울 수 없는 한 가지 악이 있다. 그것은 세상 모두가 혐오하는 악이다. … 이 악은 바로 교만 혹은 자만이다. … 마귀가 마귀가 된 것은 교만 때문이었다. 다시 말해, 교만은 다른 모든 악으로 이어진다. 교만은 하나님께 완전히 반하는 마음 상태다. 당신이 분명히 알아야 할 사실은 다른 모든 악은 상황에 의해 경쟁적으로 된 것이지만 교만은 본질상 경쟁적이라는 것이다. 교만은 뭔가를 갖는 데에서는 즐거움을 느끼지 못한다. 옆 사람보다 그것을 더 가질 때만 즐거움을 느낀다. 우리는 사람들이 부유하거나 똑똑하거나 잘생긴 것을 자랑스러워한다고 말하지만 전혀 그렇지 않다. 사람들은 남들보다 더 부유하거나 더 똑똑하거나 더 잘생긴 것을 자랑스러워한다. … 우리를 교만하게 만드는 것은 비교다. 즉 남들보다 우월하다는 데서 오는 즐거움이 우리를 교만하게 만든다.[1]

루이스는 내가 더그의 금메달에 그렇게 반응한 이유를 심리학의 렌즈를 통해 보고 있다. 그는 우리가 인정을 갈망하는 이유, 우리가 단순히 '최선'을 다하는 것이 아니라 '최고'가 되기를 절실히 원하는 이유, 우리가 자신의 영광을 남들과 나누지 않으려는 이유를 정확히 지적하고 있다. 그 이유는 바로 교만이다. 루이스는 교만이 본질적으로 경쟁적이라고 말한다. 우리는 자신이 중요하고 가치 있고 주목받아 마땅함을 하나님과 남들, 심지어 자기 자신에게 증명해 보이기 위해 편을 정해서 싸움을 벌인다. 이것이 우리의 논쟁이 그토록 자주 지저분한 흙탕물 싸움으로 번지는 이유다. 일단 편을 정하고 나면 반대편의 좋은 점을 절대 인정할 수 없다. 우리는 무조건 '완승'를 거두어야만 한다.

바리새인은 이렇게 기도했다. "하나님이여 나는 다른 사람들 곧 토색 불의, 간음을 하는 자들과 같지 아니하고 이 세리와도 같지 아니함을 감사하나이다 나는 이레에 두 번씩 금식하고 또 소득의 십일조를 드리나이다"(눅 18:11-12). 그런데 헬라어 원문을 보면 이 남자는 이 기도를 '자기 영혼을 향해' 하고 있다. 그는 자신이 훌륭한 사람으로 변한 것에 대해 하나님께 공로나 감사를 돌리지 않고 있다. 그는 자신을 높이는 '기도'를 통해 자신의 감정적인 빈곤함을 여실히 드러내고 있다. 그는 자신이 바로 옆에 서 있는 사람보다 우월하다는 점을 자신에게 증명해 보이려고 애를 쓰고 있다. 그는 남들을 무시하고 자신의 성과를 나열함으로써 자존감을 높이려고 하고 있다. 그는 자신을 과장되게 묘사하고(내가 훨씬 우월하다) 세리를 비롯한 다른 '죄인들'을 형편없이 묘사한다(그들은 훨씬 열등하다). 그는 자기 자신의 편에 서서 '자신보다 못한' 남들을 깎아내리면서 자신의 상처 입은 자아를 치료하려고 하고 있다. 자신이 자신의 눈에는 너무 작아 보이기 때문에 자신을 크게 묘사하고 남들을 작게 축소해서 땅에 떨어진 자존감을 끌어올리려 하고 있다.

우리도 똑같은 이유로 과장법을 사용한다. 바리새인처럼 남들의 약점을 과대포장한다. 저 여자는 어쩌다가 친구에 관한 비밀을 누설한 것이 아니다. 저 여자는 원래 떠버리다. 저 남자는 잠깐 자제력을 잃고 피자를 다섯 조각이나 먹은 것이 아니다. 그는 원래 식탐이 많은 사람이다. 그 여자는 단순한 보수주의자가 아니다. 그녀는 '극우' 보수주의자다(혹은 그냥 진보주의자가 아니라 '빨갱이'다). 저 여자는 단순히 서투른 운전자가 아니다. 그녀는 전형적인 '김 여사' 운전자다. 그는 단순히 결혼 기념일을 잊어버린 것이 아니다. 그는 '형편없는 남편'이다.

"하나님, 저는 '저 남자'와 같지 아니함을 감사하나이다."
"하나님, 저는 '저 여자'와 같지 아니함을 감사하나이다."
"하나님, 저는 '저 사람들'와 같지 아니함을 감사하나이다."

그렇게 우리는 남들에 대해서 규정한다. 특히 두렵거나 위협감을 느낄 때 우리는 세상을 '우리'와 '저들'로 가르기 시작한다. 우리는 세상을 중요한 사람들과 중요하지 않은 사람들, 유능한 사람들과 나약한 사람들, 깨인 사람들과 그렇지 않은 사람들, 좋은 사람들과 나쁜 사람들로 나눈다. 우리는 본질적으로 경쟁적이다. 이것이 우리의 태도를 설명해 준다. 이것이 우리가 정치, 돈 사용, 양육, 성, 철학, 신학, 심지어 가장 좋아하는 (그리고 가장 싫어하는) 기독교 '브랜드'까지 모든 영역에서 편 가르기에 그토록 재빠른 이유를 설명해 준다.

자기혐오로서의
교만

이런 경쟁의식은 어디에서 오는가? 그 근원은 무엇인가? 예일대학교(Yale University) 신학자 미로슬라브 볼프(Miroslav Volf)가 정확히 지적했듯이 왜 우리는 본능적으로 '인간 공동체에서 적을 배제시키는 동시에 죄인들의 공동체에서 자기 자신을 배제시키는' 것일까?[2] 흥미롭게도 성경은 교만과 해로운 경쟁의식의 근본원인이 자기애가 아닌 자기혐오라고 말한다.

빌립보서 2장 3절에서 바울은 교만이라는 죽음에 이르는 죄의 두 가지 유독한 구성요소를 경고한다. 두 요소는 바로 '이기적인 야망'과 '허영'이다.

이기적인 야망

이기적인 야망은 사실상 모든 상황과 상호작용을 경쟁으로 보게 한다. 이기적인 야망은 매사에 자신을 남들과 비교하게 만든다. 자신을 그냥 부유한 것이 아니라 '더' 부유하게 봐야만 직성이 풀린다. 단순히 잘생긴 것은 싫고 무조건 '더' 잘생겨야만 한다.

예를 들어, 우리가 다른 사람들의 상황에 어떻게 반응하는지 솔직히 돌아보자. 5학년 때 라이벌의 목에 금메달이 걸리는 장면을 볼 때 내 첫 반응은 내 자아를 보호하는 것이었다. 거의 10년이 지난 뒤에도 나는 여전히 내가 우월하다는 기분을 원했다. '올림픽 메달? 좋지. 하지만 내 석사 학위증을 좀 봐.' 이기적인 야망이 우리 안에 자리를 잡으면 남들이 잘되는 것에 위협감을 느낀다. 남들의 복이 우리의 저주가 된다. 나는 혼자인데 왜 저 녀석만 여자 친구가 있지? 왜 나는 만년 과장에 머물러 있고 저 녀석은 꼬박꼬박 승진을 하지? 내가 지지하는 후보가 훨씬 더 뛰어난데 왜 저자가 뽑혔지? 나는 거울만 보면 짜증이 나는데 왜 저 여자만 저런 미모를 타고났지?

나아가, 이기적인 야망은 남들의 불행과 실패에 남몰래 고소해하게 만든다. 유명 미식축구 선수가 아내 살인으로 기소되자 온 세상이 전말을 파헤쳐 만천하에 공개했다. 십대 유명 연예인이 마약 복용으로 세 번째로 체포되자 온 세상이 손가락질을 했다. 불륜과 마약 사실이 들통 난 유명 목사가 몇 달 내내 토크쇼의 도마 위에서 내려올 줄 모른다. 유명 여배우가 폭식으로 단기간에 40킬로그램이 넘게 찌자 리얼리티 쇼에서 출연 요청을 받는다. 단, 그 쇼의 주인공은 그 여배우가 아니라 여배우의 몸무게다.

유명인이 몰락할 때마다 그 즉시 뉴스와 SNS, 블로그까지 먹잇감을 발견한 맹수처럼 달려든다. 우리는 남들의 공개적인 실패와 망신,

불행 속에서 번영하는 듯하다. 우리는 '우려하고', '안타까워하고', '경악하고', '분노하고', '혼란스러워 하는' 동시에 매우 기뻐한다. 하지만 왜 남들의 몰락과 추락을 그렇게 좋아하는가? 왜 남들의 불행이 우리에게 그토록 핫 토픽인가? 그것은 바로 타락한 인간 상태 때문이다.

이기적인 야망은 추해 보인다. 또한 보는 이로 하여금 무척 슬프게 만들 수도 있다. 로큰롤 스타 오지 오스본(Ozzy Osbourne)과 그의 아내 샤론(Sharon)의 딸 켈리 오스본(Kelly Osbourne)의 〈뉴욕 데일리 뉴스〉(New York Daily News) 기사를 읽고서 가슴이 무너졌던 기억이 지금도 생생하다. 한동안 대중의 눈에서 사라졌던 켈리는 뉴욕 시티의 2010년 패션 위크(Fashion Week) 행사에서 다시 등장했다. 살을 20킬로그램 가까이 빼고서 자신감을 완전히 회복한 모습이었다. 한때 뚱뚱한 몸과 뚱한 표정으로 유명했던 리얼리티 쇼 스타가 각선미와 함께 전혀 다른 분위기를 풍기며 새롭게 등장했다. 잠시 세상이 그녀를 주목했다. 왜 살을 뺐냐는 질문에 그녀는 이렇게 대답했다. "심각한 마약 중독에 빠진 것보다 뚱뚱한 것이 더 지옥 같았어요. … 거울을 볼 때마다 좋아요. 지금은 제 몸에서 싫은 구석이 단 한 군데도 없죠. 더는 '왜 너는 이 여자처럼, 저 여자처럼 생기지 못했어?'라는 생각을 하지 않아요."[3]

켈리 오스본의 성과에는 박수갈채를 보내야 마땅하다. 20킬로그램을 빼고 마약 중독을 이겨낸 것은 보통 일이 아니다. 보기 드문 결단력과 자제력이 필요하다. 그렇지만 수치심을 자극하는 문화가 그녀의 성과에 결정적인 역할을 했다는 사실에는 슬퍼해야 마땅하다.

문화는 켈리 오스본에게 이렇게 말했다. "뚱뚱하면 패자야. 심지어 심한 마약 중독자보다도 못하지."

오스본은 자신의 영혼을 향해 이렇게 말했다. "왜 너는 이 여자처럼, 저 여자처럼 생기지 못했어?"

이것은 비교 의식이 꼭 허세와 교만에서만 비롯하는 것이 아님을 보여 준다. 때로 비교 의식은 상어들 틈에서 헤엄치는 피라미처럼 겁먹고 외롭고 수치심으로 가득한 영혼에서 비롯하기도 한다.

허영, 영광에 대한
굶주림

바울이 경고한 두 번째 갈망은 '허영'이다(빌 2:3). 헬라어로 이 단어는 '헛된 영광' 혹은 '영광에 대한 굶주림'을 의미한다. 허영은 우리가 관심과 인정을 갈구하는 이면의 원인이다. 우리는 남들에게 인정과 칭찬, 존경에 대한 끝없는 욕구를 품고 있다.

이 갈망은 좋은 갈망에서 시작된다. 창세기의 도입부는 우리가 하나님의 형상을 따라 창조되었다고 하는데, 하나님은 본질적으로 영광을 원하시는 분이다. 따라서 그분의 형상을 품은 우리가 같은 것을 원하는 것은 전혀 이상한 일이 아니다.

아내와 나는 관심을 갈구하는 딸들의 행동에서 이것을 보았다. 어릴 적 우리 딸들의 입에서 쉴 새 없이 나온 후렴구는 "엄마 아빠, 절 좀 봐요!"였다. 자기들이 뭘 하는지는 중요하지 않았다. 녀석들은 단지 관중이 필요했을 뿐이다. "내가 정글짐에 매달리는 걸 봐요. 내가 트램펄린에서 점프하는 걸 봐요. 내가 세발자전거를 타는 걸 봐요."

한 번은 한 녀석이 자기가 책 읽는 걸 보라고 했다. 혼자서 속삭이듯 읽으면서 말이다! 녀석들이 커갈수록 봐 달라는 것이 점점 세련되어졌다. "이 머리가 어때요? 이 옷이 어때요? 이 신발과 잘 어울려요? 이번 성적표 봤나요? 잘했죠?"

그런데 아이들만 이런 것이 아니다. 아내는 자기가 좋아하는 사랑의 언어가 인정하는 말이라는 점을 수시로 어필한다. 분명히 말하건대, 내 사랑의 언어도 인정하는 말이다! 이것이 당신의 사랑의 언어이든 아니든 우리 모두의 안에는 이 욕구가 있다. 우리는 죽을 때까지 이 욕구를 졸업할 수 없다. 우리는 칭찬받고 주목받기를 원한다. 그리고 가장 순수한 형태에서 이 욕구는 하나님을 닮은 좋은 것이다.

하지만 칭찬에 대한 적절한 갈망이 도를 지나친 굶주림으로 변하면 문제가 발생한다. 이 허영 혹은 만족을 모르는 인정 굶주림은 남들의 관심과 칭찬에 깊이 의존하는 것이다. 심하면, 남들의 인정 없이는 살아갈 수 없을 지경에 이른다. 박수갈채가 잦아들면 자신이 무가치하다는 열등감이 노도처럼 밀려 온다.

위대한 테니스 스타 크리스 에버트(Chris Evert)의 경우를 보자. 오랫동안 여자 테니스계를 주름잡은 에버트는 18번의 그랜드슬램 달성이라는 전무후무한 기록을 세웠다. 그렇다보니 그녀는 피라미드의 꼭대기에서 사는 삶에 익숙해졌다. 여자 테니스계의 모든 선수가 '그녀'처럼 되기를 원했다. 그럴 수밖에 없다. 수많은 우승, 만인의 관심, 천문학적인 재산, 그리고 군살 하나 없이 쫙 빠진 몸매까지 부족할 것이 없었다.

하지만 이십대가 전성기인 종목의 프로 선수들이 대개 그렇듯, 에버트는 나이를 먹을수록 우승이 힘겨워지자 정체성 위기를 겪는다.

1990년 〈굿 하우스키핑〉(Good Housekeeping)과의 인터뷰에서 그녀는 은퇴 후 자신의 속마음을 솔직히 고백했다.

내가 누구인지를 알 수 없었다. 테니스를 떠나서 어떻게 살아야 할지 알 수가 없었다. 내 삶이 테니스 시합 우승과 철저히 하나로 연결되어 있어서 불안하고 두려웠다. 완전히 방향을 잃었다. 시합에서 이기면 내가 대단한 사람인 것처럼 느껴졌다. 내가 훌륭하다고 느껴졌다. 그것은 마치 마약 중독과도 같았다. 내 정체성을 잃지 않기 위해서는 승리와 박수갈채가 필요했다.[4]

크리스 에버트 같은 전설이 내면의 문제를 이토록 솔직히 털어 놓을 수 있다는 것이 참으로 존경스러웠다. 내겐 내면의 괴로움을 만인에게 털어놓는 용기야말로 그녀의 수많은 우승보다도 더 챔피언다운 모습이었다. 그녀의 용기 있는 고백은 우리에게도 자신의 상실감과 열등감을 마주할 용기를 준다. 개인적으로 나는 어릴 적 라이벌의 성공에 유치하게 석사 학위로 맞선 나 같은 사람이 세상에 나만이 아니라는 사실에서 희망을 발견했다.

왜 우리는 열등감에 시달리는가? 왜 우리는 경쟁하는가? 왜 우리는 편을 가르는가? 자신이 의롭다고 여기며 병든 기도를 했던 바리새인처럼, 왜 우리는 남들을 경멸함으로써 자신이 의롭다는 느낌을 얻으려고 하는가? 이기면 대단한 사람이 된 것 같은 기분이 들기 때문이다. 이기면 자신이 훌륭한 것 같기 때문이다. 우리는 정체성을 얻기 위해 이겨서 박수갈채를 받아야 한다고 생각한다.

하지만 좋은 소식이 있다. 그것은 꼭 이기지 않아도 된다는 것이다.

경쟁 의식과
자기애에 대한 답, 겸손

인정 중독자들도 이기적인 야망과 허영을 잠재우기 시작하는 것이 가능하다. 불완전하고 약하고 타락한 우리 인간들도 진정한 자존감 속에서 당당하게 살아갈 수 있다. 하지만 먼저 진정한 자존감이 허세에서 비롯한다는 세상의 메시지를 뿌리쳐야만 한다. 〈새터데이 나이트 라이브〉(Saturday Night Live)의 스튜어트 스몰리(Stuart Smalley) 캐릭터가 한때 유행시킨 "나는 충분히 착하다. 나는 충분히 똑똑하다. 사람들은 나를 좋아한다!"라는 공허한 주문을 외워봐야 그때뿐이다.

〈하버드 비즈니스 리뷰〉(Harvard Business Review)에 실린 자존감에 관한 다음 글을 보라.

온라인 서점 아마존에서 '자기 계발' 코너를 살펴보면 '자존감' 범주에서 약 5천 권의 책을 발견할 수 있다. 이 책의 대다수는 자존감이 낮은 이유를 설명하고 자존감을 키울 방법을 보여 준다. 적어도 서구에서는 자존감을 성공의 기초로 여기기 때문에 자존감에 관한 책이 쏟아져 나오고 있다. 이런 책의 논리에 따르면 자신이 대단하다고 믿기 전까지는 남들보다 앞서갈 수 없다.

그리고 물론 자신이 대단하다는 확신을 계속해서 유지하려면 실제로 대단해야만 한다. 그래서 실수에 대한 남모를 공포 속에서 살아가며, 실제로 실수를 하면 큰 충격을 받는다. 유일한 해결책은 자신이 잘하고 있는 것들로 관심을 돌리면서 자신의 자아를 달래는 것이다. 대단하지 못한 끔찍한 순간을 완전히 잊고 다시 흡족한 순간들에 집중할 수 있을 때까지 그래야만 한다.

생각해 보면 이것은 전혀 성공의 처방전이 아니지 않는가? 실제로 최근 자존감에 관한 연구들은 자존감이 생각만큼 좋은 것이 아니라는 충격적인 사실을 보여 준다. 자존감이 높다고 해서 더 좋은 성과나 더 큰 성공으로 이어지는 것은 아니다. 자존감이 높은 사람은 스스로 더 성공했다고 생각하지만 객관적으로는 전혀 그렇지 않다. 높은 자존감은 우리를 더 뛰어난 리더로 만들어 주지 않는다. 높은 자존감은 우리를 이성에게 더 매력적으로 보이게 하거나 더 건강한 라이프스타일로 이끌어 주거나 면접에서 더 호감을 사게 해 주지 않는다. 하지만 스튜어트 스몰리가 틀렸다면, (자신의 대단함을 매일 선포하는 것과) 높은 자존감이 우리 모든 문제의 답이 아니라면 무엇이 답인가?[5]

'자존감의 문제'에 대한 성경의 답은 바로 겸손의 미덕이다. 성경은 두 가지 사실을 이야기한다. 첫째, 우리는 하나님 앞에서 죄인들이다. 우리 모두는 하나님이 원하시는 기준에 턱없이 못 미친다. 우리는 완벽하지 않고, 심지어 자기 자신의 기준에 부합하지도 못한다. 둘째, 그리스도를 통해 우리는 용서를 받을 뿐 아니라 영원한 '총애'를 받는다. 하나님은 우리를 기묘하게 지으시고 아들딸로 입양하셨다. 그 무엇도 우리를 그분의 사랑에서 떼어 놓을 수 없고 그분의 손에서 빼앗을 수 없을 만큼 우리는 눈동자처럼 소중한 존재다. 그리스도를 통해 우리의 심판관이요 창조주이신 분이 스스로를 우리의 아버지라 부르며 우리를 '더없이 존귀하게' 여겨 주신다.[6]

말씀으로 우주를 존재하게 하신 분이 이렇게 우리를 존귀하게 여겨주시는데 왜 자존감을 키우려고 그렇게 미친 듯이 애를 써야 하는가? 왜 자존감을 얻기 위해서 서로 편을 갈라 공격해야 하는가? 왜 거울 속의 자기 모습에 대한 수치심을 조금이라도 덜어 보겠다고 '저들'을 부정적으로 묘사하고 조롱하는가? 예수님이 이미 우리의 모든 수치를 당해 주셨다. 그래서 더 이상 우리는 서로의 반대편에 설 필요가 없다. 자신의 영혼을 향해 애처로운 기도를 할 필요가 없다.

겸손의

정의

혹시 겸손에 관한 이런 정의를 들어본 적이 있는가? "진정한 겸손은 자신을 낮게 생각하는 것이 아니라 자신을 덜 생각하는 것이다." 겸손은 우리 모두가 우러러보는 미덕이다. 겸손은 우리가 가족과 절친한 친구들, 가까운 사람들에게서 가장 원하는 미덕이다. 건방진 사람과 달리 겸손한 사람들은 한 줄기 시원한 바람과도 같다. 인정 중독자와 달리 겸손한 사람들은 다가가기가 편하고 어울릴수록 점점 더 좋아진다. 그들도 완벽하지는 않지만 늘 온유하고 유쾌하고 예의바르다. 그들은 남들을 자신보다 '더' 중요하게 여긴다(빌 2:3).

무엇보다도 겸손한 사람들은 상대방을 라이벌로 여기지 않는다. 그들은 상대방의 콧대를 꺾으려고 하지 않는다. 그들은 의견이 다른 사람도 절대 무시하지 않는다. 그들은 상대방의 존엄성을 존중해 준다. 그들은 우리의 존엄성이나 평판을 헐뜯지 않고, 우리와 편을 먹고서 다른 누군가를 헐뜯지도 않는다. 그들은 그럴 필요 자체를 느끼지 못한다. 그것은 아이러니하게도 겸손한 사람들은 자신감이 가장 넘치는 사람들이기도 하기 때문이다. 그들은 흔들리지 않는 내면을 소유하고 있어서 누구보다도 감정적으로 건강한 사람들이다. 그들은 우리가 더 나은 사람이 되기를 원한다. 그들과 어울리기만 해도 우리도 하나님이 원하시는 훌륭한 사람이 되고 싶다는 열정이 마구 솟아난다. 누구나 겸손한 사람을 친구로 두고 싶어 하는 것도 무리는 아니다. 하지만 어떻게 해야 우리도 스스로 친구로 삼고 싶을 만한 사람이 될 수 있을까?

겸손의 열매로서의

소망

겸손은 크리스 에버트와 같은 용기로 시작된다. 다시 말해, 겸손은 자신이 감정적으로 빈곤하며 엉뚱한 곳에서 그 빈곤을 채우려고 해 왔다는 사실을 솔직히 인정할 때 시작된다. 연못에 비친 자신의 모습을 응시하는 데 지쳤다고, 자신감을 얻기 위해 항상 이기려고 하고 수시로 남들을 조롱해 오던 삶에 지쳤다고 솔직히 인정하는 것이 겸손을 향한 첫걸음이다.

이런 종류의 인정은 기쁨과 자신감으로 가는 문이다. 이것은 진정한 겸손과 진정한 자존감, 건강한 자존감으로 가는 문이다. 이런 인정을 통해 자신을 낮게 생각하는 것이 아니라 자신을 덜 생각하게 될 때 우리 안에 하나님의 형상을 품은 같은 인간들을 향한 사랑과 친절이 싹틀 공간이 생긴다.

고(故) 잭 밀러(Jack Miller)는 이런 유명한 말을 했다. "힘내라! 당신은 당신이 상상한 것보다 더 나쁜 죄인이다. 그리고 당신은 당신이 희망한 것보다 더 많은 사랑을 받고 있다."

왜 이것이 좋은 소식인가? 어떻게 해서 우리가 '상상할 것보다 더 나쁜 죄인'이라는 사실이 '힘낼' 이유가 될 수 있는가? 다음 두 문장이 당신의 생각을 완전히 바꿔놓는 전환점이 되기를 간절히 소망한다. 예수 그리스도 안에 있는 자들에게는 정죄함이 없다. 나아가, 세상의 그 무엇도 우리를 그리스도 안에 있는 하나님의 사랑에서 끊을 수 없다(롬 8:1, 38-39).

해석하자면, 예수 그리스도는 우리가 살아야 하지만 살 수 없었던 완벽한 삶을 사셨다. 그리고 역시 우리가 죽어야 하는 죄인의 죽음을 대신 죽으셨다. 그래서 우리는 죽을 필요가 없다. 예수님이 우리를 대신해 죄인의 죽음을 당하셨기 때문에 하나님께 우리를 향한 형벌의 분노는 조금도 남아 있지 않다. 오직 사랑과 연민, 그리고 우리를 그리스도처럼 변화시키려는 계획만 남아 있다. 예수님이 우리 대신 완벽한 삶을 사신 덕분에 우리는 성경이 말하는 그리스도의 의의 옷으로 덮여 있다. 하나님 앞에서 예수 그리스도의 완벽한 기록이 마치 우리가 이룬 기록인 것처럼 되었다. 예수님을 통해 그분의 의와 아름다움이 우리의 것이 되었다. 예수님을 통해 우리는 존귀하게 여김을 받는다.

이 사실이 예수 그리스도께 믿음을 둔 사람들에게 무엇을 의미하는가? 이는 우리가 다른 어떤 종교나 철학, 세계관도 제시할 수 없는 뭔가를 받았다는 뜻이다. 즉 우리는 하나님의 가족이라는 엄청난 특권을 받았다. 이 가족 안에서 하나님은 우리를 온전히 아시고도 온전히 사랑해 주신다. 하나님은 우리를 온전히 드러내시고도 거부하시지 않는다. 우리는 잠시 망가진 존재인 동시에 영원히 중요한 존재다. 우리는 피조 세계에 비하면 지극히 작지만 창조주의 눈에는 광대한 존재다.

하나님은 우리를 어쩔 수 없이 참아주시는 것이 아니다. 하나님은 우리를 진심으로 좋아하신다. 하나님은 우리를 즐기신다. 하나님은 우리를 자랑스러워하신다. 하나님은 우리를 존귀하게 여기신다.

족보를 잊지 말아야 하는
이유

성경의 성탄절 이야기에서 가장 무시되는 부분은 바로 예수님의 족보다.[7] 하지만 나는 그분의 족보를 볼 때마다 그 투명함에 놀라움을 느낀다. 사람의 족보가 이력서와도 같은 역할을 하던 시대에 그분의 족보에 포함된 사람들의 면면을 보면 솔직해도 너무 솔직하다는 생각이 든다. 당시 족보는 곧 성적표요 자격증이었다. 그래서 우리가 이력서에서 가장 자랑스러운 성과는 부각시키고 가장 창피한 실패는 빼버리는 것처럼, 옛 사람들도 가장 존경하는 조상들은 족보에 넣고 창피한 조상들은 빼버렸다. 헤롯 대제 같은 사람들은 자신의 가문으로 평가받고 싶지 않아서 아예 족보를 없애버렸다.

자 그렇다면 예수님의 '이력서'에 누가 올라 있을까? 성령은 복음서 저자들에게 예수님의 가계도에 누구를 포함시키라는 영감을 주셨을까? 여러 종류의 사람들이 있다.

첫째, 예상대로 세상의 눈에 위대했던 인물들이 있다. 다윗과 솔로몬은 당연히 포함되었다. 자신이 온 국민의 사랑을 받는 이 유명한 왕들의 후손이라면 그 사실을 알리고 싶지 않은 사람이 어디에 있겠는가. 요즘 같으면 경제 잡지의 표지를 장식할 만큼 부유했던 아브라함도 예수님의 족보에 포함되어 있다.

이 거물들이 명예로운 예수님의 족보에 포함되었다는 사실이 왜 내게 위로와 격려가 될까? 몇 가지 이유가 있는데, 그중 한 이유는 크리스 에버트가 절실히 깨달았던 사실과 관련이 있다. 그것은 바로 세월이 결국 인간의 위대함을 흩어버린다는 사실이다. 인간이 아무리 위대해도 그 위대함은 죽음과 함께 끝나버린다. 애초에 이 사람들이 예수님의 족보에 오른 이유는 바로 '조상들'이기 때문이다. 그러니까 그들은 죽은 사람들이다.

저런! 하지만 예수님의 족보는 영원한 왕이신 그분이 우리에게 죽음보다 오래 가는 이름을 주실 능력도 의지도 있음을 보여 준다. 그래서 욥은 이렇게 고백했다. "내가 알기에는 나의 대속자가 살아 계시니 마침내 그가 땅 위에 서실 것이라. 내 가죽이 벗김을 당한 뒤에도 내가 육체 밖에서 하나님을 보리라"(욥 19:25-26).

그런데 예수님의 족보를 읽다 보면 갑자기 당황스러워진다. 그 족보에 또 누가 포함되어 있는가? 세상이 전혀 주목하지 않은 남녀들도 포함되어 있다. 왕이 되기 전 다윗은 세상의 눈에 보잘것없는 사람이 었다. 그의 아버지에게도 다윗은 안중에 없는 아들이었다. 그에게 다윗은 들판에서 양떼나 치는 '꼬마'에 불과했다. 요셉과 마리아는 나사렛이란 촌구석의 소박한 십대들이었다. 그들은 너무 가진 것이 없어 성전에서 주로 가난한 사람들이 바치는 비둘기밖에 바칠 수 없었다. 하지만 고(故) 프란시스 쉐퍼(Francis Schaeffer)의 말처럼 하나님의 눈에 "하찮은 사람들은 없다."

마지막으로, 예수님의 이력서에는 창피한 삶을 살거나 후회 막급한 짓을 저지른 사람들도 포함되어 있다. 마태복음 1장 6절에서 우리에게 상기시키듯이 다윗은 "우리야의 아내에게서 솔로몬을 낳고."

이 대목은 이스라엘 역사에서 가장 어두운 사건 중 하나에 대한 기억을 떠올리게 한다. 바로, 온 국민의 사랑을 받던 왕이 충신의 아내와 불륜을 저지른 것도 모자라 범죄를 은폐하기 위해 그를 죽음으로 몰아간 사건이었다. 하지만 하나님은 다윗을 예수님의 족보에 넣을 만큼 높이 평가하셨다. 자신의 안위를 위해 아내를 위험에 빠뜨린 아브라함도 예수님의 족보에 올랐다. 이름이 '속이는 자'를 의미하는 야곱도 있다. (야곱이 여자를 만나기가 얼마나 어려웠을지 상상해 보라. "저기요, 이름이 뭐예요?" "제 이름은 거짓말쟁이랍니다.") 이방인 매춘부였던 라합도, 매춘부로 꾸미고 시아버지와 동침한 다말도 예수님의 족보에 들어갔다. 아담도 예수님의 족보에 이름을 올렸다. 바로, 죄를 세상에 들여와 온 인류를 고통에 빠뜨린 장본인 아담도 족보에 이름을 올렸다.

이들에게 소망이 있다면
우리에게도 소망이 있다

　이들에게 소망이 있다면, 예수님이 이들을 공개적으로 인정하고 그분의 백성으로 선포하셨다면, 우리에게도 분명 희망이 있지 않겠는가? 자기 자신에게 집착한 나르시스, 자기혐오를 고백한 켈리 오스본과 자존감의 몰락을 고백한 크리스 에버트와 운동회 사건 10년 후에도 더그의 올림픽 금메달 수상을 축하해 주지 못한 스캇 솔즈의 예수 그리스도는 모든 문제에 대한 답이시다. 그리고 당신이 무슨 짐을 졌든 그 짐에 대한 답도 예수님이시다.

　예수님께 존귀하게 여김을 받은 사람은 자유로워진다. 세상과 자기 자신에게 솔직해질 수 있게 된다. 물론 우리는 완벽한 모습과는 거리가 멀다. 우리는 아직 작업 중인 미완성 작품이다. 깨지고 부서지고 망가지고 약하고 상처 나고 아픈 상태다. 아직은 그렇다.

　하지만 예수 그리스도 덕분에 우리는 진정으로 중요한 유일한 재판관의 눈에 중요한 존재들이다. 그분의 눈에 우리는 지금도 귀하고 앞으로도 영원히 귀할 것이다. 그래서 더 이상 자신의 가치를 느끼기 위해 남들을 조롱하고 깔아뭉개고 서로 경쟁하고 편 가르기를 할 필요가 없다. 예수님 안에서 우리는 이미 존귀하게 여김을 받고 있다. 이보다 더 좋을 수가 있겠는가?

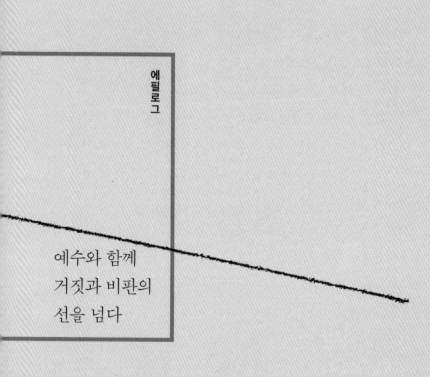

에필로그

예수와 함께
거짓과 비판의
선을 넘다

프롤로그에서 말했듯이 나는 편 가르기에 지쳐서 이 책을 썼다. 하지만 편들기를 피할 수 없는 경우도 있다.

"길이요 진리요 생명"이며 자신을 통하지 않고서는 누구도 아버지 하나님께로 올 수 없다는 예수님의 주장(요 14:6) 앞에서 우리는 선택을 내려야만 한다. 그분을 믿을 것인가 말 것인가? 그분을 받아들일 것인가 말 것인가? 그분을 믿고 받아들이면 하나님의 가족이 될 자격을 얻는다(요 1:12 참조). 그리고 우리는 그분의 가족이거나 아니거나 둘 중 하나만 될 수 있다. 예수님에 대해서는 모두가 궁극적으로 편을 정해야 한다.

그렇다고 해서 신자들(예수님의 편에 선 사람들)이 조금의 의심도 품지 않는다는 뜻은 아니다. 누구나 때로는 의심에 빠질 때가 있다. 프란시스 쉐퍼는 장로교 목사로 수년간 목회하고서도 갑자기 자신의 기독교 신앙에 관해 '심각한' 의심을 품기 시작했다. 의심의 원인은 주변의 크리스천들이 서로를 너무 형편없이 대한다는 점이었다. 특히, 서로 의견이 다를 때 크리스천들도 세상 사람들과 전혀 다를 바 없는 모습을 보이는 것을 보고 그는 큰 회의감에 빠졌다. 서로 비난하고 험담하고 위협하고 음해하는 동료 목사들은 그야말로 기독교에 정이 떨어지게 만들었다. 설교단에서는 은혜와 사랑, 온유, 용서를 외치면서 개인적인 삶에서는 누구보다도 가혹하고 추악하게 구는 목사들을 도저히 이해할 수 없었다. 이런 환멸 속에서 하루는 그는 아내 에디스(Edith)에게 답답한 속을 털어놓았다.

여보, 성경이 말하는 현실, 하나님의 백성들에게서 나타나야 하는 현실이 전혀 보이지 않아 정말 미칠 지경이오. 내가 동역하는 사람들만 말하는 것이 아니라오. 나 자신도 성에 차지 않소. 아무래도 기독교 자체를 다시 생각해 봐야겠어. 기독교가 참일까요? 불가지론으로 돌아가서 처음부터 다시 시작해야겠소.[1]

쉐퍼는 몇 달간 성경을 읽고 또 읽었다. 뿐만 아니라 철학 서적과 세계 여러 종교의 저술들을 탐독했다. 그의 목표는 기독교를 시험대 위에 올려 그럴 듯한 여러 세계관들과의 비교 분석을 견뎌내는지 확인하는 것이었다. 결국 쉐퍼는 몇 달 전에 시작한 지점으로 돌아와, 크리스천이 되어야 하는 유일한 이유가 있다는 결론을 내렸다. 그 이유는 기독교가 이성적으로 말이 되기 때문이 아니요 기분을 좋게 만들기 때문도 아니다. 기독교가 아름답기 때문도 아니다. 그 이유는 바로 기독교가 참이기 때문이다.[2] 내가 도달한 결론도 이와 같다.

변화된 마음과
변화된 삶

이런 결론에 도달한 사람은 쉐퍼만이 아니다. 기독교에 귀의한 시대의 지성들은 한두 명이 아니다. 역사 속에는 열린 마음으로 성경의 주장들을 진지하게 들여다본 끝에 스스로 크리스천이 된 사람들이 헤아릴 수 없이 많다. 프린스턴 대학 초기의 총장이며 목사이자 선교사이기도 했던 조나단 에드워즈(Jonathan Edwards)는 《브리태니커 백과 사전》에서 미국 최고의 지성 중 한 명으로 꼽는 인물이다. 하버드 법대 설립을 주도한 사람이자 유명한 법률 서적 *A Treatise on the Law Evidence*(증거법에 대하여)의 저자인 시몬 그린리프(Simon Greenleaf)는 예수 그리스도의 부활이 무지한 바보들이나 믿을 만한 날조라는 점을 증명하기로 결심했다.

하지만 결국 그도 쉐퍼처럼 크리스천이 되어야 하는 유일한 이유가 있고 그 이유는 기독교가 참이라는 결론에 도달했다. 이 결론 앞에서 그도 쉐퍼처럼 예수님을 믿게 되었다. 세계적인 과학자와 철학자들 중에도 독실한 크리스천들이 많다. 몇 명만 소개하면 프란시스 콜린스, 갈릴레오, 코페르니쿠스, 파스칼 등이 있다. 옥스퍼드대학의 역사학자 C. S. 루이스는 그 자신의 표현을 빌자면 "하나님께 왜 존재하지 않느냐고 화를"[3] 내던 무신론자였지만, 예수님을 통해 세상 구속에 대한 하나님의 이야기가 모든 좋은 이야기 이면의 진짜 이야기라는 절친한 친구 J. R. R. 톨킨의 말에 마음을 돌려 크리스천이 되었다.

더욱 최근에는 평생 무신론자로 살던 하버드 대학 정치학 전공자 조던 몬지(Jordan Monge)가 그리스도를 영접했다. 몬지는 어릴 적부터 종교를 옹호하는 '허술한 주장'을 무너뜨리기로 유명했다. 하지만 그녀의 불신에도 크리스천 친구들이 사려 깊은 반응으로 일관하자 결국 그녀는 자신의 의심을 의심하기 시작했다. 특히 예수님의 십자가를 생각할수록 기독교가 일리 있을 뿐 아니라 아름답게 다가왔다.[4] 믿지 않다가 예수님의 제자가 된 현재의 또 다른 지성들에는 커스틴 파워스(Kirsten Powers)가 있다. 정치 뉴스 분석가인 그녀는 자신이 성경의 진리를 뒷받침하는 수많은 증거를 발견한 뒤 무신론에서 기독교로 돌아선 과정을 글로 소개했다.[5] 저널리스트이자 저자이며 강연자이자 〈뉴요커〉(New Yorker)지 기고 작가인 말콤 글래드웰(Malcolm Gladwell)도 빼놓을 수 없다.[6]

기독교를 뒷받침해 주는 다른 증거에는 수세기 동안 수십억의 변화된 인생이 나타났다는 사실이 있다. 거짓말쟁이가 정직한 사람으로 변했다. 사기꾼이 편취한 것을 돌려 주었다. 공포 속에서 죽어가던 사람이 평안을 찾았다. 두려움에 떨던 겁쟁이가 용기를 찾았다. 상처 입은 사람이 가해자에게 용서의 손을 내밀었다. 귀한 영혼이 담긴 육체가 쇠약해지다가 다시 활력을 얻었다. 사업가가 매출이 줄어들더라도 옳은 길을 걷기 시작했다. 목적 없던 사람이 삶의 의미를 찾았다. 부부가 힘들고 메마른 시절에도 서로의 손을 끝까지 붙들었다. 중독자가 온전한 정신을 되찾았다. 불륜에 빠진 사람이 정절을 지키는 사람으로 변했다. 산모가 배 속의 아이가 다운증후군이라는 사실을 알고도 끝까지 낳아서 보란 듯이 길러냈다. 자녀에게 거부와 무시를 당하던 부모가 망나니 자식에게 끝까지 무조건적인 사랑을 보여 주었다. 사랑하는 딸을 잃은 부모가 자신들의 인생에서 가장 위대하고도 값진 임무가 '하나님처럼' 살인자를 용서하는 것임을 알고 예수님을 통해 그를 용서했다. 예수 그리스도가 사람들을 변화시키는 모습은 이 외에도 수만 가지다.

우주를 창조하고 바다를 가르고 눈먼 자를 보게 하고 중풍병자를 벌떡 일어나 걷게 만들고 예수님을 죽음에서 일으킨 능력, 바로 하나님의 능력만이 이런 변화를 설명해 줄 수 있다. 이 능력만이 예수님과 관계를 맺고서 더 나은 사람이 된 수십억 인생들을 설명해 줄 수 있다.

"누구든지 그리스도 안에 있으면 새로운 피조물이라 이전 것은 지나 갔으니 보라 새 것이 되었도다(고후 5:17).

혹시 지적인 걸림돌 때문에 기독교에 등을 돌렸는가? 프란시스 쉐퍼처럼 당신 주변 크리스천들의 삶과 행동에서 '나타나야 하는 현실이 전혀 보이지 않아' 당신의 믿음이 좌초되었는가?

하지만 온갖 질문과 의심, 실망의 한복판에도 자신의 삶을 통해 다른 무엇인가, 더 아름답고 사랑스러운 것, 심지어 감탄할 만한 것을 엿보여 준 크리스천들이 있는가? 질주하던 당신의 삶을 멈추고 잠시 당신의 의심에 관해 깊이 고민하게 만드는 어떤 것을 크리스천들에게서 본 적이 있는가? 예수에 대해 곰곰이 생각해 본 적이 있는가? 크리스천들에게서 믿음을 향한 당신의 갈망을 자극하는 뭔가를 본 적이 있는가? 그렇다면 예수님이 당신에게 손을 뻗고 계신 것인지도 모른다. 예수님이 당신을 그분과 함께하는 선 밖의 삶으로 초대하고 계신 것인지도 모른다.

당신의 삶 속에는 그런 사람이 없지만 믿음을 향한 갈망은 있는가? 그렇다면 하버드 학생인 조던 몬지처럼 어거스틴, 안셀무스(Anselm), 아퀴나스(Aquinas), 데카르트(Descartes), 칸트(Kant), 파스칼, 루이스 같은 '대가의 작품들'을 조사해 보면 어떻겠는가? 나아가 성경에 실린 네 권의 '예수 전기'를 정독해 보면 더 좋다. 마태복음과 마가복음, 누가복음, 요한복음은 모두 예수님의 삶과 죽음, 장사, 부활로 인해 인생이 근본적으로 변한 1세기 신자의 시각으로 쓰였다.[7]

예수님이 진리이실 가능성에 아직도 마음을 열 준비가 되지 않았다면 시몬 그린리프처럼 해 보면 어떻겠는가? 그러니까 기독교가 거짓임을 증명하는 일에 도전해 보면 어떻겠는가?

그린리프와 쉐퍼처럼 기독교가 거짓임을 증명하기 위한 탐구 끝에 크리스천이 되어야 하는 유일한 이유가 있고 그 이유는 기독교가 참이라는 것임을 발견하게 될지도 모른다. 물론 그렇지 못한 경우도 있다.

비신자들뿐 아니라
신자들에게 하고 싶은 마지막 말

당신이 확고한 비신자라면 마지막으로 두 가지 말해 주고 싶다. 먼저, 축하한다! 기독교 목사가 쓴 책을 끝까지 읽었다는 것은 자기 시각의 '선 밖에' 있는 시각에 관해 진지하게 고민할 만큼 사려 깊고 마음이 열린 사람이라는 뜻이다. 나, 그리고 나처럼 예수님을 진리로 믿는 사람들에게 정말 중요한 개념들에 관해 함께 기꺼이 고민해줘서 고맙다. 혹시 주일에 내슈빌에 올 일이 있다면 그리스도장로교회에서 예배 후에 얼굴을 봤으면 좋겠다. 이 책에 관한 당신의 생각을 꼭 듣고 싶다.

둘째, 당신이 나와 같은 크리스천들이 믿는 것들을 도무지 믿지 못하겠다고 해도 충분히 이해한다. 기독교의 주장들을 뒷받침하는 증거가 많지만 그럼에도 우리의 믿음이 인간의 머리로는 정말 믿기지가 않는 것임을 인정할 수밖에 없다. 하긴, 우리는 십대 동정녀에게서 잉태되어 촌구석에서 태어나 종교적이지 않은 사람들과 자주 어울리고 머리 누일 곳조차 없는 날이 많다가 쓰레기 더미 꼭대기에서 두 범죄자 사이에서 죽음을 맞은 1세기 중동의 예수라는 남자에게 온 희망을 걸고 있으니까 말이다. 솔직히 예수님에 관한 이런 사실은 '세상의 소망'이나 '세상의 구주'와는 거리가 멀어 보인다. 그럼에도 수십억 명이 이 기독교를 믿고 그 창시자이자 리더이며 왕이신 분께 삶을 바쳤다.

러시아 소설가 표도르 도스토옙스키(Fyodor Dostoevsky)처럼 기독교가 진리일 뿐 아니라 모든 선택사항들 중에서 단연 가장 아름다운 것이라고 믿게 된 이들이 수없이 많다. 도스토옙스키는 이렇게 말했다. "이 '신조'는 지극히 단순하다. 그리스도보다 더 아름답고 심오하고 동정적이고 합리적이고 용감하고 완벽한 분은 없다는 것이다."[8]

잠시 본론에서 벗어나 보자. 이 책의 제목처럼 살짝 선 밖으로 나와 크리스천들에게 몇 가지 조언을 하면서 이 책을 마무리하고자 한다. 이 조언은 "무신론자가 알려 주는 열 가지 전도 팁"(Top 10 Tips for Christian Evangelism From an Atheist)[9]이라는 흥미로운 글에서 뽑아낸 것이다. 이 무신론자의 이름은 다니엘 핑크(Daniel Fincke)이며, 이 글은 주로 크리스천들을 위해 쓰인 것이다. 이 조언들에 다 동의하지는 않더라도 꽤 도움이 될 것이다. 내게는 그의 조언들 대부분이 꽤 기독교적으로 보인다.

예수님처럼 되라 : 죄인들과 어울리고 비판자들을 비판하라.

예수의 이야기에서 가장 감탄스러운 부분, 심지어 나 같은 무신론자에게도 꽤 괜찮게 보이는 부분은 복음서들이 예수를 부와 종교적 권력을 남용한 사람들을 꾸짖는 설교를 많이 하고 사람들이 혐오한 밑바닥 계층과 자주 어울리는 설교자로 그리고 있다는 점이다.

사람들과 진정한 관계를 맺으라. 그들을 하나의 임무로 보지 말라.

사람들을 사랑해 주는 것을 사람들에게 접근해서 바로잡기 위한 수단으로 여기지 마라. 사람들을 사랑해 주는 것이 단순히 그들을 구원하기 위함이 되어서는 안 된다. 다른 사람을 하나의 임무로 보고 있다면 더 이상 그렇게 하지 마라. 그들을 어떻게든 좋게 바로잡아 주어야 할 대상이 아니라 당신과 동등한 사람으로 대하라.

행동은 말보다 크게 말한다.

사람들은 당신의 말보다 행동을 보고서 당신이 좋아할 만한지, 가까이 하고 싶은 사람인지, 배울 점이 있는지를 판단한다.

종교적이고 철학적인 문제를 설교하기보다는 질문을 하라.

사람들은 진심으로 들어주는 사람을 좋아한다. 그리고 사람들은 당신에게 마음을 열수록 당신을 더 믿는다. '당신 자신'이 어떻게 느끼고 생각하는지를 설명해서 상대방을 설득하려고 하지 마라. 초점은 어디까지나 상대방이 어떻게 느끼고 생각하는지가 되어야 한다.

상대방이 구하지 않은 조언이나 판단을 제시하지 말라. 상대방을 지지해 주면서 상대방이 자진해서 조언을 구할 때까지 기다리라.

조언을 하기 전에 먼저 상대방에게 원하는지 물어보라. 도덕적으로 완벽한 하나님이라면 당신이 억지로 설명하지 않아도 사람들을 구원할 수 있지 않을까?

명목상의 크리스천들도 크리스천이라는 점을 인정하라.

사람은 극도로 복잡한 존재다. 만나는 모든 사람을 진정한 크리스천과 구원받지 못한 사람, 이렇게 두 범주로 나눈다면 당신은 지독히 비판적인 사람이 될 뿐 아니라 구원으로 인도하고 싶은 사람들에게 다가갈 수도 없다.

타인을 기독교 활동에 억지로 참여시키려고 하지 말라.

당신의 일터, 거실, 학교, 독서 모임, 정부 등 당신의 모든 외적인 영역을 기독교 색으로 물들이려고 하지 말라. 기도나 예배 같은 예수님을 인정하는 행위를 남들에게 강요하지 말라. 모든 기독교 활동을 참여자가 '자유롭게 선택해서' 참여하게 하라.

무신론자를 이해하고, 공격적인 무신론자가 제시하는 기회를 받아들이라.

합리적인 우려와 관심을 무시하면 시간을 낭비하는 것이다. 당신에게 따지는 무신론자를 만나면 우리가 당신의 신앙에 관해 이야기하고 싶어 한다는 사실에 감사하라. 기뻐하라!

다른 종교인들을 전도하면서도 그들의 종교를 존중하라.

당신의 종교가 정말로 참이고 우월하다면 당신이 남들을 구원해 줄 선각자처럼 굴지 않아도 다른 종교인이 서로의 종교를 진지하게 비교해 보기만 해도 당신 종교의 우월성을 결국 깨닫게 될 것이다.

마지막으로, 당신의 집단만이 아니라 당신의 적들을 사랑하라.[10]

생각하고

토론하기

프롤로그

1. 프롤로그를 읽고 예수님이나 문화, 자신에 관한 어떤 새로운 통찰을 얻었는가? 무엇이 마음에 와닿았는가? 무엇이 안타까운가?

2. "우리는 자신만이 옳다는 생각과 자신이 당했다는 느낌을 좋아한다"라는 팀 크라이더의 말을 어떻게 생각하는가? 이런 경험을 해 본 적이 있는가? 그렇다면 그 결과는 어떠했는가?

3. "관용은 신념을 갖지 않는 것이 아니다. 관용은 신념을 갖되 자신과 다른 신념을 가진 사람들을 대하는 방식에 관한 것이다"라는 팀 켈러의 말을 어떻게 생각하는가?

4. 솔즈는 "예수님의 은혜를 마음 깊이 새길수록 분노는 사그라지고 사람들을 향한 사랑은 불타오른다"라고 말한다. 크리스천을 보며 이 말에 동의하는가? 어떤 면에서 그런가? 어떤 면에서 그렇지 않은가?

5. 당신은 다른 교단 사람들의 노력을 받아들이는 편인가, 의심하는 편인가? 그런 태도가 어떤 모습으로 나타나는가?

6. 공익을 위해 크리스천들과 무신론자들이 최대한 협력했으면 좋겠다는 무신론자 교목의 말에 어떤 생각이 들었는가?

7. 크리스천 사업가 댄 케이시와 동성애 운동가 셰인 윈드마이어의 우정에 관한 이야기를 읽고 어떤 생각이 들었는가? 만약 예수님이라면 어떤 반응을 보이실 것인가?

Chapter 1

1. 이번 장을 읽고 나서 예수님이나 문화, 당신에 관한 어떤 새로운 통찰을 얻었는가? 무엇이 마음에 와닿았는가? 무엇이 안타까운가?

2. 솔즈는 "정치만큼 사람들을 고집과 독선으로 몰아가는 주제도 드물다. 하지만 독선적인 주장에 수긍하는 사람은 아무도 없다"라고 말한다. 이 글을 읽고 가장 먼저 든 생각은 무엇인가?

3. 저자는 예수님의 열두 제자들의 정치적 다양성을 언급하면서 "우리는 정치적 입장은 같지만 신앙은 다른 사람들보다, 신앙은 같지만 정치적 입장은 다른 사람들과 함께하기를 더 원해야 한다"라고 말한다. 이 글을 읽고 어떤 생각이 들었는가?

4. 이번 장은 심지어 크리스천들도 정치 분야에서 진실을 조작할 수 있다고 말한다. 크리스천들도 자신의 목적을 미화시키고 반대 입장들을 조롱하고 헐뜯을 수 있다. 이런 경우를 본 적이 있다면 언제인가? 그것이 좋은 결과로 이어졌는가, 아니면 나쁜 결과로 이어졌는가?

5. 예수님이 보수주의자도 진보주의자도 아니지만 보수적인 동시에 진보적이시라는 글을 읽고 가장 먼저 무슨 생각이 들었는가?

6. 둘 중 하나를 선택해야 한다면 '종교적 다수' 속에서 크리스천의 역할을 하고 싶은가? 아니면 '생명을 주는 소수'로서 크리스천의 역할을 하고 싶은가? 현재 세상에서 최고의 시민은 다음 세상을 가장 많이 생각하는 사람이라는 C. S. 루이스의 말에 동의하는가? 동의하지 않는가? 설명해 보라.

Chapter 2

1. 이번 장을 읽고 나서 예수님이나 문화, 당신에 관한 어떤 새로운 통찰을 얻었는가? 무엇이 마음에 와닿았는가? 무엇이 안타까운가?

2. 낙태 반대와 찬성에 관한 논의에서 둘 다 한 형태의 인간들만 소중히 여기고 다른 형태의 인간들은 무시한다고 생각하는가? 아니면 그렇지 않다고 생각하는가? 이유는 무엇인가?

3. "우는 갓난아기도 유명 배우와 똑같이 소중하고 귀하다. 노숙자도 대통령만큼, 학생도 선생만큼, 일병도 장군만큼, 매점 직원도 프로 스포츠 선수만큼, 환자도 의사만큼, 수위도 회장만큼 중요하다"라고 말한다. 이 글을 읽고 처음 든 생각은 무엇인가?

4. 선한 사마리아인의 비유에서 예수님은 우리의 이웃을 가까이 있는 모든 사람과 어려움에 처한 모든 사람으로 정의하셨다. 다시 말해, 우리의 이웃은 자신을 제외한 모든 인간이다. 사람들을 대하는 당신의 태도가 이 믿음을 반영하고 있는가? 아니면 이 믿음을 거부하고 있는가?

5. 어떤 면에서 모든 사람 속에 있는 하나님의 형상을 인정해 주기가 쉬운가? 어떤 면에서 그것이 어려운가?

6. "성만찬을 제외하면 이웃이 우리의 오감이 경험할 수 있는 가장 거룩한 대상이다"라는 C. S. 루이스의 말을 진정으로 받아들인다면 가장 가까운 사람들을 대하는 태도가 어떻게 달라질 것인가? 중요한 문제에서 서로의 의견에 반대할 때 우리의 태도가 어떻게 달라질 것인가?

Chapter 3

1. 이번 장을 읽고 나서 예수님이나 문화, 당신에 관한 어떤 새로운 통찰을 얻었는가? 무엇이 마음에 와닿았는가? 무엇이 안타까운가?

2. 현재 당신은 교회와 어떤 관계에 있는가? 교회에 어느 정도 참여하고 있는가?

3. 사람들이 교회를 떠나는 데 교회의 책임도 있다는 말에 어떻게 생각하는가? 사람들이 교회를 떠나는 것이 단순한 회피인가? 아니면 어느 정도 합당한 이유가 있는가?

4. 저자는 "교회에 속한다는 것은 불완전한 사람이 다른 불완전한 사람들과 함께 불완전한 공동체를 이루어 예수님을 통해 '함께' 더 나은 미래를 향해 나아간다는 뜻이다"라고 말한다. 이 개념이 개인적으로 당신에게 어떤 의미가 있는가?

5. 불완전한 교회에 속하는 것이 예수님께 가까이 다가가는 데 도움이 될까, 방해가 될까? 바울이 고린도교회에 시간과 노력을 투자한 것이 어떤 면에서 당신의 시각을 뒷받침하는가(혹은 뒤흔드는가)?

6. 저자는 "고린도교회는 혁명가들을 필요로 한다. 그리고 나는 혁명가들에게도 교회가 필요하다고 믿는다"라는 결론을 내린다. 이 말에 동의하는가, 동의하지 않는가?

Chapter 4

1. 이번 장을 읽고 나서 예수님이나 문화, 당신에 관한 어떤 새로운 통찰을 얻었는가? 무엇이 마음에 와닿았는가? 무엇이 안타까운가?

2. 돈에 대한 죄책감에 시달려 본 적이 있는가? 그렇다면 이번 장을 읽고 난 지금, 돈에 대한 죄책감이 옳다고 생각하는가? 옳지 않다고 생각하는가? 이유는?

3. 탐욕을 경고하는 성경 구절들과 부를 즐기라고 권장하는 성경 구절들을 어떻게 융화시키겠는가? 당신이라면 서로 모순처럼 보이는 이 구절들에 관해서 무엇을 말하겠는가?

4. 탐욕이 일부 사람들의 문제라고 생각하는가? 아니면 모든 사람의 문제라고 생각하는가?

5. 당신의 경험으로 볼 때 많은 돈과 적은 돈 중 무엇에서 만족을 찾기가 더 쉽다고 생각하는가? 당신의 경험이 록펠러나 가나의 여성에 관한 이야기와 어떻게 일치하는가? 혹은 어떻게 상충하는가?

6. 이번 장의 다음 발췌문에 관한 당신의 생각을 말해 보라. "소득이 줄어드는 것은 하나님의 가장 큰 숨은 복 중 하나일 수 있다. 진정한 자유는 '모든 것 빼기 예수님은 제로'와 '예수님 더하기 제로는 모든 것'이라는 깨달음 속에 있다."

Chapter 5

1.   이번 장을 읽고 나서 예수님이나 문화, 당신에 관한 어떤 새로운 통찰을 얻었는가? 무엇이 마음에 와닿았는가? 무엇이 안타까운가?

2.   인종이 다른 누군가에 대해 힘든 경험이나 대화를 한 적이 있는가? 그 경험에서 무엇을 배웠는가? 그 일로 어떤 변화를 겪었는가?

3.   조지 얀시 박사의 발췌문을 읽고 난 당신의 반응은 무엇이었는가? 당신의 인종에게 어떤 영향을 미쳤을 것인가?

4.   사회나 조직, 학교 등에서 다수 인종에 속하면 좋은 점이 무엇일까? 그로 인한 어려움은 무엇일까? 반대로 소수 인종에 속할 때 좋은 점과 불편함은 무엇일까? 당신의 인종이 이 질문에 대한 당신의 답에 어떤 영향을 미쳤을까?

5.   인종적으로 다양한 환경에서 살고 일하고 노는 것과 단일 인종의 환경에 있는 것 중에 무엇이 더 편할까? 그 이유는 무엇인가?

6.   이번 장에 실린 다음 인용문에 관한 생각을 말해 보라. "제발 나를 흑인 친구라고 부르지 마세요. 그런 표현은 우리의 관계가 그만큼 얕다는 증거일 뿐이에요. 나를 그냥 '친구'로 봐 주기 전까지는 당신이 나를 동등하게 여긴다고 생각할 수 없어요."

Chapter 6

1. 이번 장을 읽고 나서 예수님이나 문화, 당신에 관한 어떤 새로운 통찰을 얻었는가? 무엇이 마음에 와닿았는가? 무엇이 안타까운가?

2. 평등주의와 상호보완주의 사이에서 갈등해 본 적이 있는가? 혹은 평등주의와 상호보완주의 사이의 논쟁에 참여한 적이 있는가? 그 결과는 어떠했는가?

3. 교회나 가정 안에서 서로의 성 차이를 넘어 함께 오를 만한 고지들은 무엇인가?

4. 성경적으로 진지한 크리스천들 사이에서 평등주의와 상호보완주의 사이의 논쟁이 그토록 격렬한 이유는 무엇이라고 생각하는가? 평등주의자들은 주로 어떤 면에서 상호보완주의자들을 비판하는가? 상호보완주의자들은 주로 어떤 면에서 평등주의자들을 비판하는가?

5. 이번 장의 마지막 부분에는 평등주의적 교회에서 환영을 받고 의미 있는 사역을 한 두 상호보완주의자들과 상호보완주의적 교회에서 같은 대접을 받은 평등주의자의 사례가 소개되었다. 당신이 속한 곳에서도 비슷한 일이 일어날 수 있을까? 이유는 무엇인가?

6. 캐시 켈러의 다음 인용문에 대한 생각을 말해 보라. "하나님이 남자와 여자를 창조하시고 각자에 대해 다른 역할을 부여하신 이면의 정의가 항상 우리 눈에 분명히 보이지는 않는다. … 두 성의 춤 속에 삼위일체 하나님의 내적 삶에 관한 단서들이 있지 않나 싶다. 나머지는 신비에 쌓여 있다. 우리는 이것이 우리에게 좋은 것이라고 굳게 믿고서 이 신비를 받아들여야 한다."

Chapter 7

1. 이번 장을 읽고 나서 예수님이나 문화, 당신에 관한 어떤 새로운 통찰을 얻었는가? 무엇이 마음에 와닿았는가? 무엇이 안타까운가?

2. 크리스천들을 향하여 '무엇인가에 반대하는 사람'이라는 비판이 합당하다고 생각하는가? 합당하지 않다고 생각하는가? 이유는 무엇인가?

3. 크리스천들이 예수님처럼 독선적이고 비판적인 종교적인 사람들에게는 눈엣가시와 같았고 비종교적인 사람들에게는 시원한 새바람과도 같았던 때가 있었는가? 어떤 상황이었는가? 그 일이 당신에게 어떤 영향을 미쳤는가?

4. "이미지를 중시하는 바리새인들과 같은 부류로 취급을 받으니 탐식과 죄인들과 같은 부류로 오해를 받는 편이 낫다"와 "예수님과 가까워지면 죄에서 멀어지는 동시에 죄인들에게 가까워진다"라는 솔즈의 말에 동의하는가? 이유는 무엇인가?

5. 말로 서로를 공격한 두 목사의 이야기를 읽고 어떤 생각이 들었는가? 충격적이었는가? 걱정이 되었는가? 희망을 얻었는가? 아니면 이 세 가지 반응을 동시에 경험했는가? 자신의 말로설명해 보라.

6. '비난 없이 비판한다'라는 개념이 예수님의 삶과 목회에서는 어떻게 펼쳐졌을까? 그런 본보기로 볼 때 우리는 어떻게 해야 할까?

Chapter 8

1. 이번 장을 읽고 나서 예수님이나 문화, 당신에 관한 어떤 새로운 통찰을 얻었는가? 무엇이 마음에 와닿았는가? 무엇이 안타까운가?

2. 예수님이 사랑이나 천국에 관해서보다 지옥과 심판에 관해서 더 많이 말씀하셨다는 사실 혹은 멸망과 심판에 관한 하나님의 말씀이 이사야 선지자에게는 꿀처럼 달았다는 사실이 뜻밖인가 아닌가? 이유는 무엇인가?

3. 칭찬과 비판의 효과가 하나님이 도덕적인 우주를 창조하신 방식에 관해서 무엇을 말해 준다고 생각하는가? 칭찬은 갈구하고 비판은 싫어하는 우리의 성향은 우리가 창조된 방식에 관해 무엇을 말해 주는가?

4. 평범함을 두려워한 마돈나의 이야기가 당신에게 어떤 영향을 미쳤는가? 그녀의 이야기에 공감이 갔는가? 그렇다면 어떻게 공감이 갔는가? 그리고 예수님에 대한 믿음이 이 두려움을 어떻게 해결해 줄 수 있는가?

5. 저자는 "예수님이 하신 말씀 중 하나라도 버리면 그 결과는 지옥행"이며 "모든 불의와 폭력, 압제의 희생자들도 위험에 빠진다"라고 말한다. 이 글을 읽고 어떤 생각이 들었는가?

6. 하나님께 성경적인 두려움을 품는 것과 하나님을 무서워하는 것이 공존할 수 없다는 사실을 믿는가? 그 이유는 무엇인가?

Chapter 9

1. 이번 장을 읽고 나서 예수님이나 문화, 당신에 관한 어떤 새로운 통찰을 얻었는가? 무엇이 마음에 와닿았는가? 무엇이 안타까운가?

2. 성경 속의 가장 위대한 '성도' 중에 적잖은 사람이 심히 위선적인 모습을 보이기도 했다. 이 내용을 읽고서 기독교에 관해 어떤 생각이 들었는가? 하나님 및 남들과 관련된 자신의 삶에 관해서는 어떤 생각이 들었는가?

3. 저자는 "(성경 속) 매춘부와 거짓말쟁이, 간음자, 인종주의자, 엘리트주의자, 살인자, 못난 남편, 욕심꾸러기에게 희망이 있다면 나 같은 자에게도 희망이 있다"라고 말한다. 이 글을 읽고 가장 먼저 어떤 생각이 들었는가?

4. 예수님의 제자들이 일관되지 못한 모습을 보인다는 이유로 기독교를 거부하는 것이 지적으로 합당하다고 생각하는가? 아니면 이것이 예수님과 그분의 주장에 관해 스스로 고민해 보지 않은 사람들의 핑계일 뿐일까? 기독교를 안 좋은 시각으로 보는 사람들과 이 주제에 관한 대화를 어떻게 시작해야 할까?

5. 저자는 크리스천들의 많은 흠에도 불구하고 "불완전한 크리스천들의 생명을 주는 기여 덕분에 세상은 더 나빠진 것이 아니라 더 좋아졌다"라고 말한다. 크리스천들이 어떤 기여를 했는지 생각나는 것이 있는가?

6. 앤 라모트의 말처럼 가장 훌륭한 사람들 중에 "형편없이 망가진 사람들"이 적지 않다고 생각하는가? 이런 말에 관해 예수님은 뭐라고 말씀하실 것 같은가?

Chapter 10

1. 이번 장을 읽고 나서 예수님이나 문화, 당신에 관한 어떤 새로운 통찰을 얻었는가? 무엇이 마음에 와닿았는가? 무엇이 안타까운가?

2. 저자는 하나님이 남편들과 아내들에게 주신 선물인 성이 "모든 인간 활동 중에서 가장 즐거운 것 중 하나이지만 동시에 가장 위험한 것 중 하나이기도 하다"라고 말한다. 이 글을 읽고 무슨 생각이 들었는가?

3. 당신이 볼 때 외모, 포르노, 성적인 실험성에 관한 사회의 시각이 결혼, 연애, 성에 관한 우리의 접근법에 어떤 영향을 미쳤는가? 우리의 접근법이 건전한가? 아니면 피해를 낳고 있는가? 아니면 우리에게 특별한 영향을 미치지 않고 있는가?

4. 예수님을 최고의 사랑으로 여기면서도 동성애를 지지할 수 있을까? 이유는? 또한 그렇게 생각하는 성경적 근거는 무엇인가?

5. 사도 바울과 예수님이 독신을 선택하셨다는 사실이 결혼과 성에 관한 당신의 시각에 어떤 영향을 미쳤는가? "예수님은 섹스보다 낫다. 예수님은 가장 강한 자보다 강하시고 인간의 가장 깊은 사랑보다 더 깊으시다"와 "그분의 사랑은 섹스보다 낫다. 예수님은 가장 강한 자보다 강하시고 인간의 가장 깊은 사랑보다 더 깊으시다"라는 말에 동의하는가? 이유는 무엇인가?

6. 저자는 "결혼한 교인들과 결혼하지 않은 교인들이 서로 가족이나 다름없게 지내서 교회 안에 결혼하지 않은 사람은 있어도 '싱글'은 한 명도 없게 되면 얼마나 좋을까, 교인들이 서로에게 형제와 자매, 아버지와 어머니, 아들과 딸이 되어 주면 어떨까?"라고 말한다. 이 현대 세상에서 이 비전이 현실로 이루어질 가능성이 있다고 생각하는가? 이유는 무엇인가?

Chapter 11

1. 이번 장을 읽고 나서 예수님이나 문화, 당신에 관한 어떤 새로운 통찰을 얻었는가? 무엇이 마음에 와닿았는가? 무엇이 안타까운가?

2. 고난과 재난이 닥칠 때 당신은 맹목적인 낙관론과 비관론 중 주로 어느 쪽으로 흐르는 편인가? 이유를 설명해 보라.

3. 저자는 "현실을 직시하면서도 여전히 희망을 버리지 않는 사람들 … 은 인생의 힘든 상황들에 관해서 철저히 솔직한 모습을 보인다. 그들은 하나님이 항상 선하시다고 믿으면서도 세상의 정말 많은 것이 망가져 있다는 사실도 분명히 직시한다"라고 말한다. 현실을 직시하면서도 소망을 잃지 않는 사람을 만나본 적이 있는가? 그 사람에 관해 묘사해 보라.

4. 고난과 악에 관한 날 것 그대로의 감정을 하나님께 표출하는 것을 어떻게 생각하는가? 우리가 이런 솔직함으로 다가올 때 하나님은 어떻게 생각하실까?

5. 하나님이 아시고 보시는 것을 우리가 다 알고 보면 "하나님의 부재처럼 보이는 것이 사실은 전혀 그렇지 않다는 것을 분명히 알게 될 것이다"라는 말에 동의하는가? 이유는 무엇인가?

6. 예수님은 고통을 멀리하시지 않고 질고의 사람이 되어 슬픔에 익숙해지셨다. 이 사실이 당신의 고난을 다루는 데 도움이 되는가? 아니면 오히려 좌절감과 혼란만 주는가? 아니면 두 가지 면이 다 있는가? 설명해 보라.

Chapter 12

1. 이번 장을 읽고 나서 예수님이나 문화, 당신에 관한 어떤 새로운 통찰을 얻었는가? 무엇이 마음에 와닿았는가? 무엇이 안타까운가?

2. 모든 인간이 인정을 갈구한다는 말에 공감하는가? 이것이 좋은 것이라고 생각하는가? 나쁜 것이라고 생각하는가? 당신이 볼 때 이 갈망이 실제 삶 속에서 어떤 식으로 나타나는가?

3. 자신을 치켜세우고 남들을 경멸하는 바리새인의 태도를 보거나 경험한 적이 있는가? 어떤 상황이었는가? 왜 우리가 이런 태도에 그토록 자주 빠진다고 생각하는가?

4. 저자는 "해로운 경쟁의식의 근본원인이 자기애가 아닌 자기혐오"라고 말한다. 이 말에 동의하는가? 동의하지 않는가? 이유는 무엇인가?

5. 우리가 열등감을 달래기 위해 어떤 식으로 "자신의 영혼을 향해 애처로운 기도를" 하는가? 문화의 어떤 메시지들이 우리의 수치심을 자극해서 자신이 우월하거나 무가치하다고 느끼게, 혹은 두 감정을 동시에 느끼게 만드는가?

6. 그리스도의 사랑과 은혜가 사람을 자존감 문제에서 해방시키는 모습을 본적이 있는가? 아니면 직접 경험한 적이 있는가? 그렇다면 어떤 경우였는지 설명해 보라.

에필로그

1. 이번 장을 읽고 나서 예수님이나 문화, 당신에 관한 어떤 새로운 통찰을 얻었는가? 무엇이 마음에 와닿았는가? 무엇이 안타까운가?

2. 지금까지 크리스천들에 대한 당신의 전반적인 인상은 어떠했는가? 혹시 이 책의 에필로그를 읽고 그 인상이 조금이라도 바뀌었다면 어떻게 바뀌었는가? 혹시 기존의 인상이 그대로 유지되었다면, 이 에필로그가 어떤 면에서 영향을 미쳤는가?

3. 성경과 역사 속에 실수 가운데서도 훌륭한 업적을 남긴 크리스천들이 그토록 많다는 사실을 어떻게 설명하겠는가?

4. 불가지론자나 무신론자였다가 기독교의 주장들을 객관적으로 파헤친 끝에 크리스천이 된 '시대의 지성들'이 그토록 많다는 사실이 뜻밖이었는가? 이유는 무엇인가?

5. 당신이 신자라면 크리스천들과 기독교에 관한 비신자들의 우려에 사랑으로 귀를 기울일 수 있겠는가? 신자가 아니라면 예수님을 봐서 기독교를 고려해 볼 용의가 있는가? 이유는 무엇인가?

6. 저자는 '기독교' 서적의 마무리를 무신론자에게 맡겼다. 그가 왜 그랬다고 생각하는가? 그의 접근법에 동의하는가? 동의하지 않는가? 이유는 무엇인가?

주

프롤로그

1. Tim Kreider, *We Learn Nothing: Essays and Cartoons* (New York: Simon & Schuster, 2012), 50-51.

2. 예를 들어 팀 켈러의 페이스북 페이지를 보시오. 2014년 10월 10일 확인

3. 로마서 5장 8절.

4. 요한복음 17장을 보시오.

5. 갈라디아서 3장 28절.

6. Chris Stedman, "Want to Talk to Non-Christians? Six Tips from an Atheist," Q Ideas, "Articles," 2014년 10월 15일 확인, http://www.qideas.org/articles/want-to-talk-to-non-christians-six-tips-from-an-atheist/.

7. 마가복음 10장 17-27절을 보시오.

8. Shane Windmeyer, "Dan and Me: My Coming Out as a Friend of Dan Cathy and Chick-fil-A," *Huffington Post*, 2013년 1월 28일, http://www.huffingtonpost.com/shane-l-windmeyer/dan-cathy-chick-fil-a_b 2564379.html.

------------ PART 1

CHAPTER 1

1. 전체 이야기는 요한복음 18장 28-40절에 기록되어 있다.

2. Ted Elliott, Terry Rossio, Joe Stillman, and Roger S. H. Schulman, *Shrek*, Andrew Adamson과 Vicky Jenson 감독 (Glendale, CA: DreamWorks Animation, 2001), 영화.

3. Cathleen Falsani, "Marcus Mumford, Lead Singer of Mumford & Sons: 'I Wouldn't Call Myself a Christian,'" *Huffington Post*, 2013년 4월 3일, http://www.huffingtonpost. com/2013/04/03/marcus-mumford-lead-singer-of-mumford--sons-i-wouldnt-call-myself-a-christian_n_3009777.html.

4. 마태복음 5-7장을 보시오.

5. C. S. Lewis, *Mere Christianity*, 개정판 (New York: HarperOne, 2001), book 3, "Christian Behaviour," chapter 10, "Hope." C. S. 루이스, 《순전한 기독교》(홍성사).

6. Julian, *Letters 22*, Wilmer C. Wright, Loeb Classical Library 157 (Cambridge, MA: Harvard University Press, 1923).

7. William Barclay, *The Letters to the Galatians and Ephesians*, 3rd ed. (Louisville, KY: Westminster John Knox Press, 2002), 203.

CHAPTER 2

1. 출애굽기 21장 22절에 "(아이를) 임신한 여인"이란 말이 나온다. 여기서 "아이"에 해당하는 히브리어(yeled)는 자궁 밖에 있는 아이에 대해서도 사용된다. 다시 말해, 성경은 뱃속에 있는 아이와 배 밖에 있는 아이를 둘 다 인간으로 여긴다. 시편 139편 13절에서 시편 기자는 "주께서 내 내장을 지으시며 나의 모태에서 나를 만드셨나이다"라고 말한다. 그리고 예레미야서 1장 5절에서 하나님은 이런 말로 예레미야 선지자를 격려하신다. "내가 너를 모태에 짓기 전에 너를 알았고 네가 배에서 나오기 전에 너를 성별하였고."

2. C. S. Lewis, *The Weight of Glory: And Other Addresses* (New York: HarperCollins, 2001), PP. 45-46. C. S. 루이스, 《영광의 무게》(홍성사).

3. Gabe Lyons, "In Defense of Down Syndrome Children… Like My Son," *Huffington Post*, 2012년 2월 7일, http://www.huffingtonpost.com/gabe-lyons/raising-children-with-down-syndrome_b_1260307.html.

4. 여기서 "효과적인"의 의미를 정확히 알고 싶다면 Steve Corbett and Brian Fikkert, *When*

Helping Hurts (Chicago: Moody, 2014)를 읽어 보라.

5. Joseph Hart, "Come Ye Sinners."

CHAPTER 3

1. "A Faith Revolution Is Redefining 'Church,' According to New Study," Barna Group, 2005년 10월 10일, https://www.barna.org/barna-update/5-barna-update/170-a-faith-revolution-is-redefining-qchurchq-according-to-new-study#.

2. Donald Miller, "I Don't Worship God by Singing. I Connect with Him Elsewhere," *Storyline* (blog), 2014년 2월 3일, http://storylineblog.com/2014/02/03/i-dont-worship-god-by-singing-i-connect-with-him-elsewhere/.

3. Kelly Bean, *How to Be a Christian without Going to Church* (Ada, MI: Baker Books, 2014), 10, 36, 103, 112.

4. 고린도전서 12장 7절, 요한복음 3장 1-2절, 10장 16절, 디모데전서 3장 1-13절.

5. Rick Warren, *The Purpose Driven Life: What on Earth Am I Here For?* 개정판 (Grand Rapids, MI: Zondervan, 2012), 170-1. 릭 워렌, 《목적이 이끄는 삶》(디모데).

6. "Anne Rice: 'Today I Quit Being a Christian,'" *Christianity Today*, "Gleanings," 2010년 8월 2일, http://www.christianitytoday.com/gleanings/2010/august/anne-rice-today-i-quit-being-christian.html.

7. Justin McRoberts, "Open Letter to Anne Rice," 2014년 11월 18일 확인, Justin McRoberts (blog), http://justinmcroberts.com/blog/open-letter-to-anne-rice/.

8. D. A. Carson, *Love in Hard Places* (Wheaton, IL: Crossway, 2002), 61.

9. C. S. Lewis, *The Four Loves* (New York: Harcourt Books, 1991), 61-2. C. S. 루이스, 《네 가지 사랑》(홍성사).

CHAPTER 4

1. 다음 성경을 참고하시오(창 2:8-9; 13:2; 출 33:3; 수 1:7-8; 1 왕상 3:1-15; 욥 1:1-; 전 5:18-20; 시 144:12-14; 암; 눅 4:16-19; 고후 8:9; 벧전 1:4; 요 14:2-3; 계 21.

2. 다음 성경을 보시오(민 18:20; 애 3:24; 시 16:5; 고후 12:7-10).

3. Sam Polk, "For the Love of Money," *New York Times*, 2014년 1월 18일, http://www.nytimes.com/2014/01/19/opinion/sunday/for-the-love-of-money.html.

4. C. S. Lewis, *Mere Christianity*, 개정판 (New York: HarperCollins, 2001), book 3, "Christian Behaviour," chapter 8, "The Great Sin." 《순전한 기독교》(홍성사).

5. Juliet Schor, *The Overspent American* (New York: Harper Perennial, 1999), 17.

6. Madeline Levine, *The Price of Privilege* (New York: HarperCollins, 2006), 17. 매들린 러바인, 《물질적 풍요로부터 내 아이를 지키는 법》(책으로여는세상).

7. 이 통찰에 대해 앤더슨 스피커드(Anderson Spickard) 박사에게 큰 빚을 지었다.

8. 다음을 보시오(말 3:6-12). 하나님은 십일조와 봉헌물을 드리지 않는 이스라엘 백성들이 그분의 것을 "도둑질"했다고 꾸짖으셨다. "십일조"에 해당하는 히브리어는 '10분의 1'을 의미한다. 이는 소득의 첫 10퍼센트를 하나님께 돌려드리는 구약의 관례를 지칭한다(레위기 27:32를 보시오). 구약에서 십일조는 성전에 정기적으로 바치는 헌금의 형태로 나타났다. "봉헌물"은 십일조 외에 '그 이상으로' 드리는 것이었으며 다양한 종류가 있었다. 신약에서도 교회에 정기적으로 헌금하는 원칙을 명령한다(고전 16:1-4를 보시오). 예수님은 십일조를 여전히 유효한 원칙으로 인정하셨다(마 23:23; 눅 11:42를 보시오). 하지만 신약은 하나님이 복음을 통해 값없이 주신 후한 은혜에 대한 반응으로 재물을 더 후히 나누는 삶을 권장하는 것으로 보인다. 신약 교회에서는 누구도 자신의 재물을 자신의 것이라고 말하지 않았다(행 4:32를 보시오). 예수님은 자신의 것을 아낌없이 내놓은 과부를 칭찬하셨다(눅 21:1-4를 보시오). 성경은 경건한 만족에 큰 유익이 있고 돈을 사랑하는 것이 모든 종류의 악의 뿌리이기 때문에 부자들에게 재물을 아낌없이 나눠 주고 기본적인 필요가 채워지는 것에 만족하라고 명령한다(딤전 6:3-10을 보시오).

9. Mike Holmes, "What Would Happen if the Church Tithed?" *Relevant*, 2013년 7월 10일, http://www.relevantmagazine.com/god/church/what-would-happen-if-church-tithed.

CHAPTER 5

1. George Yancy, "Dear White America," *Opinionator* (블로그), 2015년 12월 24일, http://opinionator.blogs.nytimes.com/2015/12/24/dear-white-america/?emc=edit_ty_20151224&nl=opinion&nlid=54716909&_r=0.

2. George Yancy, "Dear White America," *Opinionator* (블로그), 2015년 12월 24일, http://opinionator.blogs.nytimes.com/2015/12/24/dear-white-america/?emc=edit_ty_20151224&nl=opinion&nlid=54716909&_r=0.

3. Clander, "#7 Diversity," *Stuff White People Like* (블로그), 2008년 1월 19일, http://stuffwhitepeoplelike.com/2008/01/19/7-diversity/.

CHAPTER 6

1. Nick Ismail, "Men vs. Women: CEOs in the Fortune 1000," Information Age, 2017년 4월 4일, http://www.information-age.com/men-women-ceos-fortune-1000-123465514/.

2. Kevin Miller, "The Simple Truth about the Gender Pay Gap," AAUW, 2018년 4월 17일 확인, https://www.aauw.org/research/the-simple-truth-about-the-gender-pay-gap/.

3. 참고로 나는 케이틀린 피티와 줄리 로이스의 책 모두에 추천사를 써 주었다.

4. Kirsten Powers and Jonathan Merritt, "Holy Misogyny! The Truth About Sexism in the Church," 2018년 3월 27일, The Faith Angle, podcast, MP3 audio, 1:14:55, https://player.fm/series/the-faith-angle/holy-misogyny-the-truth-about-sexism-in-the-church/.

5. 다음 성경(롬 8:15; 사 66:13; 히 2:11; 눅 13:34)을 보시오.

6. Rachel Held Evans, A Year of Biblical Womanhood (Nashville: Thomas Nelson, 2012), 255. 레이첼 헬드 에반스, 《성경적 여성으로 살아본 1년》(비아토르).

7. Evans, "The Absurd Legalism of Gender Roles, Exhibit D: 'Biblical' Manipulation," Rachel Held Evans (blog), 2016년 3월 11일, https://rachelheldevans.com/blog/absurd-legalism-gender-roles-submission-piper/.

8. Kathleen Nielson, "To My Egalitarian Friends," The Gospel Coalition, 2012년 8월 15일, https://www.thegospelcoalition.org/article/to-my-egalitarian-friends/.

9. Tim and Kathy Keller, The Meaning of Marriage (New York: Penguin, 2013)를 보시오. 팀 켈러와 캐시 켈러, 《결혼을 말하다》(두란노).

10. Jeff Chu, "Princeton Seminarians Were Outraged over Tim Keller. Here's Keller's Point I Wanted My Peers to Hear," The Washington Post, 2017년 4월 12일, https://www.washingtonpost.com/news/acts-of-faith/wp/2017/04/12/princeton-seminarians-were-outraged-over-tim-keller-heres-kellers-point-i-wanted-my-peers-to-hear/?utm_term=.9f552d2d629b/.

11. Katherine Leary Alsdorf, "OpEd: Tim Keller Hired Women in Leadership," A Journey through NYC Religions, 2017년 3월 29일, http://www.nycreligion.info/oped-tim-keller-put-charge-train-men-women-leadership/.

CHAPTER 7

1. 두 인용문은 모두 BrainyQuote.com에서 가져왔다. 2014년 10월 25일 확인.

2. Philip Yancey, "Grace," 필립 얀시의 공식 웹사이트에 실린 Q&A, 2009년, 2014년 10월 25일에 확인, http://philipyancey.com/q-and-a-topics/grace.

3. 다음 성경(요 8:39-59; 마 23:1-36; 눅 15:1-2; 마 21:31)을 보시오.

4. Dan Allender, *How Children Raise Parents: The Art of Listening to Your Family* (Colorado Springs: WaterBrook Press, 2005), 특히 chapter1을 보시오.

5. Donald Miller, *Searching for God Knows What* (Nashville: Thomas Nelson, 2004), 116. 도널드 밀러, 《내가 찾은 하나님은》(복있는사람).

6. 다음 성경(요 8:1-11; 눅 7:36-50, 10:25-37; 19:1-10)을 보시오.

7. American Chesterton Society, 2014년 10월 29일 확인, http://www.chesterton.org/wrong-with-world/.

8. Dietrich Bonhoeffer, *Life Together* (New York: HarperCollins, 1954), 30. 본회퍼, 《말씀 아래 더불어 삶》(빌리브)

CHAPTER 8

1. Jean-Paul Sartre, *Being and Nothingness* (New York: Open Road Media, 2012), e-book, part 3, chapter 1, "The Look." 종 폴 사르트르, 《존재와 무》(동서문화사).

2. Deborah Solomon, "The Good Daughter: Questions for Amy Tan," New York Times, 2008년 8월 8일, http://www.nytimes.com/2008/08/10/magazine/10wwln-Q4-t.html.

3. Lynn Hirschberg, "The Misfit," *Vanity Fair*, 1991년 4월.

4. Blaise Pascal, *Pensees*, number 398. 블레즈 파스칼, 《팡세》(두란노).

5. 웨스트민스터 소요리문답 질문4.

6. *The Autobiography of Charles Darwin*, Nora Barlow(New York: W. W. Norton, 1958), 87.

7. Miroslav Volf, *Exclusion and Embrace: A Theological Exploration of Identity, Otherness, and Reconciliation* (Nashville: Abingdon Press, 1996), Google e-ook, chap. 7, "Violence and Peace." 미로슬라브 볼프, 《배제와 포용》(IVP).

8. Howard Thurman, 리디머장로교회에서 팀 켈러가 인용, *New York, Timothy Keller Sermon Archive*, Logos Bible Software (2013).

9. Elie Wiesel, *Night* (New York: Hill and Wang, 2006), p. 68.

10. Rebecca Pippert, *Hope Has Its Reasons: The Search to Satisfy Our Deepest Longings*, rev. ed. (Downers Grove, IL: InterVarsity Press, 2001), pp. 99-01.

11. 다음 성경(겔 18:23; 눅 9:51-55, 19:41-44; 마 9:36; 행 9:1-19)을 보시오.

12. Larry Alex Taunton, "Listening to Young Atheists: Lessons for a Stronger Christianity," Atlantic, 2013년 6월 6일, http://www.theatlantic.com/national/archive/2013/06/listening-to-young-atheists-lessons-for-a-stronger-christianity/276584/2/.

CHAPTER 9

1. Homer Jack, *The Gandhi Reader: A Sourcebook of His Life and Writings* (New York: Grove Press, 1994), p. 36.

2. Philip Yancey, *Soul Survivor* (New York: Random House LLC, 2002), Kindle edition. 필립 얀시, 《그들이 나를 살렸네》(포이에마).

3. 위의 책.

4. 위의 책.

5. Walker Percy, *The Second Coming* (New York: Macmillan, 1999), 188.

6. Philip Yancey, "Message: A Sermon of Offense," *The Jesus I Never Knew* (Grand Rapids, MI: Zondervan, 2008)에 인용, ePub format. 필립 얀시, 《내가 알지 못했던 예수》(IVP.

7. Nicholas Kristof, "Evangelicals without Blowhards," New York Times, 2011년 7월 30일, http://www.nytimes.com/2011/07/31/opinion/sunday/kristof-evangelicals-without-blowhards.html?_r=0 nytimes.com.

8. Jesse Carey, "6 Unexpected Faith Conversations from Pop Culture," Relevant, "Culture," 2014년 5월 6일, http://www.relevantmagazine.com/culture/6-unexpected-faith-conversations-pop-culture.

9. Anne Lamott, "On Meaning, Hope, and Repair" (2014년 4월 11일 미시건 주 그랜드래피즈에서 열린 Festival of Faith and Writing 강연).

CHAPTER 10

1. Randall Patterson, "Students of Virginity," *New York Times*, 2008년 3월 30일, http://www.nytimes.com/2008/03/30/magazine/30Chastity-t.html.

2. Mark Oppenheimer, "Married, With Infidelities," *New York Times*, 2011년 6월 30일, http://www.nytimes.com/2011/07/03/magazine/infidelity-will-keep-us-together.html.

3. 다음 성경(마 19:4-5; 창 1:27, 2:24; 출 20:14; 잠 5:15-2, 7:16-23; 고전 6:16; 히 13:4)을 보시오.

4. http://www.familysafemedia.com/pornography_statistics.html; http://www.cnbc.com/id/45989346.

5. Frank Rich, "Naked Capitalists," *New York Times*, 2001년 5월 20일, http://www.nytimes.com/2001/05/20/magazine/naked-capitalists.html.

6. Naomi Wolf, "The Porn Myth," *New York Magazine*, 2003년 10월 29일, http://nymag.com/nymetro/news/trends/n_9437/.

7. Gary Brooks, Pamela Paul, *Pornified* (New York: Times Books, 2005), 80에 이용.

8. Jan Hoffman, "Bingeing on Celebrity Weight Battles," *New York Times*, 2009년 5월 29일, http://www.nytimes.com/2009/05/31/fashion/31fat.html.

9. Dietrich Bonhoeffer, *The Cost of Discipleship* (New York: Touchstone, 1995), p.89.

10. F. F. Bruce, *Paul: Apostle of the Heart Set Free* (Grand Rapids, MI: Eerdmans, 1977), pp.400-01.

11. 여기서 나는 C. S. 루이스의 《네 가지 사랑》에 나오는 "벌거벗은 인격(naked personalities)" 개념을 차용했다.

12. Wesley Hill, *Washed and Waiting: Reflections on Christian Faithfulness and Homosexuality* (Grand Rapids, MI: Zondervan, 2010), p.95.

13. 다음 성경(시 68:6; 막 10:29-30; 창 2:18)을 보시오.

14. Paige Benton, "Singled Out by God for Good," *PCPC Witness*, 1998년 2월, http://static.pcpc.org/articles/singles/singledout.pdf.

CHAPTER 11

1. C. S. Lewis, *A Grief Observed* (New York: HarperOne, 2009), pp.17-8. C. S. 루이스, 《헤아려 본 슬픔》(홍성사).

2. Nicholas Wolterstorff, *Lament for a Son* (Grand Rapids, MI: Eerdmans, 1987), pp.80-81.

3. Flannery O'Connor, *The Habit of Being: Letters of Flannery O'Connor, Sally Fitzgerald*(New York: Farrar, Straus and Giroux, 1988), p.100.

4. C. S. Lewis, *The Great Divorce* (New York: HarperCollins, 2001), p. 69. C. S. 루이스, 《천국과 지옥의 이혼》(홍성사).

5. C. S. Lewis, *Mere Christianity* (New York: HarperOne, 2001), pp. 37-38. 《순전한 기독교》(홍성사).

CHAPTER 12

1. C. S. Lewis, *Mere Christianity* (New York: Touchstone, 1996), pp. 109-200.

2. Miroslav Volf, Exclusion and Embrace (Nashville, TN: Abingdon Press, 1996), 124.

3. Patty Lee, "Kelly Osbourne: 'I Took More Hell for Being Fat' Than for Being a Drug Addict," New York Daily News, 2010년 2월 24일, http://www.nydailynews.com/entertainment/gossip/kelly-osbourne-hell-fat-drug-addict-article-1.172358.

4. Chris Evert, Timothy Keller, *Counterfeit Gods* (New York: Penguin, 2009), p. 77. 팀 켈러, 《내가 만든 신》(두란노).

5. Heidi Grant Halvorson, "To Succeed, Forget Self-Esteem," Harvard Business Review, 2012년 9월 20일, https://hbr.org/2012/09/to-succeed-forget-self-esteem/.

6. 다음 성경(시 17:8; 139:14; 스 3:17; 요 10:28-29; 롬3:23, 5:8, 8:1-2, 14-15, 38-39)을 보시오.

7. 마태복음 1장 1-16절, 누가복음 3장 23-38절을 보시오.

에필로그

1. Jerram Barrs, "Francis Schaeffer: The Man and His Message," Thistle, Covenant Seminary, 2012년 10월 24일, www.covenantseminary.edu/the-thistle/francis-schaeffer-the-man-and-his-message/.

2. Michael Maudlin, "Midwives of Francis Schaeffer," Christianity Today, 1997년 3월 3일, http://www.christianitytoday.com/ct/1997/march3/7t3006.html.

3. C. S. Lewis, "Light and Shade," *Surprised by Joy* chap. 7. C. S. 루이스, 《예기치 못한 기쁨》(홍성사).

4. 조던 몬지의 이야기는 그의 글 "The Atheist's Dilemma"에서 읽을 수 있다. Christianity Today, 2013년 4월 3일, http://www.christianitytoday.com/ct/2013/march/atheists-

dilemma. html.

5. Kirsten Powers, "Fox News' Highly Reluctant Jesus Follower"를 보시오, Christianity Today, 2013년 10월 22일, http://www.christianitytoday.com/ct/2013/november/fox-news-highly-reluctant-jesus-follower-kirsten-powers.html.

6. Malcolm Gladwell, "How I Rediscovered Faith"를 보시오, Relevant, 2014년 1월/2월, www.relevantmagazine.com/culture/books/how-i-rediscovered-faith.

7. 기독교 신앙을 뒷받침하는 증거에 관해 관심이 있다면 다음과 같은 책을 읽어 보라. Frank Morison의 *Who Moved the Stone*; 리 스트로벨(Lee Strobel)의 《예수는 역사다》(*The Case for Christ*, 두란노)와 《특종! 믿음 사건!》(*The Case for Faith*, 두란노); 조시 맥도웰(Josh McDowell)의 《누가 예수를 종교라 하는가》(*More Than a Carpenter*, 두란노)와 *Evidence That Demands a Verdict*; Timothy Keller, *The Reason for God*. 《팀 켈러, 하나님을 말하다》(두란노).

8. Joseph Frank, *Dostoevsky: A Writer in His Time* (Princeton, NJ: Princeton Press, 2009), p. 220.

9. Daniel Fincke, "Top 10 Tips for Christian Evangelism (From an Atheist)," Camels with Hammers (blog), 2014년 4월 10일, www.patheos.com/blogs/camelswithhammers/2014/04/top-10-tips-for-christian-evangelizing-from-an-atheist/.

10. Fincke, "Top 10 Tips."